L'HOMME DE DÉSIR

LOUIS-CLAUDE DE SAINT-MARTIN

ALICIA ÉDITIONS

TABLE DES MATIÈRES

Première partie   1
Seconde partie   104

PREMIÈRE PARTIE

1. Les merveilles du Seigneur semblent jetées sans ordre et sans dessein dans le champ de l'immensité. Elles brillent éparses comme ces fleurs innombrables dont le printemps émaille nos prairies. Ne cherchons pas un plan plus régulier pour les décrire. Principes des êtres, tous tiennent à toi. C'est leur liaison secrète avec toi, qui fait leur valeur, quelle que soit la place et le rang qu'ils occupent. J'oserai élever mes regards jusqu'au trône de ta gloire. Mes pensées se vivifieront en considérant ton amour pour les hommes, et la sagesse qui règne dans tes ouvrages. Ta parole s'est subdivisée lors de l'origine, comme un torrent qui du haut des montagnes se précipite sur des roches aiguës. Je le vois rejaillir en nuages de vapeurs ; et chaque goutte d'eau qu'il envoie dans les airs, réfléchit à mes yeux la lumière de l'astre du jour. Ainsi tous les rayons de ta parole font briller aux yeux du sage ta lumière vivante et sacrée ; il voit ton action produire et animer tout l'univers. Objets sublimes de mes cantiques, je serai souvent forcé de détourner ma vue de dessus vous. L'homme s'est cru mortel parce qu'il a trouvé quelque chose de mortel en lui ; et même celui qui donne la vie à tous les êtres, l'homme l'a regardé comme n'ayant ni la vie, ni l'existence. Et toi, Jérusalem, quels reproches n'ont pas à te faire les prophètes du Seigneur.

Tu as pris ce qui servait à te parer, dit le Seigneur, *et qui était fait de mon or et de mon argent, que je t'avais données ; tu en as formé des images d'hommes auxquelles tu t'es prostituée.*

Cris de la douleur, mêlez-vous à mes chants d'allégresse ; la joie pure n'est plus faite pour le triste séjour de l'homme. Des preuves irrésistibles sur les vérités premières, n'ont-elles pas déjà été manifestées aux nations ? S'il vous reste des doutes, allez vous purifier dans ces sources. Puis vous reviendrez unir votre voix à la mienne ; et nous célébrerons ensemble les joies de l'homme de désir, qui aura eu le bonheur de pleurer pour la vérité.

∼

2. Sois bénie, lumière brillante, splendeur visible de la lumière éternelle, d'où ma pensée a reçu l'existence. Si ma pensée n'était qu'une de tes étincelles, je n'aurais pas le pouvoir de te contempler. Je ne pourrais être saisi d'admiration pour ta grandeur, si tu n'avais semé en moi quelques éléments de ta mesure. Hommes célèbres, ne dites plus : la lumière d'un flambeau se communique à d'autres flambeaux sans décroître, et c'est ainsi que les esprits sont produits par Dieu. Ne déshonorez plus la lumière visible en ne nous parlant que de son mécanisme matériel. Le flambeau peint la vie d'entretien, et non pas la loi de génération. Ne faut-il pas une substance hors de ce flambeau pour qu'il lui communique la lumière visible ? Mais notre Dieu est lui-même la lumière ; il tire de son propre sein la substance lumineuse de l'esprit. Tout est complet, sortant des mains du principe de tout. Il a voulu que la sensation de la lumière visible tînt à la vie de mon corps. Il a voulu que le soleil réveillât dans mes yeux cette sensation de la lumière visible. Mais il a voulu réveiller lui-même dans mon âme la sensation de la lumière invisible ; parce que lui-même a puisé dans cette lumière le germe sacré dont l'âme de l'homme est animée. Des rameaux ne sortent-ils pas du chandelier vivant, et leur sève n'est-elle pas l'huile sainte qui nourrit en moi la lumière ? N'est-elle pas cette huile qui se consume toujours et ne tarit jamais ? Que la vie s'unisse à ma vie, et qu'elle régénère en moi la vie qu'elle y a produite.

Que ma croissance immortelle et divine soit continue comme celle de mon éternelle source. C'est en pénétrant dans les êtres que Dieu leur fait sentir leur vie ; ils sont dans la mort dès qu'ils ne sont plus en communion avec lui. Vous tous, habitants de la terre, tressaillez de joie, vous pouvez contribuer à la communion universelle. Vous pouvez, comme autant de vestales, entretenir le feu sacré, et le faire briller dans toutes les parties de l'univers. Pourquoi les sages et les prudents chérissent-ils la lumière ? C'est qu'ils savent que la lumière et l'âme de l'homme sont deux flambeaux qui ne pourront jamais s'éteindre. Et toi, agent suprême, pourquoi ne peux-tu cesser de tout pénétrer, de tout voir et de porter partout ta clarté ? C'est que l'huile sainte puisée dans ta source est disséminée dans toutes les régions, et que ta lumière trouve partout un aliment qui lui est propre.

～

3. J'ai promené mes regards sur la nature. Fleuves, où courez-vous avec tant d'impétuosité ? Nous allons aider à combler l'abîme, et à ensevelir l'iniquité sous les eaux. Nous allons éteindre ces volcans, ces tisons fumants qui sont comme les restes du grand incendie. Quand nous aurons accompli cette œuvre, nos sources s'arrêteront. Le limon s'amassera dans les gouffres. Des plaines fertiles s'élèveront à la place des précipices. Les troupeaux paîtront en paix dans les lieux où nageaient les poissons voraces ; et les habitants paisibles vivront heureux au milieu de leurs champs fertiles, là où autrefois les vagues de la mer étaient agitées par des tempêtes.

L'homme insouciant et inattentif traverse ce monde sans ouvrir les yeux de son esprit. Les différentes scènes de la nature se succèdent devant lui sans que son intérêt se réveille, et sans que sa pensée s'agrandisse. Il n'était venu dans ce monde que pour embrasser l'univers par son intelligence, et il laisse continuellement engloutir son intelligence par les moindres objets dont il est environné. Faut-il que les catastrophes de la nature se renouvellent pour te réveiller de ton assoupissement ? Si tu n'étais pas exercé, elles t'effrayeraient et elles ne t'instruiraient pas. La face de la terre présente les traces de trois lois qui ont dirigé ses révolutions. Tous les éléments agités, qui ont mis le globe en convulsion et ont produit les montagnes secondaires et les volcans : voilà le feu et le nombre. Les ondulations lentes et successives des vagues qui ont produit les monticules et les vallées : voilà l'eau et la mesure. Et la gravité paisible et tranquille qui a produit les plaines : voilà la terre et le poids. La vie s'efforce partout de se montrer ; tous les désordres étaient étrangers à la nature. L'âme de l'homme annonce partout de la fertilité ; elle annonce partout qu'elle est faite pour la vie. Elle a aussi en elle des traces des horribles convulsions qu'elle a souffertes. Mais elle peut, comme la flamme des volcans, s'élever au-dessus de ces gouffres, et voguer dans les régions pures de l'atmosphère.

～

4. Homme, voudrais-tu affliger ton ami ? Ne voudrais-tu pas renoncer à faire souffrir ton ami ? Il souffre cependant, tant que l'homme ne cherche

pas à connaître ce que c'est que l'œuvre du Seigneur. Qui pourrait donc concevoir ce que les prévaricateurs doivent faire souffrir à Dieu, quand ils portent leurs écarts jusqu'à agir contre lui ? Non homme, tu ne soutiendrais pas la vue d'un tableau si accablant. Quel autre que Dieu en aurait la force ? Aussi il n'y a que lui qui pardonne, et ce n'est que de lui que nous apprenons la charité. Fraie chaque jour les sentiers de cette école, si tu veux apprendre ce que c'est que l'œuvre du Seigneur. Que le maître qui y donne des enseignements, trouve en toi le plus assidu de ses auditeurs. Tes *pâtiments** intérieurs causés par la charité, peux-tu les croire inutiles à ton ami ?

Ce n'est pas trop de dire qu'ils te rapprochent de Dieu, qu'ils font plaisir à Dieu, en ce qu'ils t'associent avec lui, et qu'ils te rendent semblable à son amour. Voilà l'œuvre ; voilà le premier degré de l'œuvre. Que toutes les nations m'entendent. Qu'elles deviennent assez pures pour sentir les *pâtiments* intérieurs de la charité. Je vois deux mots écrits sur cet arbre de vie : Épée et amour. Par l'épée de la parole, je soumettrai tous les ennemis de mon Dieu, je les lierai, et je les empêcherai de faire de la peine à mon Dieu. Par l'amour, je le supplierai avec zèle de verser en moi un rayon de sa charité ; et de faire que je le soulage en me chargeant de quelques-uns des pâtiments de son amour.

Ne t'offense pas, ô mon Dieu, de la hauteur de cette idée, c'est toi qui l'as fait naître dans mon cœur ; et elle est si vive que j'y crois voir tracés les plus beaux titres de ma destination primitive. Ce sont nos liens terrestres qui voilent pour nous cette antique et divine destination. Elle ne peut manquer de se faire connaître naturellement à ceux dont l'âme a la force de soulever ses fers.

~

5. Vous n'aviez produit aucun être, ô sagesse profonde, sans lui donner une mesure de désir et de force pour se conserver. Vous aviez fondé tous les êtres sur cette base, parce qu'ils sont tous un reflet de votre puissance, et que vous aimez à vous produire dans toutes vos œuvres. Vous aviez donné à l'homme la plus abondante mesure de ce pouvoir. Eh ! d'où lui viendront cet art de multiplier ses jouissances ; cette industrie à repousser de lui les maux, et à les guérir ? Si ce n'est d'une mesure suprême de ce désir conservateur et de cet instinct que vous avez départi à tous les êtres ! Et seul, il joint à la mesure suprême de ce désir conservateur, la mesure

---

* Vieux français : état où l'on pâtit. Dérivé de pâtir. *P. méton.* La souffrance elle-même.

suprême de la puissance opposée ! Et seul, il peut combattre et étouffer cet instinct vivace, plus impérieux en lui que dans aucun autre être ! Et seul enfin, il peut se tuer ! Seul, il peut combiner et choisir les moyens de se donner la mort !... doctrine de mensonge, applaudis-toi de ton triomphe, tu as complètement aveuglé l'homme. Tu ne lui as fait voir dans ces deux extrêmes, qu'un seul et même principe : tu lui fais vouloir, que le seul et même agent se conserve et se détruise : tu lui fais croire que la mort et la vie, la production et la destruction appartiennent au même germe. En vain, tu cherches de quoi te justifier dans les exemples des animaux, tu n'y trouves rien qui diminue aux yeux de la pensée cette effroyable contradiction.

⁓

6. S'il est dit : dent pour dent, œil pour œil, dans les rigueurs de l'ordre matériel ; pourquoi dans l'ordre bienfaisant de l'esprit, cette vérité n'aurait-elle pas un emploi qui fût à notre avantage ? Donne de ta vie, si tu veux recevoir de la vie. Donne de ta vie sans réserve, si tu veux que la vie se donne à toi dans la plénitude de son unité. Tant que tu as à languir dans tes désirs, ou même tant que tu t'arrêtes à contempler tes jouissances, la vie n'est pas encore en toi dans la plénitude de son unité. Quand ce terme sera arrivé pour toi, tu n'auras plus à calmer ton trouble par des sacrifices, ni à te précautionner contre tes saintes satisfactions. L'esprit de vérité te pressera ; il te tourmentera, il te poussera dans le désert ; et tu diras aux nations : *rendez droites les voies du Seigneur.*

Puissances célestes, puissances terrestres, puissances universelles, respectez l'âme humaine : le Seigneur vient de renouveler son alliance avec elle, il l'a liée à lui par un nouveau traité de paix. Il lui a ouvert les archives divines ; elle y a admiré tous les trésors préparés pour l'homme de paix. Elle y a contemplé les flambeaux de l'intelligence, toujours allumés, et les sources vivantes de l'amour, qui n'interrompent jamais leur cours. Elle y a parcouru les livres de vie, où sont puisées les lois des nations.

Elle y a lu l'histoire des peuples passés, présents et futurs. Elle y a respiré la douce vapeur des baumes employés journellement à guérir les plaies des mortels. Elle y a vu les armes terribles destinées à renverser les ennemis de la patrie. L'âme de l'homme peut aujourd'hui entrer à son gré dans ces divers dépôts, selon ses besoins et ceux de ses frères. Âme de l'homme, monte vers ton Dieu par l'humilité et la pénitence. Ce sont là les routes qui conduisent à l'amour et à la lumière. Tu redescendras ensuite rempli de tendresse pour tes frères, et tu viendras partager avec eux les trésors de ton Dieu. Vous ouvrez vos trésors pécuniaires au pauvre, mais songez-vous plus encore aux besoins de son esprit qu'à ceux de son enveloppe passagère ? Désirez-vous par ces secours, qu'il recouvre une partie de sa liberté et de son activité, qui lui sont ôtées par sa misère ? Désirez-vous qu'il recouvre par cette liberté le moyen de louer plus facilement et plus constamment son Dieu, et de s'enrichir par la prière ? Voilà le vrai but de l'aumône ; voilà comment l'aumône peut avancer l'œuvre de Dieu. Dieu est esprit ; il veut que tout ce que vous opérez soit spiritualisé. Si en faisant votre aumône, vous vous contentez de dire au pauvre de prier pour vous, vous lui demandez plus que vous ne lui donnez ; vous songez plus à vous qu'à lui : et cependant il est moins libre que vous pour se livrer à la prière. Spiritualisez vos œuvres si vous voulez qu'elles soient en tout point selon la justice.

∼

7. Interprètes de la mythologie, pourquoi dites-vous qu'elle ne voilait que la marche des astres, et les lois de la nature matérielle et corruptible ? Quelle proportion y aurait-il là, entre la figure et la chose figurée ? L'allégorie n'est-elle pas inutile quand elle est supérieure à son objet ? Ne cesse-t-elle pas d'être allégorie ? Oui, alors elle est puissance, et elle agit à force ouverte. Encore si vous vous étiez élevés jusqu'aux principes actifs de la nature, dont la connaissance et l'emploi doivent rester ignorés du vulgaire ! Mais un nouvel obstacle s'élève : la mythologie et la physique seraient en litige. La mythologie, pour être admissible, devrait au moins se reposer sur les principes actifs de la nature ; et la physique ne veut point de ces principes ; et elle veut tout former par des agrégats. Tandis que s'il n'y a qu'une unité, avec quoi parviendrait-on à l'agréger ? Mythologie, physique, vous ne pourrez vous concilier qu'en abandonnant chacune votre système, et en vous élevant ensemble à un degré plus simple, où vous trouveriez chacune la clef de votre temple. Quand vous l'aurez trouvée, usez-en encore avec prudence. Toutes les altérations tiennent à la source putréfiée : toutes les rectifications tiennent à la source pure.

Sans le coup d'œil supérieur, comment appliquerez-vous donc vos principes ? Que faites-vous, doctes ignorants, quand vous nous peignez les lois de la formation du monde ? C'est avec la mort que vous composez la vie ; vous prenez toute votre physique dans les cimetières. De quoi vos cabinets de science sont-ils remplis ? De squelettes et de cadavres, dont vous avez soin de bien conserver la forme et les couleurs, mais dont le principe et la vie sont séparés. Votre pensée ne vous dit-elle pas, qu'il y a une physique meilleure que celle-là ; et que c'est celle où on ne s'occupe que des principes, et d'où les corps morts sont éloignés ? Mais non, vous avez porté ce coup d'œil mort et destructeur, sur tous les objets de vos spéculations. Vous l'avez porté sur la base du rectangle isocèle que vous avez cherché à connaître, parce que vous avez trouvé des rapports matériels entre ses résultats et les résultats de ses côtés ; tandis que le nombre et le vrai rapport de cette base ne nous seront jamais confiés, attendu que si nous les connaissions, nous pourrions créer des esprits. Ne vous suffit-il pas de calculer la base à deux centres qui a osé tenter de l'imiter, et qui ouvre à la fois une source inépuisable à vos larmes, à votre intelligence et à votre admiration ? Vous l'avez porté, ce coup d'œil destructeur, sur un sujet bien plus près de vous, puisque vous l'avez porté jusque sur la parole. Faculté suprême et distinctive, tu n'es plus pour eux que le fruit de l'accumulation des signes sensibles. Les langues ne sont plus pour eux qu'un agrégat, au lieu d'être l'expression et le fruit de la vie même. Aussi n'en cherchent-ils pas l'origine ailleurs que dans nos rapports élémentaires ; tandis qu'on leur a enseigné hautement que la parole avait été nécessaire pour l'institution de la parole. Tandis qu'ils voient par quelle voie les enfants apprennent les langues, et qu'il n'y a qu'une loi qui se prête et se mesure à tous les besoins et à tous les âges. Matière, matière, quel funeste voile tu as répandu sur la vérité ! La parole n'est venue sur la terre que comme par renaissance ; elle avait d'abord été réduite pour nous. Elle ne pouvait renaître que par semence comme les végétations ; mais il fallait qu'elle eût fourni d'abord son propre germe, pour pouvoir ensuite produire ses fruits parmi l'espèce humaine. Écroulez-vous, échafaudages des sciences abusives ; réduisez-vous en poussière : vous ne pouvez tenir contre le moindre principe lumineux.

8. La vraie manière de demander le secours, n'est-elle pas d'aller courageusement le chercher où il est ? Et n'est-ce pas par l'action que la force se nourrit ? Aussi il n'y a de grand que celui qui sait combattre, parce que c'est le seul moyen de savoir jouir ; et que le premier secret pour être élevé au-dessus de nos ténèbres et de nos fautes, c'est de nous y élever nous-mêmes. C'est pour les épreuves que Dieu nous envoie, que nous avons droit de le prier, et non pas pour les torts que nous nous faisons par notre lâcheté. Quand ton cœur est plein de Dieu, emploie la prière verbale, qui sera alors l'expression de l'esprit, comme elle devrait toujours l'être.

Quand ton cœur sera sec et vide, emploie la prière muette et concentrée ; c'est elle qui donnera à ton cœur le temps et le moyen de se réchauffer et de se remplir. Tu apprendras bientôt à connaître par ces secrets simples, quels sont les droits de l'âme de l'homme, quand des mains vivantes l'ont comprimée pour en exprimer la corruption, et qu'elle reprend ensuite sa libre étendue par son élasticité naturelle. Tu apprendras bientôt à connaître quelle est son autorité sur *l'air*, sur le *son*, sur la *lumière* et sur les *ténèbres*. Veille, veille tant que tu seras au milieu des fils de la violence. Ils te persuaderaient qu'ils peuvent quelque chose, et ils ne peuvent rien. Comment feraient-ils les amis de la vérité, tandis que les comparaisons qu'ils nous présentent sont toujours fausses ? Dans les êtres apparents, il ne reste nulle impression de l'action des êtres vrais ; voilà pourquoi *les ténèbres ne peuvent comprendre la lumière*. Si tu veux la comprendre, cette lumière, ne la compare à rien de ce que tu connais. Purifie-toi, demande, reçois, agis : toute l'œuvre est dans ces quatre temps. Se purifier n'est-ce pas prier, puisque c'est combattre ? Et quel homme oserait marcher sans se purifier, puisqu'il ne peut faire un pas sans porter le pied sur les marches de l'autel ? Ce n'est point assez de ne pas douter de la puissance du Seigneur, il faut encore ne pas douter de la tienne. Car il t'en a donné une, puisqu'il t'a donné un nom, et il ne demande pas mieux que tu t'en serves. Ne laisse donc point l'œuvre entière à la charge de ton Dieu, puisqu'il a voulu te laisser quelque chose à faire. Il est prêt sans cesse à verser dans toi tous les biens ; il ne te demande que de veiller sur les maux qui t'environnent, et de ne pas te laisser surprendre. Son amour a chassé pour toi ces maux hors du temple ; ton ingratitude irait-elle jusqu'à les y laisser rentrer ? Homme, homme, où trouver une destinée qui surpasse la tienne, puisque tu es appelé à fraterniser avec ton Dieu, et à travailler de concert avec lui !

9. Qui donnera à l'homme l'intelligence pour comprendre la marche de la parole ? Dieu a dit par la bouche de ses prophètes : voici à quoi vous connaîtrez si celui qui prophétise est véritable, ou s'il ne parle pas par un esprit de mensonge : *quand ce qu'il aura dit arrivera, vous croirez alors à la vérité du prophète*. Mais n'a-t-il pas consommé toute la loi ? Et depuis le grand signe, tous les anciens signes ne sont-ils pas devenus fragiles ? Ne doit-il pas paraître des prophètes d'erreur et de mensonge, qui auront le pouvoir de séduire les élus même ? Je les vois faire des œuvres merveilleuses ; je les vois annoncer des événements qui arriveront. Je les vois, comme Élie, faire tomber le feu du ciel. Malheur au temps futur, où le

mensonge pourra si bien ressembler à la vérité ! En tout temps précautionnez-vous contre les imitateurs. Depuis que l'homme a été vendu pour être assujetti au péché, le péché se sert de lui, aussi bien que la sagesse. Il faudra donc que l'homme creuse plus profondément en lui-même, pour y trouver de nouveaux signes. Le prophète est-il humble et doux ? Prêche-t-il pour le règne de Dieu, et non pour le sien ? Montre-t-il par ses larmes et ses sanglots les élans de la charité ? Est-il prêt à donner sa vie pour ses frères ? Joint-il à ces vertus une doctrine sûre et à l'épreuve ? Tournez-vous vers lui, suivez ses pas, attachez-vous à son esprit ; la charité du cœur et la sûreté dans la doctrine, sont des dons qui ne se peuvent pas feindre. Fussiez-vous au milieu de la confusion et des ténèbres, un cercle lumineux vous environnera, et vous en tiendra séparés. Plus le temps avance vers le complément de son désordre, plus l'homme devra s'avancer vers son terme de lumière. Comment s'y pourra-t-il avancer, si ce n'est en se laissant pénétrer de l'esprit de vie, et se portant avec ardeur vers lui, comme s'il y était poussé par une faim dévorante ? Non, il n'y a pas de joie qui soit comparable à celle de marcher dans les sentiers de la sagesse et de la vérité.

10. Les œuvres de Dieu se manifestent paisiblement, et leur principe demeure invisible. Prends ce modèle dans ta sagesse, ne la fais connaître que par la douceur de ses fruits ; les voies douces sont les voies cachées. Si l'air était visible comme les substances qui composent les corps, tiendrait-il un rang si merveilleux dans la nature ? Quels rapports y a-t-il entre la vie de l'esprit, et la mort de cet univers extra-ligné ? L'homme promet plus qu'il ne donne, l'esprit donnera un jour plus qu'il ne promet. Le Seigneur a conduit son peuple par une voie obscure, afin que ses desseins s'accomplissent. Il a parlé à son peuple en paraboles ; sans cela les juifs n'auraient pu méconnaître le salut des nations, et alors ils n'auraient pu être excusables de l'avoir sacrifié, et s'ils ne l'avaient pas sacrifié, les nations n'auraient pas reçu l'héritage. Voiles des prophéties, favorisez l'ignorance de la fille de mon peuple, c'est par là que la porte de miséricorde lui reste ouverte. Dieu voulait suspendre les juifs, et non pas les réprouver. Eh ! quel sang ont-ils demandé qui retombât sur eux et sur leurs enfants ? Ce sang était esprit et vie, pouvait-il jamais leur donner la mort ? L'industrieuse charité de mon Dieu, ne s'occupe que des moyens de pouvoir sauver ses enfants. L'ignorance des peuples, est la ressource qu'il se ménage sans cesse pour leur pardonner. Quel abîme que la sagesse, la

puissance et l'amour de notre Dieu ! Hommes, vous condamnez vos semblables à des supplices, quand ils sont coupables selon vos lois : ne le sommes-nous pas bien davantage selon les lois du Seigneur ? Et cependant nous pouvons satisfaire à sa justice avec une prière. Nous le pouvons avec un élan secret, opéré dans la profondeur de notre être : et plus cet élan sera concentré, plus il aura d'efficacité et de puissance ; parce qu'il tiendra davantage du caractère de l'unité, de l'invincible et irrésistible unité.

11. Pourquoi toutes les eaux que le globe renferme, communiquent-elles les unes aux autres ? Pourquoi ne font-elles que circuler et passer alternativement par des gouffres infects, et par des filières pures qui les clarifient ? Pourquoi l'air qui remplit l'atmosphère, suit-il la même loi, en s'introduisant dans nos poumons et dans les canaux des plantes ? Pourquoi tous les fluides de la nature ne font-ils que passer d'un lieu à un autre, pour l'avantage de tout ce qui existe ? Pourquoi sont-ils comme si nous nous les prêtions mutuellement, que nous bussions tous la même liqueur, et que nous ne fissions que nous passer la coupe ? C'est pour nous apprendre que telle est la loi de l'esprit sur nous ; et que toute l'atmosphère de l'intelligence est contiguë. Unité suprême et universelle, oui, nous participons tous à la même pensée. Le même esprit circule dans tous les êtres pensants, nous puisons sans cesse à la même source. Nos esprits se communiquent par notre nourriture intellectuelle, comme nos corps se communiquent par la circulation des éléments. Comment serions-nous donc séparés de la vie ? Tout est vivant. Comment aurions-nous de l'inimitié pour les hommes ? Nous sommes tous assis à la même table, et nous buvons tous dans la coupe de la fraternité. Les hommes ne cherchent pas les œuvres vives. Tout ce qu'ils font, tout ce qu'ils écrivent, leurs occupations, leurs traités scientifiques, ne sont point dirigés vers la vie. Tandis qu'un seul instant d'activité pourrait les mettre en union avec le vrai, pour ne jamais s'en séparer ! Force naturelle de l'homme, tu te concentres, tu t'absorbes, mais tu ne te détruis pas par les accidents involontaires. L'orage passé, tu te trouves la même, et tu as de plus les trésors de l'expérience. Tu soupires après la paix universelle ? Le pendule a été mis en mouvement depuis le crime. Ses oscillations ne peuvent diminuer que par progression. Il faut attendre la fin des siècles, pour que le pendule marque son dernier battement, et que les êtres rentrent dans le repos. Quelle surprise pour ceux qui, dans leur passage terrestre, auront cru qu'il n'y avait rien au-delà, et qui auront méconnu la circulation universelle ! Dieu serait-il si

patient, s'il n'avait des moyens d'étonner la postérité humaine, quand elle arrive à la région de la vie et de la lumière ? Quand elle arrive à cette région où elle peut contempler ce fluide simple et fixe, principe et source de tous les mouvements, et portant partout la plénitude de la vie ? Où prendre l'idée des lumières et des clartés qui accompagnent la naissance de l'homme ? Nous ne sommes ici-bas que nageant sous une ombre, et dans l'atmosphère des images. Sagesse, tu dois être si belle que le pervers lui-même deviendrait ton ami, s'il pouvait apercevoir le moindre de tes rayons.

~

12. Ma vie sera un cantique continuel, puisque les puissances de mon Dieu sont sans borne. Je le louerai, parce qu'il a formé l'âme humaine de l'extrait de ses propres vertus. Je le louerai, puisque tous les êtres pensants sont les témoins vivants de son existence. Je le louerai, puisque l'âme humaine se manifeste comme lui par la parole. Je le louerai, parce qu'il n'abandonne pas l'homme dans sa misère. Je le louerai, parce qu'il le dirige comme une mère tendre dirige son enfant, et lui fait essayer ses premiers pas. Je le louerai, parce qu'il a donné à l'homme le pouvoir d'employer les animaux même à la culture de la terre. Hommes, cessez de ne prouver Dieu que par la nature matérielle. Vous ne prouvez par là que le Dieu puissant et fécond. Et si cette nature matérielle avait déjà accompli tous ses types, et qu'elle n'existât plus, comment prouveriez-vous donc celui qui l'a formée ? Et si vous la rendez éternelle, donnez-lui donc aussi, comme à votre Dieu, l'intelligence et la sainteté. Annulez donc tous les types qu'elle doit offrir, et qui dès lors deviennent superflus. Et les désordres évidents qu'elle annonce, comment les expliquerez-vous, si elle n'a ni la liberté ni la pensée ? Les cieux annoncent la gloire de Dieu ; mais son amour et sa sagesse, c'est dans le cœur de l'homme qu'en est écrit le véritable témoignage. C'est dans l'extension sans borne de notre être immortel, que se trouve le signe parlant du Dieu saint et sacré, et du Dieu bienfaisant à qui sont dus tous nos hommages. L'univers peut passer, les preuves de mon Dieu n'en seront pas moins immuables, parce que l'âme de l'homme surnagera sur les débris du monde. Si vous éteignez l'âme humaine, ou si vous la laissez se glacer par l'inaction, il n'y a plus de Dieu pour elle, il n'y a plus de Dieu pour l'univers. Je tiendrai mon âme en activité, pour avoir continuellement en moi la preuve de mon Dieu. Je la tiendrai occupée à la méditation des lois du Seigneur. Je la tiendrai occupée à l'usage et à l'habitude de toutes les vertus. Je la tiendrai occupée à se régé-

nérer dans les sources vivifiantes. Je la tiendrai occupée à chanter toutes les merveilles du Seigneur, et l'immensité de sa tendresse pour l'homme. Quels instants pourront lui rester qui ne soient pas remplis par la prière ? Ma vie sera un cantique continuel, puisque la puissance et l'amour de mon Dieu sont sans borne. Dès que je m'approcherai du Seigneur pour le louer, il m'enverra le sanctificateur. Le sanctificateur m'enverra le consolateur. Le consolateur m'enverra l'ami de l'ordre. L'ami de l'ordre m'enverra l'amour de la maison de mon Dieu. L'amour de la maison de mon Dieu, m'enverra la délivrance : et les ténèbres se sépareront de moi, pour être à jamais précipitées dans leurs abîmes.

13. Une coupe de cristal tombe à terre et se brise. Tout-à-l'heure, elle était utile, vous pouviez l'approcher de vos lèvres, et y puiser une liqueur agréable et fortifiante. À présent ses brisures tranchantes, ne peuvent qu'ensanglanter la main. Une coupe de cristal tombe à terre et se brise : tel est le court intervalle de l'amitié d'un homme puissant à sa colère. Tranquille et doux quand sa gloire n'est pas exposée ; court-elle des risques, il prendra les charbons de l'autel et vous les jettera au visage, plutôt que de ne la pas défendre. Il n'a pas besoin de sa raison pour l'emporter, dès qu'il a le moyen d'employer sa puissance. Malheur à l'agneau, qui se trouvera placé sous son glaive ! Il l'égorgera, et il dira ensuite que c'était un tigre ; et sa parole sera reçue comme véritable. Consolez-vous, petits de ce monde. Les hommes puissants ont en eux-mêmes deux tribunaux. Par l'un, ils vous condamnent, lors même que vous êtes innocents ; par l'autre, ils sont obligés de casser la sentence. Est-ce que la parole fausse et méchante peut avoir une demeure fixe et stable ? Elle sera errante, parce qu'il n'y a que l'oreille de l'homme léger et déçu où elle puisse mendier quelque asile.

Vérité sainte, tu es encore comme ensevelie dans les sépulcres ; mais tu y as été enterrée vive. Tu renaîtras de toutes les régions de la terre, et tu replongeras la mort dans son tombeau, pour qu'elle s'y convertisse en pourriture. C'est le Seigneur lui-même qui te relèvera, et qui fera flotter tes enseignes aux yeux des nations. Que vous a-t-il dit ? *toutes les armes qui auront été préparées pour vous blesser, ne porteront point contre vous ; et vous jugerez vous-mêmes toutes les langues qui se seront élevées contre vous, pour vous faire condamner. C'est là l'héritage des serviteurs du Seigneur ; c'est ainsi qu'ils trouveront justice auprès de moi, dit le Seigneur.* Vous donc, tristes victimes des afflictions humaines, redoublez d'efforts pour ne pas laisser éteindre en vous le flambeau des consolations. Le trajet est court : vous voyez déjà l'autre rive. Ne vous restât-il qu'une étincelle de la vivifiante espérance, conservez-la précieusement. Quand vous arriverez dans les régions de la vie, il ne vous faudra que cette étincelle pour les embraser toutes entières, et les rendre à jamais toutes lumineuses pour vous. Parce que les substances qui les composent sont plus faciles à enflammer que celles de la foudre même, et plus mobiles que les éclairs.

∽

14. Prends ta lyre et ne la quitte plus. Ne donne plus de repos à ton esprit. Quand il aura atteint l'occident, qu'il retourne à l'orient pour recommencer un nouveau cours. Quand il aura frappé le nord, qu'il retourne vers le midi. Que du fond de l'abîme, il s'élève chaque jour à ce foyer d'où découlent des flots de lumière. Le Seigneur pressera l'homme d'écouter la vérité qui l'appelle. Il le troublera dans ses faux plaisirs, il le frappera par de grands exemples. Il le vivifiera par l'attrait secret de la vertu. Il l'instruira par des songes légers. C'est par là que j'ai quelquefois conduit mes prophètes. Hommes faibles et paresseux, si vous étiez tombés dans une eau fangeuse et d'une vaste étendue, ne faudrait-il pas vous agiter vivement pour regagner le rivage ? C'est une action qui les a fait sortir de leur poste originel. Ce n'est que par une action qu'ils peuvent y remonter. Cherchez les villes de refuge, puisque vous êtes dans une nuit si épaisse, que vous n'êtes peut-être pas un instant sans verser involontairement le sang de vos frères. Leurs parents vous poursuivent sans cesse pour en tirer vengeance. Vos jours sont en danger ; mais le Seigneur veut vous sauver la vie. Volez, volez vers ces villes de refuge, dont sa miséricorde a rempli la terre qu'il vous a donnée. Ô Dieu de paix, ressouviens-toi que tes élus ont demandé d'être anathèmes, pour le salut de leurs frères. C'était pour toi, et non contre toi qu'ils formaient de pareils vœux. Ton amour les suivra dans le désert, et les y nourrira jusqu'à ce que leurs frères en soient sortis. Ils se rendent otages de la mort, tu les rachèteras. La charité peut seule envisager ce sacrifice, la charité peut seule le comprendre. Ton immortel amour peut seul en diriger l'accomplissement.

∽

15. Ne dites point, ô mortels ! que votre soif de la vérité ne vous est donnée que pour votre supplice. La vérité ne punit point, elle améliore et perfectionne. La sagesse ne punit point, elle instruit. L'amour ne punit point, il prépare doucement les voies. Comment l'amour pourrait-il punir ? Voilà

cependant, mortels, ce qui constitue l'essence de votre Dieu. La sagesse ne laisserait point entrer en vous des désirs vrais, si elle n'y avait mis aussi des moyens sûrs pour les satisfaire. Elle est la mesure même, et n'agit avec vous que dans cette mesure. Mais vous, ô juges imprudents et insensés, vous troublez cette mesure dans les faibles mortels ! Si vous commencez trop tôt à vous faire maîtres, vous ne leur offrez que des fruits précoces ou dérobés, qui finissent par vous laisser tomber en confusion. Si vous exaltez trop leurs idées, vous leur donnez des désirs anticipés et dangereux. Si vous courbez leur esprit sur les choses composées, vous leur faites naître des difficultés qui les égarent.

Sagesse, sagesse, toi seule sais diriger l'homme sans fatigue et sans danger, dans les paisibles gradations de la lumière et de la vérité. Tu as pris le temps pour ton organe et ton médiateur ; il enseigne tout, comme toi, d'une manière douce, insensible, et en gardant continuellement le silence ; tandis que les hommes ne nous apprennent rien avec la continuelle et excessive abondance de leurs paroles. Le Seigneur s'avance comme un feu vivant ; il s'empare de toutes les portions de feu qui sont répandues dans les êtres. Il allume ses flambeaux devant l'âme humaine, il l'accompagne lui-même pour la faire arriver plus en sureté jusqu'aux portes de l'amour. Ô homme ! combien tu gémiras un jour, quand avec les influences du désordre dont tu te seras rempli, tu t'approcheras de la région de l'ordre ! Comment, avec les merveilles dont la sagesse vivante avait formé mon existence, ai-je pu me rendre le mercenaire et le fabricateur de l'illusion ? Comment ai-je pu accuser d'injustice la main qui ne s'était occupée qu'à me combler de ses faveurs ? La parole n'avait vaincu le temps, elle n'était entrée dans l'homme, elle ne s'était gravée en lui, elle ne se faisait entendre continuellement en lui, qu'afin qu'il en fît retentir au-dehors les sons harmonieux, et qu'il célébrât les louanges de l'universelle miséricorde.

~

16. Non, Seigneur, il n'est pas permis à l'homme de posséder ici-bas tous les biens que sa pensée lui fait entrevoir. Tu veux bien ne pas lui en refuser l'espoir, de peur qu'il ne se décourage ; mais la justice ne peut encore lui en accorder l'entière jouissance, il ne pourrait la supporter. Oh ! combien la réalité du monde futur sera belle à nos yeux, puisque l'illusion de ce monde actuel, passager et apparent, est si imposante et si magnifique ! Dans la région de la vie, l'acte de l'esprit est perpétuel. L'homme régénéré y promène ses regards sans interruption sur les êtres vivants et purs, dont

l'aspect le sanctifie. Tous ces mobiles frappent successivement sur lui, et ne lui laissent pas une faculté qui ne soit remplie. Quand est-ce que le temps sera précipité et qu'il ne dérobera plus à l'homme la jouissance et les droits de son être ? Pendant le temps, nous ne pouvons que chercher péniblement la sagesse et la vérité. Au-dessus du temps, on les possède. Au-dessous du temps, on vomit des injures contre elles. Régions saintes, ces malédictions ne prévaudront jamais contre vous. Le sang de la terre ne montera plus par-dessus sa tête ; l'Éternel l'a terrassé par la voix de son triple tonnerre, et l'a fait rentrer dans ses canaux. Il a lié les cieux à la terre, en semant dans l'âme de ses élus le germe de l'esprit de vérité. Il a lié la terre aux cieux, en faisant fructifier dans l'âme de ces mêmes élus ce germe divin.

Que tous les êtres, dans le temps passé, dans le temps présent, et dans le temps futur, bénissent son nom. C'est par la recherche de son nom et la louange de son nom, que je parviendrai à tromper le temps. Nations de la terre, générations futures, mettez à profit mes secrets. Le temps sera précipité au-dessous de vous, vous obtiendrez la joie et le repos de vos âmes. Voilà la récompense et les bénédictions qui descendront sur mes cantiques. Les hommes voudraient vous mener à Dieu par des labyrinthes, quelques-uns vous feraient même un crime de le chercher. Mystères du royaume de Dieu, vous êtes moins inexplicables que les mystères du royaume des hommes.

17. Qui osera dire que le mal soit autre chose qu'une déviation du bien ? Qui osera la regarder comme une stagnation dans la ligne directe ? Il n'y a de stagnations qu'à côté du lit des fleuves, il ne peut y en avoir dans les courants. Dans la région de la vie, cette ligne est un grand et éternel courant, qui par sa rapidité entraîne tout dans son cours, et attire tout ce qui se trouve sur ses bords. Où seraient ses bords, puisqu'il agit partout ? Est-il rien qui dans la région de la vie puisse résister à son impulsion ? Ici-bas, cette ligne procède également sans se déranger de son cours ; elle agit sans cesse sur le mal même, pour en redresser la déviation. Mais elle ne procède que dans des courants partiels et atténués, et le mal a le pouvoir de s'opposer à leur action. Principe du mal, tu t'es dépravé volontairement dans tes facultés, parce qu'elles ne sont pas fixes ; tu ne pourras jamais te dépraver dans ton essence, qui est impérissable. C'est être peu réfléchi que de chercher en toi une clef plus positive, et une autre origine à ton existence. Si la vie est, la mort ne peut pas être, car il y aurait deux choses. Tu

ne tires ton origine dépravée que de ton attache aux images de l'être. N'est-ce pas pour t'être contemplé, toi qui n'étais qu'image de Dieu, que tu es tombé dans les ténèbres ? N'est-ce pas le même crime qui s'est répété universellement ? Et dans nos arts, dans nos passions, et dans nos superstitions populaires et matérielles, ne voyons-nous pas partout la contemplation des signes et des images, au lieu du culte des principes et des modèles ? L'homme, en s'approchant du mal, engendre une image de son action fausse, qui devient son tourment quand il s'élève et qu'il la contemple. En s'approchant du bien, il engendre une œuvre vive qui devient sa consolation de tous les moments. Consultez donc vos deux substances, et il n'y aura rien parmi les causes finales ou les raisons des choses, qui ne puisse vous être dévoilé. Seigneur, vous avez mis dans les germes toutes les propriétés abrégées de leur principe ; puisque vous êtes vous-même notre principe, toutes les lumières et toutes les vertus peuvent briller en nous. Mais, infortunés mortels, combien avez-vous jeté de fange sur ce flambeau, au lieu de le dégager sans cesse de ses enveloppes, et ensuite vous vous êtes plaints de ne le plus voir !

18. Ce n'est plus le temps de dire, comme David : Seigneur, j'ai crié vers vous le jour et la nuit, et vous ne m'avez point écouté. Les portes du temple n'étaient point encore ouvertes, les peuples se tenaient assis sur les marches du parvis. Ils attendaient, les mains enveloppées dans leurs vêtements, que l'aurore parût, et que les portiers appelés par l'heure propice, vinssent donner accès à la prière. Le jour est venu, nous pouvons nous avancer jusqu'à l'autel. Nous n'avons plus besoin, ô prophètes ! de crier comme vous, jusqu'à nous rompre les reins, pour être entendus. Nous sommes près du grand prêtre, d'un coup d'œil, il juge si notre foi est sincère, et si notre offrande est pure. L'amour anime-t-il vos yeux, et les remplit-il de douces larmes ? Voilà votre demande, voilà votre prière. Vous êtes exaucés ; le grand sacrificateur est d'intelligence avec vous. Retournez dans vos maisons, comblés de biens.

Chaque jour, renouvelez les mêmes demandes avec la même sincérité, et vous recevrez les mêmes bénédictions. Les patriarches ont défriché le champ de la vie ; les prophètes ont semé ; le sauveur a donné la maturité : nous pouvons à tout moment recueillir la moisson la plus abondante. N'a-t-il pas vaincu l'ennemi ? Il n'a point été tenté dans ses sens et dans sa matière, parce que son corps était formé d'éléments purs, et que c'était la voie de l'amour et non la voie du péché, qui l'avait placé dans la région des corps. Il n'a point été tenté dans ses sens et dans sa matière, parce que ce n'est point par les sens et par la matière que le crime de l'homme avait commencé. Il n'a été tenté qu'à l'occasion de sa matière, parce que la matière est la voie du désordre et du mensonge. Mais il a été tenté dans son amour et dans sa fidélité, parce que l'esprit l'avait conduit dans le désert. Parce que l'amour lui avait fait quitter le séjour de sa gloire, pour se plonger dans nos abîmes ; parce qu'étant sorti de sa place pour approcher du désordre, il ne pouvait éviter de sentir le choc de ses vénéneuses influences ; parce que lui seul, comme source de la puissance, pouvait apporter à l'homme la force et les moyens de vaincre l'ennemi ; et parce que, quand l'âme a vaincu l'ennemi dans l'esprit, il ne peut plus la tenter, ni dans sa matière ni par sa matière.

Mais par quelles armes a-t-il vaincu l'ennemi ? Par quelles réponses a-t-il fait taire le tentateur ? C'est par trois passages tirés des écritures ; et les écritures vous paraîtraient encore indignes de votre attention.

~

19. Aussi impétueuse que les aquilons déchaînés, aussi ardente que les feux de l'Etna, aussi persévérante que le mouvement des astres : telle doit être la prière de l'homme ; elle ne doit pas plus connaître le repos et l'interruption, que l'éternité ne connaît le temps et les intervalles. J'imiterai Jacob, je ne te quitterai point que l'ange ne m'ait béni. Mon âme languit pour toi. Bénis-moi de la bénédiction terrestre. Bénis-moi de la bénédiction céleste. Bénis-moi de la bénédiction divine. Bénis-moi de la bénédiction du sanctuaire. Bénis-moi de la bénédiction de la force, de l'intelligence et de l'amour. Et je célébrerai l'immensité de ta miséricorde et de ta puissance, et j'humilierai tes ennemis ! Dieu me donnera un otage de cette alliance, et cet otage ne me quittera plus. Il posera des gardes fidèles sur toute ma personne ; mon corps, mon âme et mon esprit seront gardés par les sentinelles du Seigneur. Ma parole s'est élancée vers mon Dieu, elle est montée vers son siège, elle a frappé les sources de la vie.

Je les sens descendre en moi. Elles cherchent partout en moi ce qui leur appartient. Elles sont la vie. Tout ce qui vit en moi est leur propre bien. Elles sont la paix, la joie, la félicité : comment tout ne finirait-il pas par des cantiques ! Moïse, Débora, Zacharie, tous les saints de Dieu ont complété leurs œuvres par des actions de grâce à l'éternel. La fin de l'œuvre sera un concert universel. Les cantiques sont continuels dans la région supérieure. Est-ce au sein de la vie que l'assoupissement peut se faire connaître ?

Israël, tu fus choisi pour être le chantre de la terre. N'interromps jamais tes concerts, et que la terre ne languisse plus dans le sommeil.

∼

20. Quel emploi peut se comparer à celui d'être baptisé pour les morts ? De laver continuellement par nos souffrances les taches que les hommes se sont faites, celles qu'ils se font, celles qu'ils se feront, et de supporter toutes les douleurs effroyables qui en sont les suites ? Quelque part que cet homme aille, quelque chose qu'il fasse, son œuvre le poursuit, et l'amertume de la coupe fermente en lui. Il n'est occupé, il n'est tourmenté que du désir de la guérison de la grande plaie. Oh ! Dieu de paix, si parmi mes frères il en est qui agissent comme ne se souvenant pas de toi, n'agis point à leur égard comme envers ceux dont tu ne te souviens plus.

Est-ce que le zèle de la maison du Seigneur n'est pas lié avec l'amour de l'homme ? Est-ce que l'homme n'est pas l'objet de l'œuvre et de l'amour du Seigneur ? Tu avais promis à Israël de donner des peuples et des royaumes pour lui ; mais tu as donné plus encore pour les peuples et les royaumes, puisque tu t'es donné pour eux. Le Seigneur est une infinie progression de mystères, il a des clartés et des lumières pour tous les âges. Il nous a donné dans le premier solide une preuve matérielle que son nom demeure sur la terre. Il nous a démontré par là l'universelle activité de ses puissances, et comment son action remplit toutes les régions et tous les degrés du temps. Il nous a appris qu'à son image nous devons remplir l'univers de sa justice distributrice, et jusqu'aux lieux où sa justice s'est établie. Voilà le fardeau que doit porter l'homme de douleur ; il doit se charger même du fardeau de ses frères, si la lâcheté les arrête. Il doit porter ce poids accablant au travers des rudes sentiers du temps, au travers des ronces et des épines, malgré les grêles et les frimas, jusqu'au lieu de sa destination. Action nulle, tu peux sans doute troubler l'harmonie. Combien l'action fausse ou blâmable ne doit-elle pas la troubler davantage ! Rien ne se perd : ne faut-il pas qu'un jour la moisson se manifeste, et que vos crimes produisent à la lumière les fruits qu'ils sèment aujourd'hui dans l'ombre ?

Pour ne pas frissonner de l'état futur, il faudrait en avoir la mesure. Mais comment l'état actuel nous servirait-il de base ? Voyez si la ligne circulaire n'est pas au moins neutre par rapport à la spiritualité, puisqu'elle est ou de forme, ou mauvaise ? Et apprenez d'où viennent les douleurs des prophètes, et les pâtiments où la grande plaie tient tous les êtres.

21. Ô vous, qui siégez sur des trônes de lumière, pourquoi les hommes trouvent-ils tant de difficultés à concilier leurs systèmes ? N'est-ce pas pour qu'ils soient obligés tous de plier sous le joug divin, et de reconnaître l'unique souverain des êtres, pour le seul savant et le seul maître. Quand me tendrez-vous une main secourable pour me placer à vos pieds, sur les marches de votre trône ? De ce point d'élévation, je contemplerais avec l'œil de l'intelligence, les merveilles de tous les univers. Je sentirais vivement et fixement dans mon cœur cet aiguillon immortel de vie divine, qui devrait régler et sanctifier tout mon être ! Par vous, je participerais à cette unité qui seule peut concilier tous les mortels. Tant que le serpent conserve sa peau racornie par le froid de l'hiver, peut-il recevoir les influences bénignes du printemps ? Et comment obtient-il cette peau nouvelle que la vie va pénétrer ?

C'est en se froissant douloureusement contre les épines ; c'est en passant au travers des ronces ferrées et piquantes, qu'il détache de lui sa dépouille, et qu'il devient lisse et agile comme aux premiers jours de sa jeunesse. Toutes les violences de l'ennemi sont comme le tamis où le grain se trie et se sépare. Toutes les épines qu'il me fera sentir, détacheront à chaque froissement un pli de mon ancienne robe. Alors, ils traceront sur moi les signes de notre coéternelle alliance ; ils me serreront la main, ils serreront la main de mon âme en témoignage de notre union ; ils auront ordre de la sceller du sceau sacré. Raison naturelle, prudente observation, vous pouvez nous éclairer sur notre état primitif. La régénération seule, et le renouvellement de tout notre être, peuvent nous le faire sentir. Quel est même l'objet des deux lois ? Ne se borne-t-il pas à nous rendre la pureté de l'état secondaire ? Aussi vous tous, élus du Seigneur, vous vous êtes occupés de cette œuvre, et vous nous avez peu instruits sur le premier état. Les traditions sacrées devaient être remplies des faits de l'esprit, et non pas des spéculations de l'intelligence. Oh ! Monde, oh ! Monde, pourquoi n'étais-tu pas digne qu'il se développât devant les disciples d'Emmaüs ? Quelles merveilles il eût pu leur apprendre, puisque dans le moment où il leur parlait, il n'était déjà plus dans le séjour de la mort.

22. Une mère perd-elle de vue le fils qu'elle punit pour les légères fautes de son âge enfantin ? Elle l'éloigne d'elle de quelques pas, elle lui prescrit une enceinte sous ses yeux, et dans le même lieu qu'elle habite. C'est ainsi que

Dieu en agit avec l'homme coupable. Enfant, si tu connaissais le cœur de ta mère ! Ce ne seront point les cris de la colère qui la toucheront. Elle attend que tu fasses entendre ceux de l'amitié et du repentir. Elle envoie même secrètement vers toi des amis fidèles, qui semblent te suggérer à ton insu d'implorer sa miséricorde. Tu suis ce conseil salutaire ! Viens, enfant chéri, il n'y a plus de barrière pour toi, il n'y a plus de distance entre nous, et nous pouvons nous embrasser. Dieu de paix, tu n'attends, comme cette mère tendre, que l'humilité du cœur de l'homme, et le retour de ses regards vers toi, pour le tirer de sa captivité. Il n'ose plus t'appeler son père, parce qu'il s'en est ôté le droit par ses offenses et ses souillures. Mais tu l'appelles toujours ton fils, parce que tu lui pardonnes, et que tu ne te souviens plus de ses crimes. Et l'esprit de l'homme se croit abandonné quand il est puni ! Il se croit dans le néant quand il n'est plus dans l'abondance de la *vie*. Comme si l'amour n'accompagnait pas partout la justice ! Comme si les simples souverains de la terre ne fournissaient pas eux-mêmes le nécessaire aux illustres coupables à qui ils sont forcés de retrancher l'opulence et la liberté ! Oui, oui, le Seigneur trempe quelquefois l'univers dans l'abîme, mais il ne veut pas l'y précipiter à demeure. Du haut de son trône, il entend les cris des Hébreux dans la terre d'Égypte. Ces cris font descendre son propre nom, ce nom qui n'avait pas même été donné à Abraham, à Isaac et à Jacob. Parce que plus nos maux sont extrêmes, plus le bienfaisant auteur de notre vie s'empresse de nous envoyer des secours efficaces.

~

23. Un homme a été envoyé en témoignage pour attester l'empire de la vérité sur l'erreur, et de la réalité sur le néant. Il est devenu un homme de douleur, ne trouvant nulle part où reposer la tête de son intelligence. Dieu avait dit : je rassemblerai les dispersions d'Israël. Ils ont dit : divisons les congrégations d'Israël. Une branche tomba de l'arbre. Les insensés l'ont ramassée ; mais l'ont-ils observée pour connaître la nature de l'arbre ? Ils l'ont levée contre cet arbre ; ils l'en ont frappé pour le mutiler, et en défigurer tous les fruits. Mortels, sachez que ceux qui auront été taillés en faux, seront remis à la forge et sur l'enclume, avant de redevenir des socs de charrue.

Les puissances du temps taillent les pierres pour l'édifice futur. Elles préparent les métaux pour orner le temple de l'Éternel ; elles les jettent dans la fournaise pour qu'ils s'y purifient de leurs scories. Ce sont les hommes les plus ductiles et les plus doux que l'on fait souffrir davantage.

À l'image de l'or, on peut les faire passer par la filière la plus étroite sans les casser. Les métaux aigres ne résistent pas à cette épreuve. Qu'est-ce qui pourra détacher l'homme de la divinité, quand il y tiendra par l'amour et par la douleur ? La porte de l'amour a été ouverte, l'homme a deux sentiers aujourd'hui. Il n'avait autrefois que celui de son nom, ainsi que le pervers. S'il s'unit à l'amour dès ce monde, s'il y prend Dieu pour son unique maître, et l'âme de l'homme pour son épouse la plus chérie, il deviendra impeccable au règne à venir. Gloire primitive de l'homme, tu devais croître, et tu as été en diminuant. Les lois temporelles de l'esprit sont venues à son secours dans le degré d'infériorité où il était descendu. Et elles doivent le ramener à cette ligne de croissance infinie qui lui était destinée par son origine. Le vêtement de la charité ne s'est-il pas étendu sur la plaie pour la couvrir ? Le baume n'y a-t-il pas pénétré pour la guérir ? La plaie, le vêtement et le baume, quel champ pour l'étude de la parole et pour la consolation de l'homme ! Seigneur, Seigneur, il est vrai que l'homme ne peut se dérober à tes yeux, puisque ton esprit et ton amour remplissent toute la terre. Mais puisque ton esprit et ton amour remplissent toute la terre, il est également vrai que tu ne peux te dérober aux yeux de l'homme qui te désire et qui te cherche. Homme de désir, ne laisse donc plus ébranler ta confiance par les injustices de tes semblables.

24. Faisons en sorte qu'à notre dernière heure, il n'y ait que nos héritiers légitimes qui aient part à nos dépouilles. Voici comment se distribuera notre héritage. Les agents purs de la nature hériteront de nos substances élémentaires. Les hommes de bien dans tous les âges hériteront de nos salutaires influences. Les siècles hériteront de notre mémoire. Les élus de Dieu hériteront des œuvres vives que nous aurons opérées sur la terre. Les ministres du conseil hériteront de notre équité et de notre jugement. Les anges de lumière hériteront des découvertes et des vérités que nous aurons introduites dans le commerce de la pensée. La femme pure héritera de nos vertus et de notre respect pour les lois de la nature. L'esprit héritera de notre zèle et de notre dévouement. Le divin réparateur héritera de notre amour.

Le souverain des êtres héritera de notre sainteté. Il ne restera rien pour les *voleurs* et pour les *gens processifs*. Mais que faut-il faire pour obtenir une pareille grâce ? Il faut maintenir un ordre parfait dans toutes nos possessions. Il faudra, lors de l'événement, supplier le grand juge de venir lui-même apposer son *scellé* et son nom sur tout ce qui nous appartient ; afin que l'effroi et le respect qu'imprime ce grand nom, fassent reculer tous ceux qui se présenteraient dans la maison avec de mauvais desseins.

~

25. Le bois est descendu dans les eaux amères pour les adoucir et les rendre fertiles ; il est remonté vers sa terre naturelle. Il a envoyé des rejetons qui ont trouvé les eaux préparées. Ils ont pris racines et ont produit des fruits. Rejetons puissants, vous embrasserez les faibles plantes, vous leur servirez d'appui comme à une jeune vigne. Torrent de la vie, ouvrez-vous un cours jusqu'à la racine du cœur de l'homme. Entraînez tout ce que la circoncision du fer tranchant aura coupé d'hétérogène, et remplissez les campagnes arides de vos eaux aussi limpides que le diamant. Est-ce moi qui puis aller à votre rencontre ? Lié à la terre comme l'herbe des champs, ne suis-je pas condamné comme elle à toute l'aridité de l'hiver ?

Ne me faut-il pas attendre que la douce chaleur du printemps vienne fondre les eaux salutaires suspendues en durs glaçons sur les montagnes, et les fasse couler abondamment pour désaltérer l'humble plaine ? Vous avez fait faire un grand deuil au jour où je suis tombé ; vous m'avez couvert de l'abîme. Vous avez arrêté les fleuves qui m'arrosaient, vous avez retenu les grandes eaux. Mais *les arbres d'Éden* sont descendus avec moi jusqu'aux lieux les plus profonds de la terre. Ils me ramèneront à la région de l'air libre et pur. Ce ne sera pas moi qui mettrai les ennemis en fuite, qui guérirai les maux de mes frères, et qui commanderai à mes sujets. Ce ne sera pas moi qui prendrai les clefs de la mort et de la vie, pour ouvrir les archives où sont déposés les secrets et les volontés du Seigneur. La *fève des arbres d'Éden* opérera pour moi toutes ces merveilles. Elle est la lumière, elle est la vie. Elle mettra sous mes yeux tous les tableaux de l'histoire naturelle de l'homme ; et elle m'apprendra quelles sont les fonctions que j'aurai à remplir pour concourir au grand œuvre de notre Dieu.

~

26. Il faut que les hommes soient bien loin de toi, ô vérité ! puisque tu supportes leur ignorance, leurs erreurs et leurs crimes. Ils ne connaissent pas même encore l'origine de leurs droits politiques et terrestres ; cependant ils ne s'empressent pas moins de se prescrire des lois qu'ils croient justes, dès que les voix sont comptées. Est-ce aux enfants à tracer la loi des familles ? Est-ce à l'homme à être législateur ? Et n'est-il pas par sa nature

le simple ministre d'une loi qui ne peut lui être supérieure qu'autant qu'elle ne vient pas de lui ? Et ils voudraient rendre l'usage de cette puissance si parfait, que leur existence politique fût immortelle, leur bonheur immanquable, et leur tranquillité hors de toute atteinte et à couvert de tous les désordres ! Imprudents, votre faible nature et la région de ténèbres que vous habitez, s'opposeront toujours à vos espérances ; et malgré toutes vos précautions, la providence ne fera cesser pour vous ni les besoins ni les dangers, de peur que vous ne preniez ce monde pour votre lieu de repos. Elle vous aime trop pour ne pas vous laisser des occasions de la prier et de l'appeler à votre secours. Réfléchissez ensuite à l'exercice de ce droit problématique que vous vous créez. Voyez-le s'armer de la cruauté, de l'injustice et de l'iniquité, dirigées par la fourberie, la cupidité ou la vengeance. Quel poids d'accumulations abominables dans la balance de l'idée humaine ! Comment ne verrait-elle pas la masse contraire, qui doit nécessairement faire le contrepoids ? N'est-il pas plus que sûr, que tout esprit rassis sera entraîné par le sentiment de cette nécessité ?

Si cet esprit n'est pas pénétrant, il ne verra d'abord les deux bassins de la balance, que comme étant au niveau : telle était la mesure des manichéens. Mais qu'il poursuive, il verra bientôt lequel des deux poids doit l'emporter. Il verra en outre qu'une main nécessaire, et nécessairement éternelle, soutient la balance et la suspend, et que c'est là seulement où se trouve la source vraie du pouvoir et des lois sociales. Il verra qu'une puissance suprême, en suspendant cette balance, laisse un mouvement libre à ses deux bassins. Mais qui comprendra ces vérités, s'il ne s'élève jusqu'au centre de la pensée de l'homme ? Oh ! homme, jusqu'à quand resteras-tu courbé sous le poids de tes méprises et de tes jugements précipités ? Quand est-ce que ton âme connaîtra les douleurs de l'homme de désir, et qu'elle apprendra par là à juger de ses propres illusions, et de son épouvantable sécurité ?

∼

27. Vous parlez, et l'on vous élève des édifices ! Vous parlez, et vos armées s'assemblent et renversent vos ennemis ! Vous parlez, et les sciences et les connaissances se transmettent dans l'esprit de ceux qui vous écoutent ! Vous parlez, et les blessures et les douleurs des malades se guérissent, les passions se calment, et font place dans le cœur de l'homme à la lumière de la vérité ! Vous parlez, et vos alliances se forment, et vous assurez à vos générations tous les droits et tous les honneurs qu'elles peuvent attendre. Votre parole est un mobile de nécessité absolue, et les œuvres que l'homme

opère dans l'univers entier, ne sont et ne peuvent être que le fruit de votre parole. Il n'y a qu'une loi : si une parole n'avait agi, comment l'édifice du monde aurait-il donc reçu l'être ? Si une parole n'avait agi, comment l'homme aurait-il senti sa sublime destination ? Quelle difficulté que la même parole agisse encore pour lui offrir des consolations dans ses abîmes, et pour lui aider à en sortir ? Dès qu'il existe, la parole est toujours sur lui ; elle ne fait que varier son langage et ses modulations. Mortels, vous ne pouvez croire à la parole qui entretient tout, et vous êtes forcés de croire à la parole qui a tout créé. Sachez qu'il fallait traverser l'apparence neuvaine par la pensée, pour lire sa génération. Ne s'est-il pas comme anéanti en descendant au-dessous de ce nombre ? Mais pouvait-il perdre ses titres ? Et vous-mêmes, avez-vous perdu les vôtres en vous plongeant dans le précipice ? La parole est éternelle, parce qu'elle est la vie : cherchez la vie, vous la sentirez, vous la goûterez ; vous serez assurés qu'elle est par elle-même. Si vous parvenez à sentir la vie, vous ne vous demanderez pas plus de compte de ce qu'elle est, que vous ne vous en demandez de ce que c'est qu'une jouissance pour votre âme et un axiome pour votre esprit.

Vous sentirez que la vie et la parole sont par elles-mêmes, et qu'elles ne peuvent pas ne pas être. Les axiomes que vous connaissez peuvent-ils périr, peuvent-ils s'altérer ? Ne vous semblent-ils pas éternels ? Cependant, ils ne sont que les corollaires d'un axiome unique et suprême ; aussi, votre esprit peut mesurer la justice même, et votre cœur goûter la vie. Raison humaine, funeste instrument dont nous abusons, sers donc à rapprocher l'homme de la vie, après avoir tant servi à l'en éloigner ! Elle est devenue, cette raison, comme un précipice au milieu d'une plaine fertile. Ce n'est qu'en le fuyant que le voyageur peut marcher d'un pas ferme, et ne pas se briser dans sa chute.

~

28. Prierez-vous Dieu, et lui demanderez-vous ses dons et ses faveurs avant de vous être purifiés, et d'avoir établi en vous toutes les vertus ? Ce serait lui proposer de se prostituer. À qui les souverains de la terre donnent-ils les places et les emplois ? À ceux qui sont censés, par leurs travaux et par leur zèle, s'en être rendus capables. Ne prenez pas non plus pour des ordres d'en-haut, ni pour une récompense, ce qui n'est que le fruit de la grande tolérance de l'esprit. Ah ! Mes frères, si l'homme connaissait son influence, vous verriez combien le sentier de la vie est obscur pour ceux qui ne s'élèvent pas jusqu'à la grande lumière ! Ne nous donnons point de relâche que nous n'ayons préparé les voies du Seigneur,

et que nous n'ayons couvert de fleurs et de branches d'arbres les rues de Jérusalem. C'est du sommet des régions célestes que notre être a été précipité. Le nom du Seigneur nous a suivi. Mais combien il faut de temps pour que cette racine sacrée s'élève avec nous jusqu'à ses puissances ! Entrez dans la carrière de la vérité, l'ennemi va vous tenter d'abord par le découragement, ensuite par l'apparence de vos succès et par des lueurs de la vie, *que vous prenez pour la vie même*. Mais au moins si l'impur peut prendre la forme humaine, il ne peut prendre la substance de cette forme, parce qu'il serait délivré. Le pur, au contraire, peut prendre et l'apparence et la substance de la forme humaine, et cependant tenir toujours à la région de la vie, puisqu'il vient pour nous la donner. Souvenez-vous d'Azarias ; souvenez-vous du sauveur, avant et après sa résurrection ; souvenez-vous en outre de son ascension, et vous connaîtrez les trois degrés de l'homme de désir. Homme, frémis de crainte pendant ta carrière de mort et de corruption, et veille sans cesse contre l'affadissement de l'esprit. Mais souviens-toi que l'ennemi ne connaît jamais que ce qu'on lui montre. Quand le sauveur n'agissait encore que comme esprit, l'ennemi s'y trompa, et il osa converser avec lui, il osa le tenter. Depuis que le sauveur eut développé son caractère, et qu'à la suite de ses quarante jours de prières, les anges célestes se furent présentés pour le servir, l'ennemi ne le connut plus sur la terre que par l'organe des âmes humaines dans lesquelles il avait établi sa demeure de corruption. Ce n'est que par ce moyen qu'il en avoua la divinité, parce que l'âme de l'homme en est le véritable intermède, et parce que sans cet intermède l'iniquité de l'ennemi eût été trop distante de l'ineffable divinité. Aussi, ce ne fut que dans ces circonstances que le sauveur lui imposa silence, pour que la sainteté ne fût pas souillée par sa bouche impure.

29. Lorsque la plaie s'est formée, un rayon s'est propagé, et chaque portion de ce rayon participe à la vie selon sa mesure. C'est en divisant son amour que l'homme est descendu dans le crime et dans les ténèbres. Mais toi, ô Éternel ! C'est en multipliant ton amour et les moyens de t'unir à l'homme, que tu parviens à le délivrer, sans compromettre ta sainte sublimité. Le temps terrestre n'a-t-il pas été établi par la sagesse, pour tuer en nous ce ver solitaire qui dévore tous nos aliments ? Postérité humaine, pourquoi semblez-vous agir comme si vous étiez séparée et abandonnée à votre seule action.

Sans le *sel*, les agents du dehors auraient trop de prise ; sans *l'huile*, le *sel* vous corroderait : c'est pour cela que l'un et l'autre sont à l'enveloppe et vous préservent. Et d'ailleurs, l'enfance ne s'annonce-t-elle pas par la rectitude du jugement et le sentiment vif de la justice ? Si cette tendre plante était mieux cultivée, la jeunesse ne serait-elle pas pour elle le plein exercice de cette vertu ? L'âge mûr, celui des vastes et profondes connaissances ? La vieillesse, celui de l'indulgence et de l'amour ? Hélas, dans quel ordre suit-il ces progressions ! Quelles seront donc les ressources de l'homme, si le temps même lui est donné en vain ? Le temps était la voie douce ; il ne lui restera que la voie de rigueur ou la voie sans temps. Sors de cet assoupissement qui finirait par transformer tout ton être en un sépulcre. Élance-toi vers la lumière sans songer même aux contrariétés qui t'assiègent. Il est un temps pour la douleur. Mais une fois que le feu de l'esprit s'allume, il ne faut plus songer qu'à ne pas l'éteindre. Le principe de la vie temporelle est doux comme l'enfance de l'homme. Le principe de la vie spirituelle est doux comme la vérité. Mais pour connaître et sentir la douceur du principe de la vie divine, il faut être ressuscité du temps. Aussi lorsque tu élèves ton esprit vers le Seigneur, prends garde que ton cœur ne reste sur la terre. Quand tu élèves ton cœur vers les cieux, fais en sorte qu'il y vole sur les ailes de ton esprit. Par ce moyen, tu rapporteras à la fois dans toi-même les trésors de l'amour et de la lumière ; et tu prendras quelque idée des perfections de ce grand être qui est au-delà du temps, et dans qui tous ces divins attributs sont éternels comme lui, parce qu'ils n'existent et n'agissent que dans sa sainte et sublime unité.

30. Suis-je pour une autre fin que pour rechercher l'alliance du Seigneur ? Je prendrai de solennels engagements pour que cette fin ne s'efface jamais de mon cœur et de mon esprit. Venez tous, ministres purs de mon Dieu, venez assister au pacte immuable et irrévocable que je veux faire avec mon Dieu. Que toutes les puissances émanées de lui, et embrasées du zèle de sa gloire se rassemblent et ouvrent l'oreille à mes paroles. Je me lie de cœur, d'esprit et d'intention à l'alliance éternelle de mon Dieu avec la postérité de l'homme. Je mets à vos pieds tout mon être, toutes mes affections, comme les premiers chrétiens apportaient tous leurs biens aux pieds des apôtres. Je me dévoue, grâce à l'infinie assistance divine, à ne vivre, penser et mourir que pour mon Dieu. Faites-moi chaque jour de ma vie renouveler devant vous cette authentique obligation. Faites que je ne sois jamais assez malheureux et assez indigne pour l'oublier : ou bien élevez-vous tous contre moi, témoignez tous contre moi ; et forcez-moi à payer, sans

délai, le tribut de louanges et d'hommages que je dois à votre maître et au mien. Et toi, principe éternel et vivifiant de tout ce qui est, veille toi-même sur l'engagement que je viens de prendre, sois-en le premier appui et le premier protecteur. Toutes les nations ennemies de ta gloire ont les yeux ouverts sur ma prière. Si tu ne l'exauçais pas, elles diraient que tu es un Dieu que l'on invoque en vain, et elles s'en feraient un triomphe. Qu'il n'y ait jamais qu'un seul triomphe sur la terre, et qu'il soit réservé à l'homme de paix ! C'est de sentir qu'il n'y a pas de joie semblable à celle de reposer dans le Seigneur, et d'être comme porté par la main du Seigneur. Esprit saint, c'est toi qui procures à l'homme ce bonheur, parce que l'esprit saint est le mouvement universel. Parce qu'il est à la fois racine et puissance, puisque sa puissance est quadruple comme sa racine. Parce que rien sans lui ne peut connaître ni terme ni plénitude. Parce qu'il lie le verbe et l'ouvrage des six jours, et qu'il aide à l'un et à l'autre à séparer l'apparence d'avec l'iniquité. Parce qu'il est la dernière veine de la vie divine, et qu'il touche à la veine première de la vie de l'homme.

31. Suspens, Dieu suprême, ... donne-moi le temps de me prosterner à tes pieds pour me préparer à tes faveurs, et pour en devenir moins indigne... je viens de me prosterner aux pieds de l'Éternel ; tais-toi, mon âme, et adore... au lieu de me laisser livré à mon humiliation, Dieu me cherchait, Dieu me poursuivait. Devant moi était le divin Libérateur des humains, prosterné lui-même aux pieds de la suprême Sagesse. Là il se dépouillait de sa gloire, et ne réservait de sa propre divinité, que le foyer inextinguible de son amour. Il soulevait le poids de la justice qui, s'étant rassemblée toute entière sur le tribunal redoutable du très-haut, menaçait l'homme coupable. Elle lançait des regards de vengeance sur l'abîme du temps, elle était prête d'écraser l'univers. Mais cet héroïque et magnifique réparateur formait comme un vaste océan d'amour et de charité, où tous les fleuves de la vie venaient apporter leurs eaux salutaires. Leur masse surpassait celle de la justice comme les clartés réunies des innombrables flambeaux célestes effacent les crépuscules de notre globe ténébreux. Il entraînait avec effort le poids de la balance, et la faisait pencher en faveur de ma malheureuse postérité.

Je sentais son influence divine pénétrer tout mon être, en dissoudre toutes les souillures par son feu, et les plonger comme dans un torrent vivifiant et régénérateur. Voilà donc, Dieu suprême, comme tu te conduis envers ton infirme créature ! Tu l'accables de tes grâces avant même qu'elle ait rien fait pour les mériter. Je me suis relevé, je n'étais plus le même homme. Tous les liens qui auparavant me tenaient la tête courbée vers la terre, s'étaient rompus. Toutes les séductions qui m'avaient empoisonné, étaient disparues ; des sources actives sortaient librement de mon cœur. Elles portaient leurs cours, sans rencontrer aucun obstacle, vers les régions du monde, pour y contempler l'ordre et les lois du grand architecte ; vers l'abîme, pour y contempler sa justice, et vers son séjour sacré, ma première demeure, pour y trouver le terme de toutes les fatigues des mortels.

~

32. Marchez sur la voie des prophètes, et vous rencontrerez l'esprit des prophètes. Ont-ils connu les froideurs du lac ? Ils n'ont connu que les tourments de la charité. Certainement, leur âme n'était pas toujours assez libre pour chanter les joies du Seigneur. Comment auraient-ils chanté les joies du Seigneur, pendant que leur âme était dans la tristesse, et qu'ils pleuraient sur les maux de leurs frères ? Ils vous louaient, ô mon Dieu ! En déclarant aux nations, qu'elles n'étaient esclaves et fugitives que parce qu'elles s'étaient éloignées du Seigneur. Ce n'étaient point leurs propres crimes ni leurs propres souillures qui les empêchaient de chanter des cantiques d'allégresse ; ce n'est point sur eux qu'ils pleuraient. Votre esprit les avait environnés dès le sein de leur mère ; ils étaient purs dans leurs générations comme Noé. Ils étaient chastes comme votre disciple chéri. C'est pour cela que vous les avez choisis pour être les ministres de votre parole, et pour sauver les nations. Mais nous qui ne sommes qu'iniquité, quels cantiques pourrions-nous chanter ? Seront-ce des cantiques de joie ? Nous sommes trop loin de la ville sainte. Si nous avions des lyres, nous les suspendrions, comme faisaient les Hébreux, aux saules des fleuves de Babylone. Heureux qui n'a pas approché les confins de la mort et du néant, et qui n'a point laissé entrer la glace de l'hiver dans son cœur ! Il pourra espérer la renaissance du printemps ! Heureux qui avant de se livrer aux tableaux séduisants de son esprit, cherche à chasser de son cœur toutes les faiblesses et toute la lâcheté ! Il reconnaîtra bientôt s'ils sont vrais, s'ils lui sont salutaires ou funestes, parce qu'il éloignera par cette précaution les enchanteurs ; et il se préservera ainsi de la froide horreur de l'abîme, de cette froide horreur qui est le partage du timide et du paresseux. Tourmente-nous du feu de ton zèle, et que nous puissions dire du fond du cœur : nous ne sommes point sans notre Dieu.

~

33. Il vous presse continuellement de faire votre pacte et votre alliance avec la vérité. Il vous traite comme le Seigneur traitait Isaïe ; il vous ouvre l'oreille tous les matins, il vous enseigne comme un maître. Laissez là tous les moyens mécaniques que les hommes plus curieux que sages ont ramassés parmi les débris de la science. Ces hommes imprudents prétendraient transmettre la *puissance*, et ils emploient autre chose que la *racine*. Le Seigneur seul enseigne à ses élus les moyens qui sont nécessaires à son œuvre. Est-ce que vous pourriez vous nourrir d'un esprit qui ne serait qu'artificiel et que l'œuvre de vos mains, comme les idoles ? Laissez agir doucement sur vous celui qui vous cherche ; laissez-le s'attacher à vous par l'analogie naturelle et la répétition de ses actes purs et bienfaisants. Qui atteindra la sublimité de l'œuvre de la renaissance de l'homme ? Ne lui comparons point la création de l'univers. Ne lui comparons pas même l'émanation de tous les êtres pensants. Pour opérer toutes ces merveilles, il a suffi que la sagesse développât ses puissances ; et ce développement est la véritable loi qui lui est propre. Pour régénérer l'homme, il a fallu qu'elle les concentrât, il a fallu qu'elle s'anéantît et qu'elle se suspendît, pour ainsi dire, elle-même.

Il a fallu qu'elle s'assimilât à la région du silence et du néant, afin que la région du silence et du néant ne fût ni troublée ni éblouie par sa présence. Homme d'iniquité, suspens tes mouvements turbulents et inquiets, et ne fuis pas la main de l'esprit qui cherche à te saisir. Il ne te demande que de t'arrêter, parce que tous les mouvements qui viennent de toi, lui sont contraires. Où est la place de l'action de l'esprit ? Tout n'est-il pas plein des mouvements de l'homme ? Où est-il, celui qui est régénéré dans les mouvements de l'esprit ? Où est celui qui aura traversé et comme pulvérisé toutes les enveloppes corrosives qui l'environnent. Ne serait-il pas comme l'agneau abandonné dans les forêts, au milieu de tous les animaux carnassiers ? Que l'univers entier se convertisse en un grand océan ; qu'un vaisseau soit lancé sur cette immense plage, et que toutes les tempêtes rassemblées viennent sans cesse en tourmenter les flots : tel sera le juste au milieu des hommes, tel sera celui qui sera régénéré dans les mouvements de l'esprit.

~

34. Un seul instant de suspension de Dieu et de l'esprit, laisse notre principe de vie comme dans la mort ; et cette mortelle paralysie qu'il éprouve, se fait connaître aux yeux de l'observateur intelligent. C'est une

blessure, c'est une plaie que nous avons laissé faire à notre pensée, et nous paraissons des êtres difformes à ceux qui sont réguliers.

J'annoncerai à tous les mondes mes iniquités. Il faut que l'univers entier me purifie, il faut que je sois mêlé à toutes ses terres, lavé dans toutes ses eaux, et séché par tous ses feux. Que tout ce qui forme l'univers, entende les cris de mes douleurs. Je ne me permettrai aucun repos jusqu'à ce que mes cris l'aient rempli ; jusqu'à ce qu'ils l'aient fait éclater, et qu'ils soient parvenus à la région de la vie. Ne sont-ce pas mes injustices qui l'ont fait s'écrouler sur moi ? Ne dois-je pas en supporter tout le poids, et le soulever péniblement jusqu'à ce que je me sois fait jour au travers de ses ruines, et que j'aie recouvré la liberté ? Pleurez avec moi, puissances de la nature, soyez les chantres lugubres des funérailles de l'homme. Il a perdu sa force, ses jours se sont éteints, et c'est vous qu'il a chargées de lui creuser un tombeau, et de l'ensevelir. Venez renverser vos flambeaux dans sa tombe. Ne la couvrez point de fleurs, comme celle des jeunes hommes, comme celle des vierges qui sont mortes dans l'innocence. Il est mort dans le crime. L'infection s'est répandue dans tous ses membres. Ensevelissez-le promptement, ensevelissez-le profondément dans la terre, de peur qu'il ne corrompe toutes vos contrées.

35. Qui me renversera désormais ? Un signe créateur a été gravé sur moi. Il a rétabli ma primitive alliance avec le foyer divin. Il me fait participer à sa chaleur, à son éternelle *impassivité*. La région de l'illusion s'est comme affaissée sous mes pieds ; mon âme a goûté l'activité, elle a senti en elle la génération du Seigneur. Mortels, vous connaîtriez la génération du Seigneur, vous sentiriez se répéter en vous ce qui s'est passé lors de l'origine des choses, si vous aviez le courage de vous élever vers le principe de la vie. Car le principe de la vie vous crée toujours, lors même que vous ne vous en apercevez pas. Ne vous créerait-il pas également si vous fixiez sur lui votre attention et vos regards ? Qu'es-tu, ténébreuse philosophie ? Tu es pour moi comme les cris des insectes rampants dans les cachots, et qui voudraient prononcer sur les sages délibérations qui se passent dans les conseils des rois. Tu compares à ton obscurité, à ton néant, la gloire et la majesté des trônes ; et parce que cette gloire ne brille pas dans ton enceinte, tu te prétends autorisé à en nier l'existence. Je dirai aux prestiges qui séduisent journellement les humains : en vain, vous m'offrirez toutes les jouissances ; en vain, vous voudriez les mettre en parallèle avec ce que j'éprouve. Mon Dieu est plus grand que vous ; mon

Dieu est tout. Où trouverai-je un autre être qui me fût aussi doux que mon Dieu ?

Je dirai à l'impiété : essaierais-tu encore de vouloir établir dans mon esprit ton règne, aux dépens de celui qui se fait sentir en moi ? Comment pourrais-je blasphémer contre la source exclusive et génératrice de la vie ? Pour nier cet être, ne me faudrait-il pas employer l'organe de la voix et de la parole qu'il m'a donnée lui-même ? Et le nier ainsi, ne serait-ce pas le prouver ? Je dirai à ta matière : cesse de séduire mes yeux par l'image de la feinte réalité. Plus tu agis, plus tu te divises, jusqu'à ce que cette division te conduise au néant. L'esprit au contraire, plus il croit et s'élève, plus il se simplifie ; et sa région ne connaît, ni division, ni différence. Joie pure, joie divine, vous ne serez point stérile en moi. Trop plein de vous pour vous contenir, je veux que tout ce qui existe en soit témoin. Semblable à la lyre sacrée que l'Éternel a choisie de tout temps pour exprimer ses mélodieux cantiques, je chanterai la présence de mon Dieu, la gloire de mon Dieu, et son ineffable sagesse. Les cieux me prêteront leurs accords, l'univers se félicitera de ce qu'un homme de plus s'unit aux concerts de son Dieu, et l'abîme frémira de ne pouvoir en troubler l'harmonie.

36. Heureuses les âmes qui s'humilient devant la vérité, et qui supportent en paix la lenteur de la rosée salutaire ! Croiras-tu guérir ta plaie par l'impatience ? Et enlevant trop tôt l'appareil, ne la feras-tu pas s'envenimer davantage ? Gémis, prie et attends. Regarde combien les astres sont au-dessus de la terre ; le trône de l'Éternel est si loin au-delà de ces sphères, que tu n'as plus de nombre pour en exprimer l'élévation. C'est là que naissent les eaux bienfaisantes qui seules peuvent fertiliser ta demeure terrestre. Là, elles sont pures, subtiles, imperceptibles aux sens de la pensée humaine. À mesure qu'elles descendent, elles ne perdent point leurs qualités vivifiantes ; mais elles se condensent pour s'approprier à notre nature. Leur dernier degré de condensation est encore si limpide, que l'œil de l'homme n'en pourrait soutenir l'éclat, s'il n'a acquis sa force et sa maturité. Tant qu'il est privé de cet air vivant et créateur, comme l'enfant dans le sein de sa mère est privé de l'air naturel, toutes ses facultés sont dans l'inaction. Voilà la vie qui le pénètre ! Voyez son âme aspirer et respirer la vie. Voyez-le entrer en relation avec son atmosphère primitive, et commencer avec elle le commerce qui ne cessera point, comme doivent cesser un jour, et la vie de son corps, et le flux et reflux de la nature.

Non, mortels, non, êtres privilégiés, il ne cessera point pour vous : mais ne peut-il avoir encore des suspensions ? Après avoir connu les joies célestes, ne pouvez-vous pas descendre jusqu'à la vase du lac de la mort ? Ne pouvez-vous pas tomber en proie aux illusions de cet être trompeur qui souffle sans cesse aux hommes des plans au-dessus de leurs moyens, afin qu'ils soient couverts de honte et d'humiliation ? Sagesse, Sagesse, tu agites quelquefois l'homme avec un bras puissant, tu l'élèves aux régions suprêmes, tu le plonges dans l'abîme. Tu lui fais sentir, tantôt les glaces du nord, tantôt la chaleur dévorante du midi, afin qu'il sache que toi seule es le Seigneur, et afin qu'il ne se glorifie, ni ne se décourage. L'espérance et l'humilité, voilà les éléments dont tu veux composer en lui la charité divine, cette vertu qui sera son seul titre pour être admis dans le séjour de la paix, de la jouissance et de l'amour.

~

37. Ma joie personnelle est comme assurée, dès que j'ai été touché du zèle de la maison du Seigneur. Ma joie est assurée, dès que je pleure, et que je suis comme si j'avais été baptisé pour les morts. Qui m'empêchera de porter jusqu'au tombeau l'idée consolante que le Seigneur m'a donnée de lui ? Hélas ! l'âme de l'homme est un crible qui devait empêcher le mal de passer avec le bien : elle a corrompu ses voies, elle n'a servi que de crible au mal, et elle a empêché le bien de passer. Il faudra de nouveau qu'elle serve de crible au mal, pour que le bien puisse passer pur. Quelle douleur peut se comparer à ma douleur ! hommes puissants, fourbes et superbes, vos injustices ne me paraissent plus rien auprès de ma douleur. En vain, vous avez fait élever de la terre un serpent qui est venu porter ses dents meurtrières jusque dans mon cœur. En vain, vous m'avez réduit à en dévorer une portion chaque jour de ma vie, puisqu'il embrasse tout l'espace qu'il y a depuis mon cœur jusqu'à ma tombe. En vain, vous l'avez rendu comme le dénombrement de mes jours, et vous avez fait que je ne l'aurai dévoré en entier qu'au moment où je rentrerai dans la poussière. L'amour que je ressens pour l'âme humaine laisse tomber, comme au-dessous de moi, tous les maux qui me viennent de vous. Parce qu'en m'approchant du Seigneur, j'implorerai son amour pour vous, je lui demanderai que vos injustices vous soient pardonnées ; et je ne sortirai plus de la joie du Seigneur, de cette joie qui se nourrit de larmes, et qui ne connaît que le zèle de la maison du Seigneur. Il a agi avec moi comme une maîtresse jalouse, il a tout disposé soigneusement de peur que je n'aimasse autre chose que lui.

Tantôt, il m'a consolé au moment où j'allais recevoir des tribulations, tantôt, il m'a envoyé des tribulations dont il n'y avait que lui qui pût me consoler ; afin de me forcer par là de recourir à lui seul, et de ne me jeter que dans ses bras : et je quitterais mon Dieu ! Et je pourrais préférer quelque chose à mon Dieu ! Et je pourrais me reposer sur une autre puissance que celle de mon Dieu ! Lui seul est puissant et juste, lui seul fera descendre la justice au milieu des jugements des hommes. L'étoile de Jacob, le lion de la tribu de Juda, n'a été vaincu par aucune épreuve. Il était la force et la lumière ; il trouvait en lui de quoi résister à tous ses ennemis. Il pouvait même donner la vie à ceux qui lui donnaient la mort. Aussi, lui seul peut désaltérer celui qui a soif, et lui laisser cependant la douceur du désir, en le guérissant de la douleur du besoin. Parce que les eaux de cette source pure, en même temps qu'elles sont intarissables, sont imprégnées du sel de la sagesse, afin de réveiller sans cesse le goût et le désir de l'homme de vérité.

38. Prends garde, ô homme ! de faire la prière du lâche, et de vouloir tout obtenir sans travail. Quelle autre prière que l'action, que celle qui attire l'action et qui s'unit à l'action ? Ange terrestre, gouverne l'homme, attache sur lui les actions pures et salutaires. Préserve-le, dirige-le, surveille-le, sois son gardien et son mentor. Prends soin de sa mémoire et de son instruction pour son passage. Voilà ta tâche, voilà ton œuvre. L'homme n'est point encore ici dans la région sainte et sanctifiante, où il n'aura qu'à jouir et n'aura rien à redouter ; où il n'aura qu'à admirer continuellement, et où il n'aura pas besoin de se ressouvenir, puisque rien ne passera et que tout lui sera toujours présent ; où il n'aura pas besoin de jugement, puisque rien n'y sera confus, et que son intelligence comprendra toujours. Ici, il est comme les Hébreux dans la servitude. Ils allaient chercher leur pain au milieu des épées nues. Chez les Hébreux, le nom du pain et celui de la guerre ne viennent-ils pas de la même racine ? Ici, l'homme est sous la loi de l'enfance, où c'est la puérilité qui domine et attire en bas la raison même et toutes les facultés des gens mûrs. Ici, il est dans une loi inverse, puisque tout se précipite et va en descendant dans le néant, tandis que tout devrait croître et s'élever dans la région de la lumière et de la vie. Dévore le temps, dissous le temps, glisse-toi au travers des interstices et des crevasses de cet édifice qui a été ébranlé jusque dans ses fondements. Tu découvriras quelques crépuscules de l'aurore naissante ; et tel que les envoyés de Josué, tu pourras raconter à tes concitoyens les merveilles de la terre promise.

Mesure l'espace et la durée de l'iniquité sur la terre. Rapproche *cinq* et *quatorze* de *soixante-dix*. Rapproche *cinq* et *neuf* de *quarante-cinq*. C'est là l'origine des formes, leur fin, et les bornes de la propriété du quinaire. L'arbre ne se connaît-il pas au fruit ? étudiez la feuille de la vigne. Vous vous affligez, mortels, des maux et des malheurs de ce monde. Les maladies vous découragent, l'infortune vous abat ; les troubles politiques vous effraient, les révolutions de la nature vous glacent d'épouvante. Portez votre pensée sur les vrais maux qui vous assiègent, et que vous avez tous à supporter, et tous ces malheurs ne vous affecteront plus. Qu'est-ce qu'une légère incommodité aux yeux de celui qui est tourmenté par d'horribles souffrances, et qui est sous le fléau des derniers supplices ? Ne faites pas un seul pas sans écouter votre ami, sans consulter votre ami, soyez dans sa main comme les enfants que l'on promène ; ils ne vont point, on les fait marcher. Si vous aviez la prudence de ne pas repousser ses secours, vous n'auriez seulement pas besoin de le prier, vous n'auriez d'autres soins que de l'admirer et de l'aimer. Car il remplirait lui-même tous les emplois dont il vous charge, et vous sentiriez que ce serait lui, et non pas vous qui prierait en vous. Mais, oh mortels ! le bonheur a beau vous poursuivre continuellement, vous vous conduisez avec lui comme avec votre ennemi, et vous ne veillez que pour l'empêcher de vous aborder.

39. Mon âme s'est élevée jusqu'à la montagne de Sion. Que ne puis-je y faire éternellement ma demeure ! C'est là où elle puise les eaux dans leur source. C'est là qu'elle est vivifiée par un air pur. Je vois un feu actif, s'étendre en un clin d'œil jusqu'aux distances les plus éloignées. Ainsi, le feu divin va parcourir toutes les régions de mon être ; mon âme va lui servir comme de canal et d'organe, pour le faire arriver jusqu'aux extrémités de tous les mondes. Le coup est frappé, l'étincelle a brillé, et supérieure à toutes les flammes corruptibles, cette flamme céleste ne s'éteindra plus dans mes veines. Et mes jours de deuil et de tristesse ne seraient pas changés en jours de joie et de jubilation ! Les temps et les époques seront-ils encore à observer, pour offrir mes vœux à l'Éternel ? Ma vie entière sera occupée et remplie d'un seul acte, et cet acte sera le développement des trésors qui sont renfermés dans l'âme de l'homme. Est-ce que le soleil peut cesser de circuler dans l'univers ? N'est-il pas pressé d'un feu qui l'excite et qui lui interdit le repos ? L'Éternel s'est réservé le droit de créer les êtres. Il a donné à la nature le pouvoir de créer les formes ou les ombres. Il a donné à l'homme le pouvoir sublime de créer en foi la vertu, parce que

l'Éternel a voulu que chacune de ses productions attestât qu'il est le créateur, en laissant à ces mêmes productions le droit d'agir chacune dans leur mesure, à son image et à sa ressemblance. Mortels, si l'homme n'est subjugué par vos occupations frivoles, vous le croyez nul et sans travail. Apprenez que plus l'homme s'élève, plus il trouve de jouissances à goûter, et d'actions à remplir. Êtes-vous nuls et oisifs aux yeux de vos enfants, pour avoir abandonné les jeux de leur âge ?

~

40. Puis-je être insensible aux immenses difficultés qui environnent l'homme, quand il reste sans secours ? Et ne le plaindrai-je pas d'en avoir été la victime ? Les sentiers de l'erreur sont innombrables, et celui des vérités profondes est rempli des plus désespérants obstacles. Qu'il se demande, par la voie simplement humaine, ce que c'est que la nature, ce que c'est que la raison des êtres, tous ces abîmes qui marchent à côté de notre pensée, et semblent toujours prêts à l'engloutir. Qu'il se demande, par la voie simplement humaine, ce que c'est que ces vastes domaines des cieux, dont l'ensemble est si imposant, et dont l'histoire est si peu à notre portée ! Ses yeux se troublent quand il se penche seul sur ces précipices. Sa tête est prête à prendre un vertige.

Oui, Dieu suprême, s'il n'était pas certain que c'est nous qui avons voulu vous tromper, l'homme ignorant serait excusable de dire avec Jérémie : *vous m'avez trompé, Seigneur, j'ai été séduit ; vous avez prévalu contre moi, vous avez été plus fort que moi.* Si j'étais seul sur la terre, je n'aurais pas à balancer sur le sentier qui me conduirait au repos de mon esprit. Je me jetterais avec ardeur sur le véritable aliment de ma pensée et de mon cœur. Je ne lâcherais pas ma proie que je ne fusse rassasié, et que je ne sentisse établis à demeure en moi, des canaux vifs, toujours prêts à me transmettre ma subsistance. Mais quand même j'aurais pleuré sur ma propre privation jusqu'à dessécher mon cerveau, quand j'aurais obtenu par mes efforts et par mes larmes de ne pas sortir de Jérusalem ; pourrais-je oublier ceux de mes frères, qui ont été emmenés chargés de chaînes au milieu des murs de Babylone ? Pourrais-je détourner mes yeux de ceux que l'on y conduit tous les jours ? Et pourrais-je ne penser qu'à mes maux, en voyant ceux que se sont attirés mes concitoyens ? *Jérusalem, si je t'oublie jamais, si tu cesses d'être le principal objet de ma sollicitude, que ma langue s'attache à mon palais, et que ma main ne puisse tirer aucun son de mes instruments de musique !*

~

41. Un homme en colère emporta avec lui l'esprit de vengeance et de rancune, son âme s'enfuit imprégnée de ces levains. Alors, une voix se fait entendre sans qu'il voie personne, et elle répète sans interruption : *tu pardonneras à ton frère, non seulement sept fois, mais soixante-dix fois sept fois.* Le malheureux entend son arrêt dans ces paroles. Elles font son tourment, tandis que s'il les eût suivies, elles auraient fait sa consolation. A-t-on eu tort de nous dire que la bonne nouvelle doit être prêchée par toute la terre ? Voyez toutes les découvertes faites par les navigateurs. Il n'y a de grands navigateurs, que les peuples chrétiens. On ne nous a pas dit que la bonne nouvelle serait crue partout. On nous a dit que partout elle serait prêchée. Sont-ils contraires à cet avertissement, et les dérèglements de ceux qui portent la parole dans ces nouveaux climats, et les abus qu'ils en ont faits ? On nous avait dit que la bonne nouvelle serait prêchée ; et on n'avait rien ajouté. Mais ils ne pouvaient entendre la langue ! mais tous ceux qui étaient morts avant ces découvertes ! mais les pays qu'on n'a point découverts encore ! Un Ange doit lire lui-même à la fin des temps la bonne nouvelle devant toutes les nations assemblées. Insensibles mortels, aviez-vous besoin de tous ces témoignages pour croire à l'accomplissement de la prophétie, et pour écouter ce qu'elle prononce sans cesse au dedans de vous ? Si une autre voix s'y fait entendre, ne distinguez-vous pas qu'elle est fausse, qu'elle ne vient qu'en second, et pour troubler l'harmonie ? Hé bien, en quittant ce monde, on vous répètera encore : *soixante-dix fois sept fois, soixante-dix fois sept fois, soixante-dix fois sept fois.* La bonne nouvelle vous sera prêchée dans le tombeau, et elle le sera une troisième fois à la fin des siècles. Afin que toutes les nations connaissent que la miséricorde et l'amour sont notre principe originel, et qu'ils doivent être notre continuel élément. Oh homme ! ne te donne plus de si grands mouvements pour de si petits motifs, comme tu le fais tous les jours. Rougis, au contraire, d'avoir près de toi de si grands motifs qui n'opèrent de ta part que de si petits mouvements !

∼

42. As-tu payé le tribut à l'esprit ? Si tu ne l'as pas payé, quelle paix espères-tu ? Lorsque la lumière de l'intelligence s'allume devant l'homme, il a une épreuve à subir. Il a un tribut à payer d'où peut dépendre le reste de sa carrière. Chaque jour, tu as aussi un tribut à payer à l'esprit, et de ce tribut dépend le repos de ta journée. Comme un guerrier zélé, sois fidèle au mot du jour, à l'ordre du jour. As-tu payé le tribut à l'esprit ? As-tu soumis quelques ennemis, et les as-tu mis sous tes pieds ? Fils de l'homme,

console-moi, dit le Seigneur, de toutes les injustices que j'ai reçues de tes semblables. J'avais choisi leur âme comme un lieu de repos, et je n'y ai trouvé que l'infection des sépulcres : que je trouve au moins l'âme d'un juste pour pouvoir y demeurer en paix ! Hélas, si l'homme ne veille pas sur les désirs de son âme, et sur sa prière même, il peut encore augmenter son infortune, parce que les désirs de l'homme sont puissants, et que leur force peut faire obtenir. Mais la prière vraie est fille de l'amour. Elle est le sel de la science ; elle la fait germer dans le cœur de l'homme, comme dans son terrain naturel. Elle transforme toutes les infortunes en délices ; parce qu'elle est fille de l'amour ; parce qu'il faut aimer pour prier, et qu'il faut être sublime et vertueux pour aimer. Hommes de Dieu, prenez le maillet et le ciseau, descendez dans mon cœur. Brisez-y tout ce qu'il y a d'anguleux, polissez-le comme un beau marbre de l'orient. Gravez-y en lettres immortelles : *Effroi et tremblement devant la justice du Seigneur*. Cette parole restera éternellement exposée aux yeux du voyageur. Il s'arrêtera devant ce monument. Puis en continuant son chemin, il dira dans son cœur : c'est une bonne parole, que celle qui rappelle la crainte et le respect pour notre Dieu.

∼

43. La parole du Seigneur a produit le monde, comme ma parole produit et réalise autour de moi toutes les œuvres de ma pensée. La parole du Seigneur a séparé le pur de l'impur ; la lumière des ténèbres. Elle est toujours vive et puissante. Elle peut continuellement répéter en nous toutes ses œuvres. Qu'elle se fasse entendre, et la lumière va nous remplir et nous embraser. L'huile de joie va couler dans le cœur de l'homme. Sa tête languissante va se relever, et ses yeux brûlants du feu de l'esprit, vont imprimer partout le respect et la crainte. Cœur de l'homme ! tâche de te frayer des routes analogues à la région de la lumière, en te rapprochant par tes affections de ceux qui y font leur demeure. La vérité ne peut rien manifester dans le monde que par le cœur de l'homme, c'est par lui qu'elle veut établir son domaine. N'est-ce pas à lui qu'elle a dit autrefois de soumettre la terre et de la dominer ? N'est-ce pas à lui qu'elle a dit par la bouche d'Amos, que Dieu ne faisait rien sur la terre sans révéler son secret à ses serviteurs et à ses prophètes ?

N'est-ce pas à lui qu'elle a dit par la bouche de Salomon, que l'âme de l'homme était le fanal de Dieu ? N'est-ce pas à lui qu'elle a dit par la bouche de Paul, que les principautés et les puissances qui sont dans les cieux connaissent par l'Église la sagesse de Dieu ? Homme, sois l'interprête de la vie. Homme, sois la sentinelle de la vie. Ce n'est point assez d'empêcher les ténèbres de venir offusquer la lumière ; il faut que tu lui ouvres le passage. Si tu étais fidèle à ta loi, il n'y aurait pas un point de l'espace, et il n'y aurait pas un être qui ne fût plein de la vie et de la vérité. Tu leur donnes la mort, quand tu t'écartes de la sagesse, parce que chaque vertu tient à un des canaux de l'esprit, et qu'il n'y a que la vertu qui puisse les faire ouvrir. La méditation des lois du Seigneur conduit aux vertus, les vertus conduisent à l'esprit, l'esprit conduit à Dieu ; l'esprit du Seigneur peut remplir encore toute la terre. C'est dans ce dessein qu'il a diversifié les dons des hommes. Tout homme était né pour être dans un genre quelconque supérieur à tous ses semblables. Tous ses semblables étaient nés pour être supérieurs à lui, chacun dans leur genre. Ainsi tout devait être balancé entre eux par la main bienfaisante et juste de la divine sagesse. Ainsi chaque membre de la famille humaine aurait pu donner et recevoir, et c'est par là que se serait exercé entre eux le grand commerce de la charité et de l'humilité. Ainsi ils auraient peint la sublime et simple harmonie, vers laquelle leur nature ne cesse de les rappeler. Homme, homme, ne t'en tiens pas aux tableaux superbes que ta pensée peut encore te présenter. Que toutes tes autres facultés commencent à mettre ces tableaux en œuvres. Elles ne te sont données que pour cela. Veux-tu être comme la foule inutile des génies spéculatifs qui remplissent l'univers de leurs livres et de leurs pensées, et qui le laissent vide de leurs œuvres et de leurs bienfaits ?

44. Le nom est sorti de la vie, et il a enfanté la parole. Que la vie, le nom et la parole pressent l'âme humaine de marcher dans sa voie, et de tourner ses pas vers le terme et vers l'œuvre. Que l'intelligence, l'amour et l'action vive de l'âme humaine, pressent à leur tour le siège où elle repose, de concourir à l'œuvre avec elle. Que ce siège où elle repose, transmette la force et la pureté dans tous les actes de l'homme élémentaire. Que l'homme élémentaire transmette autour de lui et dans toute la nature la rectitude et la justesse. C'est ainsi que la vie ne cherche qu'à tout pénétrer et qu'à tout vivifier. À chacun des degrés qu'elle parcourt dans l'homme, elle dépose un extrait d'elle-même, où brillent à la fois la vie, le nom et la parole.

Elle en a rempli, comme à pleins bords, l'âme des prophètes et des princes de son peuple. Ce sont eux qui composent l'armée du Seigneur, et sur qui doit tomber tout le poids de la guerre. Le nom est commandé par la vie, la parole est commandée par le nom, l'âme de l'homme est commandée par la parole. Homme, ô homme ! que l'univers soit pressé par ton âme sublime, afin que le mal soit pressé par l'univers. Afin que la mort expire, accablée par un si grand poids ; et afin que la vie puisse rejoindre la vie. Dès que nous laissons reposer *l'univers,* c'est autant de relâche et de soulagement que nous procurons nous-mêmes à la mort qu'il devait comprimer. Douterez-vous que la matière ne soit soumise à votre esprit, quoique vous n'agissiez plus sur elle que par des transpositions ? Vous demandez aussi quelle est la destination de l'âme humaine. Le cœur de l'homme ne vous l'indique-t-il pas par le rang qu'il occupe. Ne voyez-vous pas qu'il est placé entre le supérieur et l'inférieur, entre la lumière et les ténèbres, afin de les discerner et d'en faire continuellement la séparation ? Ne voyez-vous pas qu'il ne peut laisser à votre sang un seul instant d'inaction, sans que la mort ne vous menace ?

45. Vérité divine, charité sainte, un ami a cru que je vous avais offensées pour lui nuire. À la fin, le Seigneur a eu pitié de moi ; il connaissait mon innocence, il a écouté ma prière.

Quel est donc le misérable état de l'homme ? Il faut qu'il prie son Dieu, même pour en obtenir la justice ! J'allai à mon ami. Je ne viens point vous redire que vous vous êtes trompé dans vos soupçons, je ne vous persuaderais pas. Je ne viens point vous prier de me pardonner, ce serait m'avouer coupable, et je ne le suis point. Je viens vous proposer de faire ce que j'ai fait moi-même. Écoutez : il n'y a ni temps, ni espace pour l'esprit. Il viendra un jour où toutes les diversités et toutes les oppositions humaines disparaîtront, où l'unité conciliera tous les hommes, et où ils ne se rappelleront pas seulement qu'ils aient été désunis. Allons en esprit vers cette unité future, et ne nous souvenons plus que nous l'avions divisée entre nous. Heureux celui de nous deux qui aura fait le plus grand sacrifice ! À la banque de la charité comme à toutes les autres, celui qui met le plus de fonds, retire aussi de plus grands intérêts. Mortels, si vous vous trouvez jamais dans des pareilles angoisses, usez du même moyen que moi ; la paix renaîtra dans vos cœurs, et vous sentirez, combien le Seigneur est doux et puissant pour vous soulager de vos fardeaux. C'est lui seul qui nous ouvre les sentiers. L'esprit du Seigneur s'agite dans tous les sens, il se plie et se replie jusqu'à ce qu'il trouve une issue, et qu'il puisse entrer dans le cœur de l'homme. Parce que l'esprit du Seigneur s'engendre sans cesse de son propre amour et de notre misère ; et c'est pour cela qu'en annonçant que Dieu est son père, il se nomme cependant si souvent le fils de l'homme.

~

46. Je viens d'éprouver une agitation inattendue et involontaire. Une force inconnue a pesé sur moi. Soit qu'elle ait précipité ma matière bien au-dessous de mon esprit, soit qu'elle ait attiré mon esprit au-dehors et au-dessus de mon corps ténébreux, il s'est fait en moi un partage du pur et de l'impur. Les eaux supérieures ont été séparées des eaux inférieures ; l'aride a été découvert, la lumière a paru. Le jour du Seigneur a répété en moi ce qui s'est opéré au commencement de l'univers par le pouvoir de sa parole. Sans son divin secours, l'homme rampe comme dans la fange ; à peine du fond de son infirme demeure, peut-il découvrir au loin quelques rayons de la céleste clarté. Sois bénie à jamais, source immortelle de tout ce qui est ; en toi seule est l'être et la vie, en toi seule est l'expansion de la joie et du bonheur de toute créature. Hors de toi, rien ne peut être : car où tu ne serais pas, il n'y aurait plus de sentiment d'existence, il n'y aurait plus de bénédiction ; et ce sont là les éléments éternels de la vie. J'admirais, comment cette source universelle anime tous les êtres, et distribue à chacun d'eux, l'intarissable feu, où tout a puisé le mouvement. Chaque individu formait un centre, où réfléchissaient tous les points de son individuelle sphère. Ces individus n'étaient eux-mêmes que les points des sphères particulières que composent leur classe et leur espèce, et qui sont également dirigées par un centre. Celles-ci avaient leur centre à leur tour dans les différents règnes de la nature. Ces règnes avaient le leur dans les grandes régions de l'univers. Ces grandes régions correspondaient à des centres actifs et doués d'une vie inextinguible, et ceux-ci avaient pour centre le premier et unique moteur de tout ce qui est. Ainsi, tout est individuel, et cependant tout n'est qu'un. Quel est donc cet être immense qui de son centre impénétrable voit tous les êtres, les astres, l'univers entier ne former qu'un point de son incommensurable sphère ? Je ne voyais là cependant que l'ordre et la disposition des êtres. Mais à peine eus-je fixé ma vue sur leur *action*, que le tableau s'agrandit. C'est à leur action de peindre le sentiment de leur existence, et d'apporter en témoignage au centre universel de toutes les sphères l'aveu de son exclusive suprématie. J'entendais tous les êtres se livrer avec effort à l'accomplissement de cette action. Lorsqu'ils souffrent, leurs cris invoquent la vie, lorsqu'ils sont heureux, leurs chants la célèbrent. La nature, au moment où elle sort des ombres de la nuit, ne s'empresse-t-elle pas de chercher la vie, et de réparer

par son activité tous les moments qu'elle a perdus dans le repos et dans les ténèbres ? Pour suppléer au silence de la nuit, les puissances des cieux, du haut de leurs trônes errants, ne préfèrent-elles pas plus fortement les paroles de la *vie*, et n'enflent-elles pas davantage les sons de leurs orgues majestueuses ? J'entendais toutes les parties de l'univers former une sublime mélodie, où les sons aigus étaient balancés par des sons graves, les sons du désir par ceux de la jouissance et de la joie. Ils se prêtaient mutuellement leurs secours, pour que l'ordre s'établît partout, et annonçât la grande unité. À chaque temps, où cet accord universel se fait sentir, tous les êtres, comme entraînés par un mouvement commun, se prosternaient ensemble devant l'Éternel ; et le tribut répété de leurs hommages et de leurs prières, semblait être à la fois, l'âme, la vie et la mesure du plus harmonieux des concerts. Et c'est ainsi que se complétait le cantique, que toute la création est chargée de chanter, depuis que la voix vivifiante du tout-puissant entonna la première, l'hymne saint qui doit se propager pendant la durée des siècles. Ce n'est point comme dans notre ténébreuse demeure, où les sons ne peuvent se comparer qu'avec des sons, les couleurs qu'avec des couleurs, une substance qu'avec son analogue ; là tout était homogène. La lumière rendait des sons, la mélodie enfantait la lumière, les couleurs avaient du mouvement, parce que les couleurs étaient vivantes, et les objets étaient à la fois sonores, diaphanes et assez mobiles pour se pénétrer les uns et les autres, et parcourir d'un trait toute l'étendue.

Du milieu de ce magnifique spectacle, je voyais l'âme humaine s'élever, comme le soleil radieux sort du sein des ondes. Encore plus majestueuse que lui, et faite pour une autre destinée, elle n'était point enchaînée comme lui dans un cours circulaire, où, lorsqu'elle aurait atteint son dernier point d'élévation, elle eût été forcée de décliner, sans jamais séjourner à demeure dans le lieu du repos. Mais suivant rapidement la ligne de l'infini, où elle a puisé la naissance, elle s'élevait vers le sommet des cieux, et tendait sans la moindre déviation, vers ce centre unique qui, siégeant de toute éternité au rang suprême, ne pourra jamais décliner, ni descendre de ce trône vivant, où il n'a jamais eu besoin de monter. À mesure que l'âme humaine parcourait les degrés de cette ligne infinie, je voyais les puissances des régions s'approcher d'elle, la soutenir de leurs ailes, chasser de leur souffle vivant le reste des souillures qu'elle avait contractées pendant son sommeil ici-bas, et ensuite tracer sur elle, avec leurs mains de feu, l'attestation authentique de son initiation ; afin qu'en se présentant à la région suivante, l'entrée lui en fût promptement ouverte, et qu'elle y reçût une nouvelle purification et une nouvelle récompense. Après être parvenue au dernier degré de cette ligne de vie, je la voyais prendre sa place sous les portiques de la sainte Jérusalem, siéger même sur les trônes d'Israël, employer des jours éternels de paix à administrer les lois divines parmi l'immensité des êtres, et jouir à jamais du droit ineffable d'être nourrie de la table du sanctuaire.

∼

47. Quand cesserez-vous de croire que vous n'ayez aucun indice sur les choses qui vous ont précédé, et qu'il vous soit impossible de jamais en avoir la moindre trace ? Écoutez : sans vous réfugier dans les choses de convention et arbitraires, quand même vous ne seriez pas juste, vous n'êtes point absolument dénué d'idées de justice distributive. Quand vous nuisez à votre semblable, il est bien quelques instants où vous sentez que vous souffririez s'il vous faisait le même traitement : et si votre préjugé et votre passion se reposent un moment, ils vous laissent voir que vous vous êtes égaré. D'où vous vient le sentiment de cette balance auquel vous cédez dans votre for intérieur, quand même vous n'auriez pas toujours la force d'y être fidèle dans votre conduite ? Voilà une étincelle du feu qui brillait dans un temps dont vous n'avez aucun souvenir. C'est un monument, c'est une antique, qui vous met sur la voie des sciences de son temps. C'est un germe des plantes qui ont végété dans le champ des êtres, où vous avez pris l'existence. Il est vrai, vous ne connaissez point encore l'arbre, et vous ne pouvez en avoir d'idée, s'il n'a pas même encore poussé le moindre bourgeon. Mais n'est-ce pas assez d'en avoir le germe, pour ne pas dire que vous êtes absolument sans secours ?

Au lieu de laisser dépérir ce germe, commencez par le mettre en culture, plantez-le, soignez-le, arrosez-le. Vous voyez, qu'avec de pareilles attentions les germes les plus étrangers à notre climat produisent des arbres de leur espèce, et procurent mille avantages à ceux qui les cultivent. Savez-vous ce que ce germe va vous produire ? Selon toute apparence, l'arbre même et peut-être si vous persévérez, toute une forêt. Ces arbres fixeront sur eux les eaux de l'atmosphère, qui arroseront vos contrées et y entretiendront la végétation. Ces eaux, après avoir pénétré la terre, en ressortiront pour entraîner dans leur cours, des parcelles d'or qui vous aideront à trouver la mine, des soufres onctueux et des sels bienfaisants qui rétabliront l'ordre et l'équilibre dans vos liqueurs. Tous les arbres qui vont se multiplier, serviront d'asile et de retraite aux animaux terrestres qui viendront s'établir sous leur ombrage. Tous les oiseaux du ciel viendront se reposer sur leurs branches, y perpétuer leur espèce, et ravir votre oreille par leurs concerts. Vous pourrez employer quelques-uns de ces arbres à vous réchauffer dans la froidure, à vous former des cabanes contre les injures de l'air, et même à vous construire des navires qui vous transporteront dans toutes les régions du monde. Vous pourrez en découvrir les sciences, les lois, en même temps que toutes les richesses, et vous mettre à portée de connaître les constellations de toutes les parties du ciel. Vous-mêmes, en promenant vos pas sous les voûtes sombres de la forêt, et vous pénétrant du recueillement que ces lieux inspirent, peut-être y acquérez-vous des notions sur le *buisson ardent*, et sur votre mission auprès de vos frères qui sont en captivité sous le roi des Égyptiens ? Ne dites donc plus que l'histoire ancienne de votre être vous a laissé sans indices et sans monument, puisqu'avec le seul germe qu'elle vous a transmis, vous pouvez la faire revivre toute entière.

48. À quels rudes combats nous exposent les obstacles que nous apportons lors de notre naissance ? Ce n'est point en les évitant que nous remporterons la victoire. Ils nous sont envoyés pour que notre constance et notre bravoure nous fassent recouvrer ce qu'on nous retient de notre héritage. Que sont nos guerres temporelles, où il ne s'agit que de poursuivre la conquête d'un pays et d'une citadelle qui sont sous les yeux ? Ici, il faut que notre âme, par ses efforts, produise et crée en quelque sorte ce qu'on nous a ravi. L'héritage universel avait été distribué à toute la famille humaine, chaque famille particulière devait en recevoir sa portion. Chaque individu devait recevoir, avec la vie, tous les secours, toutes les armes dont nous avons besoin pour remplir notre emploi. Si l'on n'a point veillé pour nous à cet héritage, si l'on en a laissé dérober une partie, nous n'en sommes pas moins obligés à notre œuvre, comme si nous avions tout reçu.

Voilà le malheur secret de tant de mortels ; voilà l'état de violence. Les héritages sont confondus ; ils passent dans des mains étrangères et illégitimes. Le baptême de l'esprit est le seul remède qui puisse tout reproduire en nous, fussions-nous la proie de l'indigence et de la mort. C'est lui seul qui nous rend cet ancien droit *de vie et de mort*, que nous avions, et qui est autre que de répandre le sang. Si tu as de l'ardeur et un goût exclusif pour la vérité, ne te plains pas des obstacles qui t'environnent ; ton sort est beau, puisque tu es chargé toi-même de créer tous tes trophées, et de te régénérer dans le baptême de l'esprit. Réjouissez-vous, âmes humaines, connaissez la sublimité de vos droits. Après avoir recouvré votre propre héritage, vous pouvez prier pour ceux qui vous avaient porté de si grands préjudices et obtenir que leur mesure leur soit rendue. Couvrons, couvrons les fautes de nos pères ; nos pères sont nos dieux sur la terre. Comment un dieu ne serait-il pas, pour notre cœur comme pour notre pensée, un être sans tache et irréprochable ? Être fidèles au seul vrai Dieu, et honorer nos pères : voilà les deux plus grands préceptes du décalogue, puisque ce sont les seuls à l'observation desquels il soit promis des récompenses.

∽

49. Que l'homme sépare son âme de tous les objets qui l'entourent ; ils ne seront plus rien pour lui ; il ne les goûte que par sa *vie*, qui seule fait pour lui toute la valeur des choses. Quel autre que lui serait le véritable auteur de ses écarts et de ses illusions, puisqu'il a en lui un principe de vérité et de *vie*, et qu'il ne peut trouver de *vie* dans les êtres morts que ce qu'il y porte ? Malheureux homme, tu peux, en détournant ton âme, empêcher que la *vie* divine elle-même ne pénètre en toi ; tu n'es pas créateur de la *vie*, mais tu en es l'arbitre et le ministre dans ton domaine. Quelle différence de sensation, lorsqu'il se place sous l'action suprême, ou lorsqu'il descend aux objets inférieurs ! Ils lui causent souvent de la joie, il est vrai, puisqu'il y porte sa *vie*, et que le sentiment de la *vie* est toujours une affection douce pour tous les êtres. Mais sonde cette joie : tu la trouveras convulsive, et s'appuyant sur des relations ; elle frémira en secret de rencontrer des objets de comparaison, qui la gênent, qui la condamnent et qui la détruisent. Action supérieure, tu places l'homme au-dessus de tous les objets ; la joie que tu procures, ne redoute la comparaison d'aucun d'eux. Elle est égale, calme, toujours croissante, parce que c'est la *vie* qui puise dans la *vie*, et qui est reproduite par la *vie*. Elle est sans choc, peut-être même devrait-on la dire insensible, telle qu'est la marche paisible de la nature. Qui peut peindre la joie d'un être qui reçoit toujours la *vie*, et qui n'en perd point ? Au contraire, que devient la joie d'un être qui, sans cesse appliquant sa *vie* à des objets auxquels il faut qu'il donne lui-même la valeur, perd de sa *vie* chaque jour, et n'est pas à portée de faire renouveler cette perte, puisqu'il se tient loin de la *vie* ! Courons, comme le cerf altéré, jusqu'à ce que nous rencontrions la source des eaux vives. Unissons-nous à la *vie* et ne nous en séparons jamais.

∽

50. Les hommes ont dit : les maux et les punitions ne dureront pas éternellement. Comment concilier une éternité de mal avec la bonté infinie

de Dieu, et surtout avec son unité ? Écoutez une vérité. Il n'y a point de temps pour l'esprit. Est-ce par leur durée ? Non c'est par leur intensité, que nous évaluons toutes nos impressions ici-bas. Tout sentiment doux ou pénible nous fait sortir du temps ; chacune de nos pensées ou de nos affections, est pour nous une éternité agréable ou une éternité douloureuse. Nos goûts, nos passions, vraies ou fausses, nous présentent toujours le complément du bonheur ; nos maux, nos contrariétés, le complément du malheur ; nos pensées, le complément du vrai ; ce qui les choque, le complément de l'erreur. L'homme de paix serait-il heureux, s'il entrevoyait un terme à sa joie ? Le coupable serait-il puni, s'il entrevoyait un terme à sa peine ? Justice suprême, c'est de ce caractère d'unité que tu tires toute ta force et tout ton effet. Dans quelque état que l'homme se trouve, l'idée de l'éternité le poursuit, parce que tu es une, ô vérité sainte, et qu'il n'est aucun point de ta sphère infinie, qui ne porte le sceau de ton universalité ! Pensée de l'homme, ne va pas plus loin. C'est assez pour toi d'arriver, par ta seule raison, à ces clartés, et de voir que le sentiment de l'éternité de la peine est indispensable dans un criminel, pour qu'il soit puni. Si tu portes dans les punitions une idée de terme, tu y portes une idée de temps, et tu détruis tout ce que tu viens d'admettre. Règle ta conduite sur ces bases : si tu te rends coupable, les peines que tu subiras porteront l'empreinte de l'éternité. Mais es-tu sûr qu'elles n'en aient que l'empreinte, puisque cette question ne peut se résoudre que hors du temps ? Malheur à toi, si cela ne suffit pas pour te rendre sage, et te faire trembler devant le Seigneur ! En attendant l'opinion la plus certaine, cherche la plus utile et la plus salutaire. L'idée de l'éternité des peines est peut-être moins conforme à ton esprit, parce que tu es dans le temps, par conséquent dans des bornes. L'idée contraire est moins avantageuse à ta conduite ; et tu ne peux te dissimuler qu'elle est hasardée. Tu crains de voir multiplier les moyens de te contenir dans la sagesse ! Es-tu donc assez rempli d'amour pour planer d'un plein vol par-delà tous les abîmes du temps ? Ceux mêmes qui croient les peines éternelles, sont-ils toujours arrêtés par là dans leurs crimes ? Comment t'assureras-tu de trouver plus de crainte et plus de sagesse dans une opinion moins sévère ? L'espérance est la vertu du temps. Dès que nous quittons le temps, elle nous est ôtée, si nous sommes coupables ; elle est accomplie, si nous sommes justes. Diras-tu que la tâche de l'homme devra se remplir à la fin des temps, puisqu'elle a manqué au commencement ? À l'époque future l'homme sera plus élevé qu'il ne l'était à son origine. Les prévaricateurs au contraire seront placés beaucoup plus bas que lors du premier jugement ; comment l'homme aurait-il donc des relations avec eux ? N'oublie donc plus que tu es dans le temps.

∼

51. Un homme prit à ferme un terrain considérable ; on lui donna aussi le grain nécessaire pour l'ensemencer. Il ne travailla point à la culture de ce terrain, et il laissa le grain dans un endroit humide et froid. Le grain se pourrit, et le terrain se couvrit de ronces et d'épines. Quand le terme du paiement arriva, le fermier prétendit qu'il ne devait rien, sous prétexte qu'il n'avait reçu, ni grain fertile, ni terrain propre à la culture. Le propriétaire était doux ; il dit au fermier : mon ami, je pourrais vous perdre, j'aime mieux vous sauver. Venez avec moi, essayons ensemble de raser ces épines et ces ronces. Je partagerai votre travail, jusqu'à ce que vos yeux revoient ce champ que vous avez perdu de vue. Allons dans ce lieu humide et froid, où vous avez laissé pourrir votre grain. Peut-être tout n'est-il pas gâté. Quand il n'y en aurait de conservé que plein la main, nous l'emploierons. Le fermier ne put résister à cette générosité. Le champ fut défriché ; on trouva encore quelques grains épars que la putridité n'avait pas atteints. On les sema, et dans peu d'années, le fermier fut dans le cas de s'acquitter, et d'amasser encore de nombreuses provisions pour sa famille. Mortels imprudents, pourquoi êtes-vous devenus incrédules à votre vie ? Pourquoi avez-vous osé nier le soleil ? Vous avez laissé vos moyens originels dans l'abandon. Ils n'ont rien produit. Vous n'avez point cultivé avec le soc de la charrue le champ de l'intelligence, vous vous êtes contentés de vous y promener. Vous y avez vu des plantes sauvages, vous les avez laissés croître. Elles sont devenues si épaisses et si hautes qu'elles vous ont caché la lumière. Les abus vous ont fait nier les principes, tandis que les principes devaient vous faire discerner et corriger les abus ; et vous avez dit qu'il n'y avait point de vérité. Quel est donc l'insensé qui pourra vous croire, si vous abusez ainsi de votre propre raison. Le propriétaire vient, et si vous n'écoutez pas les offres qu'il vous fait, il saura bien se faire rendre justice et tirer de vous, à vos dépens, l'aveu de votre dette. Le titre en est ineffaçable.

∼

52. Si ma joie la plus vive est d'avoir goûté ici-bas le témoignage de notre Dieu, ne dois-je pas, à mon tour, rendre témoignage devant les nations ? Je les supplierai de partager avec moi le zèle de sa gloire, afin qu'elles puissent partager aussi les douceurs de ses récompenses. Gloire du monde, vous ne vous fondez que sur ce qui manque aux autres êtres ; gloire de l'homme vrai, vous vous fondez sur ce que vous partagez avec

les *indigents*. Aussi, le Seigneur a choisi le cœur de l'homme pour y semer le zèle de sa gloire, parce que le cœur de l'homme est le champ de l'esprit du Seigneur, et qu'il y fait naître d'abondantes récoltes. Il n'a point semé avec tant de richesse dans les autres êtres, parce que le cœur de l'homme est sa demeure la plus chérie, et le plus glorieux de ses temples.

53. En supposant que le médecin le plus habile ne puisse prévoir les révolutions de la santé d'un homme bien portant, il peut prévoir tout le cours d'une maladie quand elle est déterminée. Ne croyez donc plus qu'il soit nécessaire, pour que la prescience de Dieu existe, de la porter jusqu'aux choses qui ne sont encore, ni en développement, ni en puissance. Ne confondez plus l'homme dans sa gloire, et l'homme sous la loi du péché. Ne croyez pas non plus que, quand même cette prescience s'étendrait à tous les actes des êtres de cet univers, elle fût pour cela le principe et la cause de vos œuvres. Toutes les œuvres qui se passent dans le temps, ne sont plus que des suites et des conséquences. Le principe des œuvres de désordre a été posé dès le moment du crime. Mais le principe des œuvres de miséricorde n'a-t-il pas été posé en même temps ? Aussi qui est-ce qui pourra se soustraire à l'œil de Dieu ? Nous qui habitons dans le temps, malheureux que nous sommes, nous ne connaissons les œuvres que quand elles sont développées. Vous, éternel, qui êtes au-dessus du temps, vous les lisez dans leur source et dans leur racine. Vous avez choisi des colonnes pour votre édifice, vous avez prévu et dirigé leurs œuvres ; vous les avez rendus des êtres nécessaires ; parce que vos plans sont arrêtés, et que rien ne peut résister à vos conseils. Mais vous avez pu prévoir leurs œuvres et ne pas les opérer pour cela, parce que vous pouvez jeter votre vue sur un être, et n'y pas lancer encore votre action. Hommes matériels, voulez-vous des preuves irrésistibles de cette vérité ? Il y a eu un livre écrit longtemps avant l'établissement du christianisme et la dispersion des juifs, et ce livre annonçait ces deux événements. Est-ce l'homme qui a pu se donner ce coup d'œil prophétique ? Et dans le secret de votre pensée, ne sentez-vous pas que l'homme en est incapable ? Cependant malgré ces prédictions si authentiques, et qui tiennent à un coup d'œil supérieur, cette lumière n'a pas agi en même temps qu'elle a vu, puisque l'accomplissement n'est venu qu'après l'annonce. Reposez-vous au moins sur cette partie de la difficulté, et quand même Dieu prévoirait vos œuvres, ne vous croyez pas tous pour cela des êtres nécessaires. Oui, Dieu suprême, tu peux tout voir, mais tu peux à ton gré agir dans les êtres, ou les laisser agir sous tes yeux. Tu en

laisses bien agir contre toi. Mortels, occupez-vous de l'ordonnance de vos facultés. Vous avez le pouvoir d'y produire la paix et l'harmonie, comme Dieu produit la vie dans vos essences. Votre essence et le nombre de vos facultés viennent de lui ; mais l'ordonnance et l'administration de vos facultés doivent venir de vous. Il faut que vous puissiez produire quelque chose pour lui ressembler ; il faut que vos productions tiennent aux facultés, et non pas aux essences, pour ne pas l'égaler. Ces dons sublimes sont à vous, et la prescience de Dieu ne vous les ôte point et ne vous gêne point. Âmes humaines, voulez-vous voir fleurir en vous tous ces dons ? Abreuvez-vous journellement des eaux de la crainte du Seigneur ; abreuvez-vous-en constamment, et jusqu'à vous enivrer de cette boisson salutaire. La crainte du Seigneur est une seconde création pour l'homme. Elle éloigne de lui tous les maux. Elle absorbe toutes les autres craintes. Elle peut même absorber vos inquiétudes sur cette prescience qui vous tourmente, parce qu'elle peut vous unir à l'action universelle, et à l'éternelle continuité de la lumière.

∼

54. Ce n'est pas parmi les aînés que fut choisie la race élue, et le peuple chéri qui devait éclairer les nations. C'est le troisième fils de Sem qui a été destiné à être le chef de la race d'Abraham et le germe de l'alliance. C'est aussi le troisième né des enfants d'Adam, qui fut choisi pour être le chef de la race sainte, et le dépositaire des secrets divins. *Trois* n'est-il pas la dernière division contenue dans la puissance médiatrice universelle ? Aussi qui pourrait connaître des lignes droites et des carrés dans la nature ? Et le principe radical ne nous reste-t-il pas toujours caché ? Seigneur, vous vous souviendrez de l'homme, à cause de votre nom, et à cause du rang qu'il tient parmi ses frères. Quand il s'abandonnera au crime, et que les ténèbres l'environneront, vous ferez briller sur les nuages de son exil les rayons de votre sainte alliance avec lui ; et du sein de ses abîmes, vous lui montrerez la région de la vie.

∼

55. Quelle est votre précipitation, vous tous adversaires de la vérité ! Vous commencez par faire une supposition, et les conséquences que vous en tirez, vous voulez qu'elles règnent avec un sceptre de fer. Cherchez un principe moins fragile, tâchez d'atteindre à cette idée sublime, que le véritable bonheur de l'homme ne se trouve que dans le bonheur de ses

semblables ; dites en vous-mêmes, et dans le secret d'un cœur calme et pur : *Je sens avoir besoin du bonheur des autres. Il me semble que la famille humaine ne fait qu'un, et que j'ai au fond de mon être le désir de la félicité de tous ses membres.* Les fausses doctrines ont voulu vous avilir, en ne montrant d'autre mobile à vos actions que l'amour-propre. Vengez-vous par ce principe positif, quoique si souvent défiguré ; et vous jugerez alors si cette parcelle de feu qui vous anime, peut venir d'un autre feu que d'un feu divin. Est-ce l'amour-propre, est-ce un sentiment réfléchi et dépravé qui empêche une mère d'être heureuse seule, et sans le bonheur de ses enfants ? S'ils sont un autre elle-même, comment peut-elle séparer leur bonheur du sien ? Est-ce par amour-propre que vous vous trouvez disposés à faire du bien à vos semblables, et à les rendre heureux ? Ne sentez-vous pas qu'ils sont une portion de vous-même, et que l'amour vous demande intérieurement son équilibre. Vérité suprême, ne leur laisse jamais perdre de vue cette idée, par où tes rapports avec eux se peignent en traits si vifs dans le cœur de l'homme. Le vrai amour d'eux-mêmes, est l'amour de tous. L'amour de tous, est un amour céleste. Et voilà comment tu as peint en eux le caractère de ton unité qui embrasse et chérit tous les êtres. Voilà une preuve de plus, comment tu as fait l'homme à ton image et à ta ressemblance. Mortels, qu'est-ce que Dieu vous a donc fait pour vous déclarer ses ennemis ? Des torches funèbres sont aujourd'hui les seules clartés qui vous dirigent, vos pas ressemblent à une pompe mortuaire ; et c'est dans cet état de mort que vous prenez le pinceau et que vous vous dites les peintres de la vérité. Vous n'entrez point dans le sanctuaire de l'esprit comme les anciens sages, parce que vous ne révérez plus comme eux la nature et la pratique de la vertu. Cependant vous jugez l'esprit, comme si vous connaissiez la nature, et vous ne la suivez dans aucune de ses lois. Vous n'entrez point dans le sanctuaire de Dieu comme les anciens sages, parce que vous ne révérez plus l'esprit comme eux, et que c'était à lui à vous y introduire. Cependant vous jugez Dieu, comme si vous aviez l'esprit, et vous éloignez cet esprit de toutes vos spéculations. Par quelles tribulations et quelles angoisses il faut que soit tourmentée l'âme humaine, jusqu'à ce qu'elle ait dissous le mal et les fruits amers de l'ignorance ?

56. S'il n'était pas venu un homme qui seul eût pu dire, *je ne suis plus dans le monde*, que serait devenue la postérité humaine ? Elle était tombée dans les ténèbres. Rien ne la liait plus à son lieu natal ; elle était pour jamais séparée de sa patrie. Mais si les hommes se séparent de l'amour, l'amour

peut-il se séparer d'eux ? Un éclair est parti de l'orient ; il est venu toucher la terre, et nous a montré la nue ouverte. Apercevez-vous la lueur vive qu'il fait briller autour de vous ? Quelle est cette odeur de bitume et de soufre qui tue les insectes ? Une pluie remplie de sel se répand sur la terre et y fait fleurir toutes les plantes. La vie vient de l'orient ; c'est pourquoi c'est le nom qu'a pris celui qui voulait nous donner la vie. Du sein de mes ténèbres, j'apercevrai encore la lumière. J'ouvrirai mon intelligence à celui qui est sur la terre, et qui n'est plus dans le monde. Quoique sur la terre, je cesserai comme lui d'être dans le monde, et je monterai avec lui dans les cieux. C'est dans la région de la vie et de la lumière que réside le soutien et le restaurateur des humains. Lors de sa résurrection, les juifs ne l'ont point trouvé, parce qu'ils l'ont cherché parmi les morts. Il faut être ressuscité comme lui d'entre les morts pour le connaître, et ne vouloir plus s'en séparer. Oh, combien ses plans ont été peu remplis ! Il fallait ne jamais sortir, comme lui, du sens supérieur, pour que son œuvre atteignît son complément. Postérité humaine, cette voie était-elle trop sublime pour toi ? Elle ne l'était pas plus que ta destination et ton origine. Il avait apporté une voie de grâce et de mérite ; ils en ont fait une voie de rigueur et de péché : il avait apporté une voie vive ; elle est devenue une voie morte et meurtrière, quand elle a été circonscrite dans des livres. La voie de rigueur et de péché, était la voie de Moïse ; aussi, n'était-elle que la voie des représentants : et cependant si elle n'eût pas été négligée, combien elle eût épargné de maux au réparateur ! La voie de mérite et de liberté, était la voie divine elle-même, parce que notre Dieu ne peut apporter autre chose ; aussi, si elle avait été suivie selon ses plans, combien l'œuvre de la fin des temps serait devenue simple ! Et ils voudraient encore douter de la divinité du réparateur ! Et ceux qui disent n'en pas douter, font de sa voie de grâce, une voie de rigueur, une voie de tyran !

Ils n'ont donc jamais connu les douceurs du vrai sabbat ! Ils n'ont donc jamais connu la différence du travail que nous faisons avec nos forces, et de celui que nous faisons avec les forces du réparateur ! Ils n'ont donc jamais pu se dire : *Ce sabbat est si doux, qu'il est juste que nous le gagnions à la sueur de notre front, et que nous craignions d'en prodiguer l'usage.*

~

57. Science, science, tu es trop simple, pour que les savants et les gens du monde puissent te soupçonner ! Le dieu des esprits, le dieu de l'éternelle vérité, n'est-il pas un dieu jaloux ? Son culte et le soin de sa gloire ne tiennent-ils pas le premier rang parmi toutes les œuvres que les créatures

peuvent opérer ? Il faut être demeuré victorieux de la bête et de son image, pour posséder les harpes de Dieu. Cette grâce est si ineffable, que l'homme ici-bas n'en peut avoir que des aperçus. Sa pensée embrasse l'unité dans quatre intervalles. Son œil voit trois degrés dans les trois premiers. Son esprit connaît que le quatrième intervalle égale à lui seul tous les autres. Il se dit : *Voilà toute l'échelle.* Alors, le sentiment de la majesté divine s'empare de lui. La pressante ardeur de le célébrer et de l'élever au-dessus de tous les trônes et de toutes les dominations, devient la seule passion.

L'âme s'identifie avec la suprême vérité. Les êtres criminels dans les supplices lui paraissent comme des êtres oubliés, et dont l'existence est effacée. Dieu même reproche à Samuel de ne point cesser de pleurer Saül, puisqu'il l'avait rejeté. Il avertit Jérémie de ne plus prier pour son peuple. Quelle justice terrible que la justice de Dieu, puisqu'il est des cas où la prière même serait une offense ! Sagesse, tu t'occupes moins de sauver ta gloire que de ménager les coupables. Quand défend-elle de prier pour eux ? C'est quand ils sont tellement corrompus, que ne pouvant recevoir les doux fruits de la prière, elle les irrite et leur fait du mal au lieu de les soulager. Encore si l'homme n'était pas si souvent dans le cas d'exclure et de maudire ! Quels plus grands supplices pour cet être privilégié, qui n'était destiné qu'à des œuvres paisibles !

58. Oui, Seigneur, il nous est possible de chanter encore le cantique de Moïse et celui de l'agneau ; donnons toujours un élan de plus à notre âme, et elle nous engendrera tout ce qui nous manque. La lâcheté est un défaut de foi dans notre être ; c'est un défaut de foi dans celui qui nous a formés. C'est par lâcheté et jamais par impuissance, que nous sommes vaincus. Je dirai désormais à l'âme humaine : Ne comptons plus les lenteurs du temps. Les temps se sont roulés pour nous, comme les cieux se rouleront un jour pour l'univers. Ces temps qui ne faisaient plus qu'un seul point dans l'immense étendue de l'infini, l'esprit vient de les rendre imperceptibles. Quelle est la main qui me revêt de la robe nuptiale ? Je me suis approché de l'autel d'or. Je me suis rempli de force pour accomplir les guerres du Seigneur, et j'ai été exterminer les ennemis qui ravageaient les *moissons*, et qui voulaient déraciner le pain de vie. Les *moissons* du Seigneur vont croître avec abondance. Le pain de vie va tomber des cieux et va suffire à la nourriture de toute la terre. Le pain de vie est répandu dans toutes les régions, et il fait sa demeure dans les cieux. Il se produit comme la pensée. Il porte ses délices avec lui-même, comme la sagesse et

l'amour ; il est fécond comme la parole. Il est l'œil de la lumière, la force du feu ; il crée l'immensité des airs, et c'est par lui qu'ils sont dans l'agitation. Nous le respirons sans cesse ; mais nous ne le laissons point passer dans notre sang. Hommes, vous paraissez bien soigneux de ne pas transgresser la mesure humaine de vos conventions et de vos usages, et vous l'êtes bien peu d'atteindre à la mesure divine de la loi et de l'avancement de l'œuvre de la sagesse sainte. Les hommes se lapident mutuellement tous les jours avec des paroles, comme Étienne le fût avec des pierres par les stricts observateurs de la loi, et c'est par leurs paroles qu'ils devaient se soutenir et se sanctifier les uns les autres. Oh, mes frères, commençons par nous aimer ; nous nous corrigerons ensuite, et nous nous perfectionnerons réciproquement, si toutefois l'amour ne nous perfectionne pas lui-même.

∽

59. Oui, vous avez trouvé anciennement et de nos jours une infinité de puissances aux nombres. Mais ce sont presque toutes des puissances mortes. Quel fruit vous apporte le carré double, si vous n'en connaissez pas la racine ? Ne confondez plus les diverses lois des êtres. Il est bien clair qu'il y a un grand rapport entre le troisième nombre et *sept*, puisque *sept* est son attribut, et qu'il gouverne le temporel ; mais il est clair aussi que ce chef septénaire n'offre aucune trace sur la forme humaine. Parce qu'il ne s'est pas corporisé matériellement ; parce qu'il n'a paru qu'après la délivrance, et qu'il n'est venu sur la terre que pour nous rendre le premier degré de notre ancienne gloire. Il est bien plus clair encore que *huit* ne peut offrir aucun signe parmi les choses composées, parce que son royaume n'est pas de ce monde ; car c'est sa forme *six* que nous avons vue, et non pas lui. Ne confondez donc plus le quaternaire, le carré et le réceptacle ; le quaternaire appartient au principe, le carré à la puissance, et le réceptacle à la justice. Si ces trois symboles portent le même nombre, ils sont différents dans leur objet et dans leur caractère. Ne faut-il pas user de mesure, même dans notre croyance à ceux des axiomes qui n'ont pour objet que les vérités naturelles ? *Le tout est plus grand que sa partie.* Mais comment appliquer cette loi à l'être simple ? Si elle est vraie pour l'ordre naturel, elle est nulle pour l'ordre simple, elle est fausse pour l'ordre *mixte*. Ce n'est que dans le calme de notre matière que notre pensée se plaît ; ce n'est que dans le calme de l'élémentaire que le supérieur agit. Ce n'est que dans le calme de notre pensée que notre cœur fait de véritables progrès ; ce n'est que dans le calme du supérieur que le divin se manifeste.

60. Je priais, et je sentais le chaos des pensées de l'homme m'abandonner et descendre au-dessous de moi. Une lumière pure s'élevait doucement du sein de mon âme et se répandait sur tout mon être. *Que la lumière paraisse, et la lumière parut.* Qu'arriva-t-il, Dieu puissant, lorsque tu ordonnas à l'univers de naître, et à la lumière de se répandre sur tous tes ouvrages ? Leur principe de vie était dans l'inertie ; la lumière frappait sur eux, mais ils ne pouvaient en avoir le sentiment ; ils étaient comme un enfant endormi au milieu du jour.

Ta parole les a pénétrés ; ils sont sortis de leur sommeil, et ils ont été chacun prendre le poste que tu leur avais assigné dans l'univers. En s'élevant à ce degré d'activité, ils ont laissé tomber au-dessous d'eux ceux qui se sont trouvés réfractaires à ta parole, et qui n'ont point ouvert leurs organes à ta lumière. Les astres sont comme autant de diamants que tu détachas de ton diadème, et que tu laissas tomber de ton trône dans l'enceinte de l'univers, pour qu'il prît une idée de ta richesse et de ta majesté. Leur beauté a déçu l'homme, disent les ignorants, et il a porté l'erreur jusqu'à les adorer. Si vous ne vous élevez davantage, vous ne trouverez point la source de l'idolâtrie des hauts lieux. Ces astres ont-ils parlé à l'homme ? L'ont-ils effrayé par des menaces ? L'ont-ils amorcé par des promesses ? Si nul être n'avait intéressé l'homme par des bienfaits réels et par les douceurs de l'espérance, ou ne l'eût frappé de terreur par des spectacles imposants, l'homme n'eût jamais répondu par des hommages et par des supplications. Il jouit en paix des douceurs de la lumière et de tous les autres avantages de la nature ; les ravages et les catastrophes dont elle le rend le témoin, il les fuit, et ne les conjure pas. L'idolâtrie même des animaux serait moins déraisonnable que celle des astres, parce que les animaux, peuvent nuire, et que par notre industrie et notre parole, nous parvenons à les rendre moins dangereux. Est-ce que la pensée de l'homme ne va pas ici-bas en s'altérant ? Est-ce que l'idolâtrie n'est pas une dégradation d'une loi primitive et pure ? La vérité aurait-elle l'erreur et le désordre pour principes générateurs ? C'est la parole, c'est un être jouissant de son action, et non pas des êtres enchaînés dans leur cercle comme les astres, qui ont fait exhaler du cœur de l'homme ce tribut libre de la prière. Cœur de l'homme, tu portas autrefois ce tribut jusqu'au trône de l'Éternel ; ce n'est que là où se trouve l'aimant puissant qui devait toujours t'émouvoir et t'attirer. Dès que tu cessas de t'élever jusqu'à cette hauteur, tu trouvas bien des êtres qui portaient l'image du principe suprême ; mais ils n'en étaient que l'image, et en te prosternant devant eux, tu donnas naissance à l'idolâtrie. Fermez-vous, mes yeux, sur des idolâtries plus criminelles, qui tiennent à ces lieux ténébreux où la lumière ne pénètre point.

∼

61. N'est-ce que pour vous, dit le Seigneur, que j'ai ouvert toutes les sources de mes dons ? J'aurais pris plaisir à répandre la vie dans toutes mes œuvres, et à vous environner des merveilles de ma parole et de ma puissance.

Et votre satisfaction serait le seul terme de mes ouvrages ! Et il ne doit rien me revenir de l'innombrable multitude de mes présents ! Hommes insensés et sans intelligence, écoutez ce que dit le Seigneur, ce que le Seigneur demande de vous, et frappez-vous la poitrine. Les rois de la terre paient-ils d'avance, comme moi, le salaire à leurs serviteurs ? N'attendent-ils pas qu'on leur ait consacré ses veilles, sa vie, son sang, avant de distribuer leurs récompenses ? Vous ne trouvez là rien d'injuste, et vous ne murmurez point contre eux. Mais moi, qui surpasse de si loin leur justice, ne devrais-je pas murmurer contre vous ? J'ai dit à la nature : Toutes tes vertus auront l'homme pour base et pour pierre de touche, c'est sur lui que viendront se mesurer toutes tes puissances. Tu le regarderas comme une image de moi-même, et toutes tes productions se présenteront devant lui, et attendront humblement qu'il vienne leur imposer un nom et déterminer par là leur usage. J'ai fait plus. J'ai dit à mes agents : Servez l'homme dans les besoins de son esprit, servez-le dans sa gloire, voyez en lui le représentant de mon être éternel et divin. Je lui ai communiqué les forces de ma puissance, les lumières de ma sagesse, les douceurs de mon amour et de ma charité : et ces dons, ce n'est pas une fois que je les ai faits, je les répète sans cesse, chaque jour et à chaque instant, comme si l'homme se fût toujours maintenu digne de mes faveurs.

Et cependant, c'est pour nous seuls, dites-vous, hommes aveugles, que ces dons ne s'arrêtent point, comme c'est pour nous qu'ils ont commencé à se répandre. Est-ce pour eux que vos mercenaires et vos esclaves vont fouiller dans le sein de la terre les métaux précieux et les diamants ? Quand mes desseins seront accomplis, quand vous aurez achevé la tâche qui vous est distribuée dans mon œuvre, alors il vous sera permis de vous livrer aux délices de ma lumière, et de célébrer par des cantiques toutes les félicités de votre existence. Jusque-là ne vous donnez point de relâche ; ne vous arrêtez pas même aux joies que la prière vous procure, tant que vous n'avez pas conduit à leur terme ces traits vivants que mon soleil darde sur vous, et tant que les murs de Jérusalem ne sont pas relevés. Ouvrez les yeux sur les campagnes, voyez les moissons nombreuses, voyez les dangers encore plus nombreux qui les menacent ; et loin de vous occuper de vous-même, vous vous lancerez généreusement dans la carrière. Vous déracinerez les épines qui couvrent mes champs, vous ôterez les pierres, vous épierez les passages des animaux destructeurs, vous serez sur pied jour et nuit, pour conserver mes moissons intactes jusqu'à la récolte. Voilà pour quel but je vous ai donné l'intelligence, la force et l'activité. Mais parce que mon livre était *doux à la bouche*, vous avez craint qu'il ne fût *amer au ventre*.

Mon fidèle élu n'a pas eu la même crainte, c'est pourquoi il a obtenu la couronne. Que ferai-je donc désormais ? Parce que vous avez craint que mon livre ne fût *amer au ventre*, il ne sera plus *doux à la bouche*. Ces joies que vous goûtiez, vous seront retirées. Vous serez comme les plantes de la terre, que la sécheresse oblige d'incliner leur tête après les premières rosées du printemps ; et les maux fondront sur vous, parce que vous avez oublié vos frères qui étaient dans la servitude, et que vous n'avez songé qu'à travailler pour vous et non pour votre maître.

62. Tu feras un seul signe de ta main, et ce signe laissera descendre sur moi une rosée douce et transparente comme les perles de l'orient ; et elle servira d'organe à ta lumière. Ce témoin de ton alliance viendra exercer envers moi les fonctions saintes ; je me jetterai entre ses bras ; j'étudierai tous ses mouvements ; je recueillerai toutes ses paroles ; je le regarderai comme le dépositaire des secrets, des puissances et des volontés du très-haut. Par lui, je ne me croirai plus séparé de l'Éternel. La parole même de l'homme peut anéantir l'espace, et se lier, malgré les distances, avec les paroles et les pensées de tous les sages. L'homme n'est-il pas comme une lampe sacrée, suspendue au milieu des ténèbres du temps ? Elle est adaptée aux rameaux d'un olivier vivant, d'où découle une huile pure, qui lui fait répandre la lumière dans tout son éclat. Qui sera savant, s'il n'est sage ? Qui sera sage, s'il n'est éclairé ? Qui sera éclairé, s'il ne connaît la raison des choses ? Qui connaîtra la raison des choses, s'il ne connaît les propriétés et les nombres de l'être ? Échauffe-moi, soutiens-moi, ressuscite-moi : dis un mot, et une armée innombrable viendra remplir les différentes classes de mon désert, parce que tes paroles sont des créations. Tu parlas une seule fois aux astres, et tu leur dis d'accomplir tes décrets. Depuis cette époque, ils ne cessent d'exercer comme une sorte de ministère sacerdotal

sur les différentes régions de l'univers. Mais pour l'homme, tu ne t'es pas contenté de lui donner la *vie* et le *mouvement* par ta parole ; tu as versé sur lui ton onction sainte, et tu l'as constitué ton grand-prêtre sur tous les mondes.

~

63. Pourvu que je pleure, peut-il me manquer quelque chose dans cette région ténébreuse ? N'aurai-je pas tous les biens et toutes les félicités, dès que je pourrai remplir le seul but pour lequel j'ai reçu l'existence ? Et, quand est-ce que mes larmes pourront avoir un instant de relâche ? Ceux qui sont faits pour l'œuvre, ne devraient pas seulement songer à eux un seul instant.

Douleur, douleur, douleur ! Je ne ferai autre chose que prononcer cette parole, tant que le triple nombre sera séparé de l'unité, puisque c'est la cause de tous les maux et de tous les désordres. Je ne ferai autre chose que prononcer cette parole, jusqu'à ce qu'une puissance s'élève de la terre et vienne dissoudre les iniquités de l'homme. Il nous faut pleurer pour les hommes qui auraient attendu de nous leur délivrance, et que nous avons laissés dans les cachots. Il nous faut pleurer pour tous les maux que nous n'avons pas arrêtés, et même encore pour les biens que nous n'avons pas faits. Homme, vois ce que l'œuvre est devenue entre tes mains. Quand est-ce qu'il pourra joindre ses larmes à celles des victimes et des esclaves ? Quand pourra-t-il descendre dans la terre de servitude, pour y porter les accents de la prière et des gémissements ? Prosternons-nous ensemble, réunissons-nous chaque jour pour fléchir la colère et pour tempérer la justice. Prononçons le nom de notre père, dans les soupirs et dans les sanglots. Prononçons-le, jusqu'à ce que l'ennemi s'éloigne et suspende ses hostilités. Oui, nous pourrons retrouver le chemin de notre Dieu, en suivant d'un œil attentif la longue chaîne de ses miséricordes. Comment pourrions-nous nous égarer ? Cette chaîne des miséricordes du Seigneur est tendue dans toutes les parties de l'univers, et peut nous guider dans le labyrinthe. Et toi, souverain des êtres, quels obstacles pourraient t'empêcher d'atteindre jusqu'à l'homme ? L'espace et le temps ne sont point des barrières pour ta puissance. Donne issue au moindre de tes désirs, et dès l'instant je serai environné et comme ébloui de ta présence. Si c'est à ton nom que tout ce qui existe est suspendu, laisserais-tu tomber mon âme dans l'abandon, comme ne pouvant pas la soulever et la soutenir au-dessus des précipices ?

∼

64. L'esprit de l'homme est-il affaibli, est-il plus contenu, ou opère-t-il dans des régions plus invisibles qu'autrefois ? Il semble n'avoir pas même la force de commettre des crimes importants. Les anciens peuples étaient horriblement corrompus ; leur force s'étendait depuis les enfers jusqu'aux cieux. Aussi les puissances célestes se mettaient en mouvement. Dieu agitait les racines et les colonnes de la nature. Il ordonnait aux eaux de couvrir la face de la terre. Il mettait à découvert les fondements du monde. Quand les pouvoirs criminels des peuples ont commencé à s'affaiblir, les vengeances célestes se sont également apaisées. Les menaces ont pris la place de ces vengeances, et les prophètes ont été chargés d'effrayer les nations.

L'étoile de Jacob est venue ensuite apporter la paix aux hommes et leur annoncer leur délivrance. Elle n'est point venue avec les menaces et les paroles effrayantes des prophètes. Elle est venue annoncer que *son joug était doux, et que les hommes y trouveraient le repos de leur âme*. Depuis cette époque du salut des peuples, tout est-il épuisé ? Dieu ne se manifeste plus authentiquement, ni par des vengeances, ni par des menaces, ni par des consolations. La postérité humaine semble abandonnée à elle-même. Non. Les mesures se comblent dans le sommeil et dans le silence. Elles se développeront dans la douleur. *Vous entendrez parler de guerres et de bruit de guerres*. Que sont nos guerres humaines et politiques dont l'histoire est remplie, et auxquelles nous voulons si directement appliquer le coup d'œil de la justice et la main du dieu des armées ? Vous verrez renaître les guerres du peuple choisi contre les Amorrhéens, les Amalécites, les Philistins. Vous verrez renaître les temps des sacrificateurs de Baal ; la fin ressemblera au commencement. Mais l'épée de la justice se réveillera. Elle fera encore de plus grands ravages que dans les temps de ces peuples, parce que c'est le verbe du Seigneur lui-même qui l'aiguisera et qui la fera marcher contre les impies. De l'état de nullité où sont les peuples, ils passeront à l'activité fausse, parce qu'elle est la plus voisine du néant. Ce n'est qu'après ces effroyables révolutions qu'ils recouvreront l'activité régulière. Juifs, vous attendez votre rétablissement dans la Jérusalem terrestre. Vos prophéties ne sont-elles pas accomplies par votre retour de Babylone ? Juifs, vous attendez votre délivrance : mais vous n'êtes point dans la servitude, comme vous l'avez été en Égypte et en Assyrie ; vous êtes plutôt dans le délaissement. Juifs, vous attendez le règne glorieux et temporel du réparateur ; ne l'aurait-il pas déjà assis parmi vous ce règne temporel et glorieux, si vous aviez voulu le reconnaître ? Tout n'est-il pas consommé ? Et pouvait-il offrir ici-bas un plus beau triomphe, que de poser la *couronne* sur le nom sacré qui devait dissoudre l'iniquité ? Il est esprit. Son règne glorieux est toujours prêt pour ceux qui le servent en esprit et en vérité. Le règne glorieux à venir sera celui des récompenses, pour ceux qui n'auront point été précipités par le règne glorieux du jugement.

65. Heureux, heureux, que tu aies réservé ta lumière et ta sagesse pour une autre demeure ! Plus tu nous en aurais communiqué ici-bas, plus nous en aurions abusé. L'homme vient ici dans l'indigence de l'esprit, au lieu de tendre les mains sans cesse vers celui qui pourrait lui donner l'aumône, il se baisse, il les remplit de poussière, et se croit alors dans l'abondance et la richesse. Le temps a beau lui faire parcourir un cercle d'une grande durée, le vieillard n'en meurt pas moins vide de jours, parce qu'il se laisse abuser par le temps, et qu'il néglige d'en exprimer les *sucs de vérité* que la sagesse y a répandus avec profusion. Que la sagesse reste dans ta main comme une verge de fer. Frappes-en l'homme et contrains-le dans ses voies, afin qu'il ne s'éloigne jamais de toi. Porte devant lui le flambeau de la vérité, mais ne le lui confie pas ; il se brûlerait, il le laisserait tomber et marcherait de nouveau dans les ténèbres. Tu m'as fait sentir, dès ma jeunesse, que c'est la vérité qui est naturelle à l'âme de l'homme, et non pas l'illusion et le mensonge. Tu m'as fait sentir, que les anges attendent le règne de l'homme, comme l'homme attend le règne de Dieu. Tu m'as fait sentir que, bien que l'homme n'ait pas conservé dans son cœur la pureté et le courage, les anges eux-mêmes recherchent encore son alliance. Tu m'as fait sentir que, s'il n'y avait point de prêtre pour ordonner l'homme, c'est le Seigneur qui l'ordonnerait lui-même et qui le guérirait. Oh, comme elles sont douces, les guérisons opérées par la main du Seigneur ! Elles n'ôtent presque rien, elles ne font que donner. Parce que, supérieures aux guérisons qui se font par la main des hommes, elles s'opèrent avec des instruments qui ont en eux une source de vie et de principes créateurs.

66. Dieu est fixe dans son essence et dans ses facultés. L'homme est fixe dans son essence et ne l'est pas dans ses facultés. L'univers n'est fixe, ni dans ses facultés, ni dans son essence. Les facultés de Dieu se manifestent hors de lui, sans se séparer de lui. Tandis que leur essence incommiscible

avec le temps, porte partout un sanctuaire imperméable, d'où elle aperçoit tout, sans que rien puisse l'apercevoir. Pourquoi sommes-nous immortels ? C'est que nous descendons de l'essence et des facultés de Dieu, et qu'un être vivant et éternel ne peut pas produire des êtres périssables. Pourquoi ne sommes-nous pas Dieu comme l'unité même ? C'est que nous sommes détachés de Dieu, et que ses facultés ne le sont pas, et ne peuvent l'être, parce qu'elles sont Dieu comme lui. Qui pourrait égaler l'unité ? N'est-ce pas assez pour notre gloire d'être son image par la fixité de notre essence et le pouvoir de manifester nos facultés ? N'est-ce pas assez pour l'homme d'être l'œuvre ou la pensée la plus sublime que la sagesse et la puissance divine aient pu produire ? Et sans la mobilité de nos facultés, que nous pouvons à notre gré cultiver ou laisser stériles, où serait la barrière de notre orgueil ? Mais toi, univers, pourquoi n'es-tu fixe, ni dans ton essence, ni dans tes facultés ? C'est que tu descends d'agents qui sont produits et détachés de Dieu, comme l'homme immortel ; c'est que tu n'es que le résultat des facultés de ces agents, et que tu ne peux être le fruit de leur essence. Aussi tu dois passer, et tu es fragile auprès de l'homme et de tous les agents sortis de Dieu, comme les œuvres de la main de l'homme sont fragiles et mortes auprès des œuvres de la nature. Que l'esprit de l'homme suive dans tout son cours la progression des fixes et des variables, des réels et des apparents, des essences et des facultés, à mesure que les rameaux s'étendent et s'éloignent de leur souche. Toutes ces images se doivent retracer jusqu'aux derniers anneaux de la chaîne ; partout se retrouve le principe central, et l'action extérieure qui en résulte. Mais en remontant, chaque principe central n'est lui-même qu'apparent pour le principe voisin qui l'engendre. Jusqu'à ce qu'on arrive à la région des fixes et des réels, ou à la région divine et à tous ses produits immortels.

67. Nations, la science vous a desséchées. Ouvrez votre âme à la joie pure et à l'innocence ; la science n'en sera pas moins prompte à vous éclairer.

Cette âme vous avait été donnée pour contempler, en actes vivants, toutes les merveilles du Seigneur. Vous l'avez couverte de ténèbres, et vous n'avez plus cru à l'âme de l'homme, ni aux merveilles du Seigneur. Que ne dites-vous aussi comme cet orgueilleux poisson dont parle un prophète : *C'est moi qui ai produit ces fleuves, où je me promène.* Rosée céleste, tu ne demandes qu'à te répandre sur la terre de l'homme ; tu t'accumules, et tu deviens une pluie abondante qui ne cherche qu'à humecter les hauteurs et les endroits stériles, afin de rétablir partout la végétation : et l'homme ingrat essaie par le souffle de son haleine impure d'éloigner de lui ces pluies salutaires, ou de les retarder dans leur chute ! Il essaie d'éteindre ou de concentrer le feu qui les engendre, et qui s'en enveloppe, afin de pouvoir parvenir jusqu'à notre région. Croyez-vous anéantir les lois de l'être qui vous surveille et qui tient tout sous sa puissance ? Il vous envoyait des pluies abondantes, vous avez voulu les repousser par votre souffle : mais vous n'avez fait, par la froideur de votre haleine, que les transformer en grêle meurtrière ; et au lieu de vous abreuver, elles vont tomber, avec fracas sur vos domaines. Vous avez voulu concentrer le feu qui vivifie ces pluies salutaires ; il va s'irriter dans les barrières que vous lui formez. Il va se transformer en tonnerre destructeur ; il va lancer la foudre sur vos édifices, et les consumer jusqu'aux fondements. Il va vous molester vous-mêmes et livrer votre âme à la langueur et à l'effroi ; et votre âme ne connaîtra plus, que par la terreur, les merveilles de la sagesse, au lieu de les connaître par les transports et l'admiration.

68. Le Seigneur s'est levé de son trône ; il n'a fait qu'un pas, et il a rencontré l'âme humaine. D'où vient ce maintien triste et abattu ? C'est que j'ai couru, jusqu'à perdre haleine, pour arriver à l'assemblée des *hommes de Dieu* ; les forces m'ont abandonnée, et je suis restée dans les déserts de la justice. Je trouve autour de moi tous les objets de l'illusion, qui me répugnent ; et ils s'éloignent de moi, *les hommes de désir et de vérité*, qui seraient si chers à mon cœur ! Je le sais, Seigneur, je ne suis pas digne que vous entriez dans ma maison, mais dites une seule parole, et tout ce qui existe va être transformé, pour moi, en souverain pontife. Homme de Dieu, viens-tu au nom de celui qui renaît toujours ? Viens-tu en son nom, ordonner l'homme dans ses éléments vifs, dans son âme et dans son esprit ? Va prendre de la substance de celui qui renaît toujours ; vient appliquer ce baume vivant sur tous les organes de mon être. C'est le seul qui puisse guérir la plaie de l'homme, parce que le sang nous a rendus sans force et sans parole.

C'est le seul qui nous apprenne à faire la volonté du Seigneur, et sans lui, nous sommes comme des flèches tirées au hasard et qui n'ont point de direction. Homme, homme, console-toi, et lis quelle est la marche miséricordieuse de l'amour, depuis ta chute. La parole divine nourrit la parole spirituelle. La parole spirituelle nourrit la parole *animée*. La parole *animée* nourrit la parole *animale*. La parole *animale* nourrit la parole *végétale*. La parole *végétale* nourrit la parole *stérile*. Mais fuis cette parole *stérile*, si tu ne veux pas être dévoré par la parole *morte* ; car le cercle se ferme là, pour abréger ton séjour dans les déserts et te ramener dans la ligne *de la vie*.

∼

69. *L'esprit n'avait pas encore été donné, parce que le Seigneur n'avait pas encore été glorifié,* parce que la racine n'avait point manifesté sa puissance dans le temps. L'œil de l'homme est-il assez vaste, pour embrasser les merveilles contenues dans les glorifications du Seigneur ? Il a été glorifié dans sa volonté sur le Thabor. Il a été glorifié dans le fruit de ses œuvres lors de son ascension. Il sera glorifié dans sa puissance à la fin des temps. Il l'avait été trois fois dans les trois tentations qu'il subit dans le désert. Il l'avait été dans les trois résurrections qu'il avait opérées sur des morts ; l'une dans la maison, l'autre dans le tombeau et l'autre dans le chemin de la sépulture : pour nous apprendre que son pouvoir régénérateur s'étend sur toutes les demeures de la famille humaine. Homme, frissonne de honte pour ton crime, qui avait opéré sur ton espèce une triple concentration ; car ta main est pestilentielle. Que touches-tu sur *la terre,* que tu ne souilles et que tu ne détruises ? N'y a-t-il pas une justice et une justesse partout, excepté dans ce que tu inventes ? Qui pourra espérer les secours de toutes les glorifications, sans subir sa propre purification ? Et qui subira sa purification sans des secousses ? Pour purifier l'air, pour détruire les insectes, ne faut-il pas des vents orageux et des tempêtes ? L'univers est ainsi dans la main de Dieu, qui l'agite et le secoue continuellement pour en faire tomber toutes les scories et toutes les enveloppes grossières. Mais la sagesse nous apprend, qu'il l'agite doucement, parce que ses voies sont graduelles et insensibles, et qu'il dispose tout par des lois bienfaisantes. Vous, qui avez étudié les astres, et qui avez présumé que tout le système de l'univers se mouvait à la fois, vous avez été conduits là par une grande idée. Si l'unité de la sagesse a présidé à la production, comment ne présiderait-elle pas à l'administration et à l'entretien ? Et sans cette universalité d'action, dans tous les ouvrages de la sagesse, l'aurore des glorifications du Seigneur pourrait-elle parvenir jusqu'à nous ? C'est elle qui vient nourrir les pensées de l'homme : car si les pensées de Dieu sont des créations, les pensées de l'homme sont des germes qui n'attendent que l'action du soleil pour parvenir à leur glorification.

∼

70. Ne connais-tu pas la plus simple et la plus sublime des figures ? Et ne sais-tu pas, que tu en occupes le centre ? Porte-y ta confiance. Étudie-la tous les jours de ta vie ; mais non pas à la manière des hommes, ils en font la mort de la science. Voici ce qu'elle te dira : *De tous les êtres, après Dieu, sois celui que tu respectes le plus. L'esprit s'est reposé sur les eaux. Mais c'est Dieu lui-même qui s'est reposé sur l'homme.* Comment l'homme périrait-il ? Il est la pensée du Seigneur. Comment l'homme périrait-il ? Est-ce que la pensée de Dieu est une erreur et une illusion passagère ? Les pensées de l'homme elles-mêmes, quand elles sont vraies, ne sont-elles pas invincibles comme les axiomes, malgré le peu de soin qu'il prend de les employer à son profit ? Mensonge, mensonge, attendrai-je que je sois régénéré pour te combattre ? Quelque indigne que je sois des regards de mon Dieu, tu en es encore plus indigne que moi. Je me souviendrai que je suis la pensée du Seigneur ; et par les droits de mon être, j'imprimerai sur toi un signe de flétrissure, qui te rendra l'opprobre des nations. Tu voudrais avoir mon âme ! Mon *manteau* lui-même t'échappera. Tu croiras le saisir, et il te glissera dans la main. Dieu s'est rendu mon lieu de repos. Comment négligerais-je de sabbatiser ? Aussi je ne m'endormirai jamais sur ma matière. Chaque jour, avant de me livrer au sommeil, je renverrai l'ennemi dans ses abîmes. J'unirai à mon corps les actions pures élémentaires, j'unirai à ma pensée les vraies sources de la lumière. J'unirai à mon cœur les sources vives de la vertu, et à mon essence immortelle les sources éternelles de l'amour. C'est ainsi que je me préparerai à la fois le sommeil de paix et le réveil du juste, dans la joie et la vivacité de l'esprit. Parce que la matière étant bien loin au-dessous de moi, ses vapeurs infectes ou obscures ne troubleront point la splendeur de mon atmosphère.

71. Est-ce que l'agitation convulsive de la nature est sa loi première ? Vents impétueux, soulevez les flots de la mer, transformez ses eaux en autant de montagnes ambulantes ; une loi puissante s'oppose, sans cesse, à vos efforts, et tend impérieusement à rétablir partout l'équilibre. Si cette loi cessait de peser sur les corps, ils se décomposeraient tous. Le désordre et la difformité régneraient seuls sur toute la terre.

L'univers est une matière molle, sur laquelle l'ordre primitif imprime sans cesse le cachet et comme le moule des êtres ; parce que la paix et le calme sont le terme final de la nature, comme ils sont le terme final de l'essence de l'homme. Quel est ce torrent qui descend du sommet des montagnes, qui les mine et qui les entraîne dans la plaine ? Il va étendre le niveau sur tout l'univers ; il va couvrir d'un voile immense tous les monstres qui s'agitent dans l'abîme, et il y va submerger tous ceux qui ont pris part à leurs désordres. Mais le calme et l'équilibre vont régner sur la surface des eaux. Dieu ne se venge qu'en opposant l'ordre aux désordres ; et il faut que l'abomination soit loin de ses regards. Sature l'homme de ton esprit, afin qu'à son tour, il rassasie ceux qui ont faim, et que le fleuve de la vie couvre toute la terre. La foudre perce, en un instant, jusqu'aux abîmes, jusqu'au centre des substances les plus cachées ; et toi, tu ne percerais pas jusqu'à l'âme de l'homme ! Le niveau peut-il être dans l'univers, s'il n'est pas dans le cœur de l'homme ; et l'homme, n'est-il pas le dépositaire de la vie, de la sagesse et de l'intelligence ? Fleuves de la terre, cèdres des montagnes, et vous tous animaux, qui remplissez le monde, apprenez cette vérité ; répétez-vous-la sans cesse les uns aux autres. Que ce cantique harmonieux soit composé d'une seule mesure, et que ce soit le temps entier qui la marque. L'univers est l'objet de la vie, il a été créé par la vie. L'homme en est l'organe, il en est l'administrateur dans l'univers. Dieu seul en est la source et le principe, et nul être ne peut la goûter sans lui. Apportez tous vos victimes devant l'homme ; et ce grand sanctificateur les présentera à notre Dieu, comme au seul principe de la vie.

∼

72. Pourquoi l'homme ici-bas est-il rempli d'espérance ? C'est qu'il vit dans les liens de l'amour. Aussi tout serait doux dans la vie de l'homme, sans les moyens forcés qu'il emploie sans cesse pour arriver au bonheur. Mais quand les liens de la vie terrestre viennent à se rompre, les liens de l'amour se suspendent pour lui laisser subir une plus grande épreuve. Liens de l'amour, si vous vous rompez alors, ceux de l'espérance se rompent donc aussi ; car l'espérance est fille de l'amour. Un homme navigue tranquillement sur un fleuve, sa nacelle se brise, et il est précipité dans les eaux ; la sécurité dont il jouissait, l'abandonne. Au milieu de la frayeur, il descend jusqu'à ce que, rencontrant le fond de l'eau, il soit reporté, par le choc, à la surface. Voilà l'effet de la rupture de nos liens terrestres ; voilà comme on nous ravit l'espérance.

Savons-nous quelle est la hauteur des eaux ? Savons-nous si, en y descendant, nous n'y rencontrerons pas des ronces qui nous déchirent, des rochers qui nous brisent, ou des poissons carnassiers qui nous dévorent. Malheur à ceux qui tombent dans des eaux sans fond, ou si profondes qu'ils ne puissent revenir à la surface, qu'après avoir totalement perdu la vie ! Mais quand ce navigateur est remonté vivant à la surface, l'espérance renaît en lui et il déploie ses forces pour atteindre la rive. Homme, agrandis ton âme, et les eaux ne te submergeront pas ; du *milieu* du torrent, tu pourras boire dans la voie. Tes yeux verront l'amour de ton Dieu, te tendant les bras sur les bords du fleuve ; tu oublieras toutes les époques de douleur et de mensonge, et tu n'auras plus de mémoire que pour la vertu et pour la vérité. Dieu et son éternité, ne sont-ils pas comme un gouffre, où tous les êtres vont s'engloutir, et perdre le souvenir de leurs actions illusoires et temporelles ? C'est ainsi que nous voyons tous les êtres corporels descendre dans le corps général terrestre, et y perdre l'apparence de leur forme grossière.

~

73. Où cherchez-vous la vie ? Vous croyez la trouver dans vos arts et dans les ouvrages de vos mains. Tous ces objets l'attendent de vous, comment pouvez-vous l'attendre d'eux ?

Si vous aviez maintenant la vie en vous, qu'auriez-vous besoin de tous ces artifices pour vous la procurer ? Quelle patience, quelle industrie faut-il, ô vérité sainte, pour pénétrer la vie dans l'âme des hommes ! Il faut que tu t'enveloppes ; il faut que tu dissimules, comme si tu avais des projets funestes contre eux. En vain l'homme de désir est brûlé de zèle ; il faut qu'il soigne ses semblables, sans qu'ils puissent même s'en apercevoir, ni le soupçonner. Tous ces obstacles, Seigneur, sont pour faire manifester ta puissance ; c'est pour montrer, que toi seul peux guérir l'âme des hommes et essuyer la sanie qui découle de leur plaie depuis la grande blessure, et leur rendre la lumière et l'intelligence. Et cependant, ils ne craignent pas d'évoquer les morts pour les consulter, comme si toi seul n'étais pas le Dieu vivant ! Si vous vous occupez des morts, que ce ne soit que pour leur être utile ; n'imitez pas la Pythonisse*, et ne consultez jamais que celui qui est le seul Dieu vivant.

~

74. Est-elle donc si difficile à connaître, la destination première de l'homme ? Si cette découverte était impossible à la raison, Dieu nous aurait perdu de vue. Ce serait plus que ta justice qui nous lierait dans notre exil, ce serait ta rigueur et ta cruauté. Mais il n'a pas besoin de cette effroyable

---

* Le mot désigne une femme douée du don de prophétie.

ressource ; il en est dispensé par sa puissance, il en est préservé par son amour.

Ouvrez-vous, mes yeux, sur les diverses occupations des hommes, et lisez-y le mobile qui est censé diriger toutes leurs institutions. Les armées n'ont-elles pas pour but de prévenir ou de réparer les torts que l'ennemi peut faire, ou qu'il a déjà faits à l'État ? Les lois n'ont-elles pas pour but de prévenir ou de réparer les torts que l'injustice ou les crimes peuvent faire ou ont déjà faits à la société ? Les religions n'ont-elles pas pour but de prévenir ou de réparer les torts que notre éloignement de Dieu peut faire ou a déjà faits à nos âmes ? Les sciences, soit sacrées, soit profanes, n'ont-elles pas pour but de prévenir ou de réparer les torts que l'ignorance peut faire ou a déjà faits à nos esprits ? Les connaissances médicinales n'ont-elles pas pour but de prévenir ou de réparer les torts que les maux peuvent faire ou ont déjà faits à notre santé ? Je suis environné de trop de témoignages pour rester encore dans le doute. Homme, toutes tes fonctions prises dans leur vrai sens, et purgées des abus qui les avilissent et les corrompent, me présentent sans cesse des torts à redresser et des maux à guérir. Il faut donc que ton existence primitive ait eu pour objet une œuvre de restauration. Est-ce que ta loi première aurait changé ? Est-ce qu'une loi constitutive peut cesser d'être ? Est-ce que ton caractère originel peut s'effacer ? Tu sors de Dieu, tu es l'extrait de toutes ses vertus. Dieu ne s'occupe qu'à redresser les êtres qui s'égarent, et à substituer partout le bien au mal. Lorsqu'il t'a formé, pouvait-il te donner un autre emploi que le sien puisqu'il te puisait dans sa propre source ? Tout borné, tout faible que tu es aujourd'hui, jette les yeux autour de toi. Ta loi t'a suivi ; mais combien elle s'est resserrée ! Combien elle a changé d'objet ! Est-ce sur tes semblables que tu devais exercer cette œuvre de restauration ? Est-ce contre ses concitoyens que le guerrier doit prendre les armes ? Est-ce contre la justice que les lois sévissent ? Est-ce contre la vertu et la piété que les religions emploient leurs secours ? Est-ce contre les lumières et l'intelligence que les sciences cherchent à déployer leurs ressources ? Est-ce contre la santé que l'art de guérir doit diriger ses secrets ? Pleure homme, pleure ; verse des larmes de douleur, et apprends combien ton empire a changé ! Il est livré à une guerre civile universelle. C'est une preuve de ta grandeur, que tu t'occupes même aujourd'hui d'établir l'ordre partout et de combattre le désordre. Mais c'est une preuve de ta dégradation que tu aies à exercer ces fonctions sur des êtres de ton espèce. Réfléchis à ces témoins irrésistibles, et nie, si tu peux, un crime originel.

∼

75. Que feras-tu, postérité humaine, que deviendras-tu, lorsque à la fin le fort sera délié pour un peu de temps ? Tu auras été accoutumée à des siècles de faveurs. La loi de grâce t'aura préservée soigneusement, tu te croiras en sureté. Tu ignores, que la force de l'ennemi s'est accumulée pendant son repos et pendant sa captivité. Mais la maison du fort n'est-elle pas pillée ? Ses armes n'ont-elles pas orné le triomphe ? Malheureux homme, ne les lui rends-tu pas tous les jours ? Tu avais deux mains, l'une pour délivrer l'esclave, l'autre pour arrêter les poursuites de l'ennemi. Tu as croisé ces deux mains, tu es resté dans l'inaction, et tu t'es laissé emmener toi-même en esclavage. Tu as fait comme les enfants des hommes ; tu t'es creusé journellement une fosse dans les joies humaines. Plus cette fosse était profonde, plus tu te félicitais. Tu cherchais à ensevelir l'éternité dans le temps. Ouvre les yeux sur ces jours d'horreur et de ténèbres, où les habitants de la terre auront tous la tête courbée sous le joug ; où tous leurs membres seront liés de cordes sept fois plus fortes qu'au temps du déluge. C'est dans cet état que les éclairs et les tonnerres se lanceront sur eux, que les fleuves et les mers se déborderont, que les mondes abandonnés à leur pesanteur se détacheront, et roulant les uns sur les autres, viendront écraser ces lâches et coupables mortels, qui n'auront ni le moyen de fuir, ni celui de se défendre. Hélas ! Indépendamment de l'âme humaine, n'avons-nous pas assez de témoins ? Paul n'a-t-il pas annoncé la venue de l'homme d'iniquité ? Les évangélistes n'ont-ils pas parlé de l'horreur de la fin des temps ? Zacharie n'a-t-il pas dit comment l'impiété sera traitée ? N'a-t-il pas montré la masse de plomb précipitée dans l'abîme ? La loi, les prophètes, l'Évangile, l'univers et le cœur de l'homme, sont autant de livres apocalyptiques. Élève-toi avec ces témoins irrévocables, si tu veux que toutes ces scènes d'horreur se passent comme au-dessous de tes pieds.

76. Si l'homme ne se tient pas avec constance à son degré d'élévation, sa loi le suit jusque dans les précipices. Mais au lieu des ombres de la lumière, il n'a plus que les ombres des ténèbres. Tout est sans liaison et sans ordre autour de lui. Ce sont ses sens qui rendent les tableaux à son esprit ; tandis que c'était à son esprit à les rendre à ses sens. Heureux encore, s'il ne descend pas jusqu'aux ombres de la mort ! Relève-moi de mes chutes, ô prince de la paix ! Arrache-moi des ombres du temps ; et préserve-moi des vapeurs du puits de bitume. Serait-ce dans des régions si ténébreuses que ton ordre et ta clarté feraient leur demeure ? Je monterai sur les tours de

Sion, et de cette hauteur je contemplerai les riches campagnes de la terre d'Israël ; je verrai, sans trouble et sans nuages, les merveilles que le Seigneur a versées sur la terre promise, et qu'il éclaire de sa propre lumière. Hommes de Dieu, aidez-moi à monter sur la tour de Sion ; lorsque j'y serai parvenu, vous retournerez, pleins de mon amour et de ma reconnaissance, rendre le même service à vos autres frères. Pour moi, je n'aurai plus besoin d'assistance. Je serai dans mon élément naturel. Je serai dans la lumière du Seigneur.

∽

77. À quelles idées se sont-ils réduits avec leurs systèmes ! Ils ont dit qu'il n'y avait point de mal sur la terre, et que ce qui paraissait un désordre en particulier, produisait l'ordre universel. Qu'est-ce que c'est donc qu'un ordre universel, composé de désordres particuliers ? Qu'est-ce que c'est qu'un bien total formé par l'assemblage de maux partiels ? Qu'est-ce que c'est que le bien-être de l'espèce, composé des malheurs des individus ? Composez donc aussi un concert de joie avec des larmes et des soupirs. Faites régénérer toutes les espèces et produire la vie par des cadavres ; et si vous voulez trouver beau l'univers, attendez que la main du temps l'ait ébranlé jusque dans ses fondements, et l'ait converti en une masse de ruines. Ils aiment mieux mentir à leur jugement et fausser leur raison, que d'en lire en eux la grandeur, et autour d'eux les tristes abus qu'ils en ont faits ! En vain, vous vous défendez contre le frein, vous ignorez comment le mal s'est opéré, et dès lors vous en voulez nier l'existence. Votre jugement vous est moins cher que vos ténèbres. Vous voulez qu'il adopte ce qui lui est si répugnant ; et vous voulez qu'il rejette ce qui seulement est voilé pour lui. Ne voyez-vous pas où vous conduit la légèreté de vos paroles ? On ne prendra pas même vos opinions pour des songes. Car pour rêver, il faut avoir été éveillé auparavant : et vous êtes encore endormis pour la première fois ; vous êtes encore dans *le sein de votre mère*. Est-ce en passant à côté des obstacles ? Est-ce en les niant qu'on les renverse ? Ils resteront sur pied et déposeront contre vous. Oui, le mal existe dans vous, autour de vous, dans tout l'univers, et comme vous n'êtes censés occupés ici qu'à être aux prises avec lui, c'est assez vous indiquer qui l'a créé. Agrandissez-vous, élevez-vous jusqu'à l'idée sublime de votre pouvoir et de votre liberté. Sentez que, pour qu'un être soit condamné à être aux prises avec l'univers entier, il faut qu'il ait été assez grand pour troubler l'univers.

78. La voix de mon ami est douce. Elle est pour moi comme la vue inattendue d'une lumière étincelante pour un voyageur égaré. Elle est pour moi ce qu'est un baume restaurateur pour un malade brisé dans tous ses membres. Je ne veux plus écouter d'autre voix que celle de mon ami. Oh, combien elle est différente des voix qui naissent de la région terrestre et ténébreuse, de cette région dont les habitants ne cherchent qu'à saisir les prières de l'homme et qu'à les détourner du chemin ! Apprends-moi les cantiques du Seigneur, les cantiques de l'innocence, de la confiance et de l'amour.

C'est toi qui développes à l'homme ses sentiers. Il ne peut marcher en sureté qu'aux sons de ta parole. J'étais pécheur, j'étais abattu, j'étais comme souillé et croupissant dans la fange. Il est venu se jeter après moi dans la poussière où je rampais ; il est venu y séjourner avec moi pour me rendre le courage et pour m'en arracher avec lui. Où est-il l'ami qui nous veuille assez de bien pour s'accommoder même au mal que nous lui faisons ? Qui m'ordonnera de publier son bienfait dans toutes les régions de l'univers ? Oh, mon ami, si j'avais le malheur de ne plus entendre ta voix, je regarderais dans mon cœur, j'y trouverais écrit le souvenir de ton bienfait ; et il me servirait de guide dans mon désert et dans mon obscurité. Désormais, j'aurai deux guides pour me conduire dans les longs sentiers de ma renaissance : la voix de mon ami, et le souvenir de son bienfait. Je les écouterai, et mon cœur n'aura point de repos que tout homme ne les écoute et ne les suive à son tour. Je les méditerai en paix dans mon tombeau, et c'est là qu'ils feront ma joie et mes délices, comme ils auront fait ma sûreté et mon appui sur la terre.

79. Est-ce à Dieu, aveugles mortels, que vous pouvez attribuer vos souffrances et votre privation dans cette terre étrangère ? Dieu n'a-t-il pas pour nom la sainteté ? Sa loi n'a-t-elle pas pour nom la charité ? Et son sceptre n'a-t-il pas pour nom la justice ?

Jetez vos regards sur la nature, et croyez qu'elle n'est, ni plus sage, ni plus juste que lui. Cependant tous les êtres qu'elle produit, elle les place au sein de leurs rapports naturels, et dans les éléments qui leur sont analogues. Toi seul, misérable homme, tu te trouves, par ta pensée, si séparé de tes relations, qu'un habitant des eaux, mis à sec et haletant sur le rivage, ne peut te paraître plus en souffrance que toi. Ne dis donc plus, que c'est Dieu qui t'a séparé du fleuve de la vie ; il te l'avait donné pour demeure, et sa loi et son amour ne peuvent cesser de t'y rappeler. Tu crains de borner la gloire de ton Dieu en lui refusant d'être l'auteur du mal ! Songe que le mal n'est pas une puissance ; songe que c'est une impuissance et une faiblesse, puisqu'il ne cherche qu'à dérober le bien qui lui manque. Songe que ce serait une force superflue pour le bien, puisqu'il renferme toutes les forces. Est-ce que ta raison ne souffre pas de voir que l'univers soit à la fois rempli de tant de preuves et de tant d'incrédules ? Ne sais-tu pas que la nature avait été accordée à l'homme pour lui servir de miroir, où il pourrait voir la vérité ? Ne sais-tu pas que les philosophes et les savants se sont emparés de ce miroir, et que, le frappant à grands coups, ils l'ont brisé ? Puis ils nous disent : venez-y lire. Mais qu'y pourrons-nous lire ? Les objets de tout genre, que nous y regarderons, ne paraîtront-ils pas rempli de brisures et de difformités qui nous les rendront méconnaissables ?

Préserve-toi de ces instructions mensongères, elles te conduiraient à briser aussi dans toi un miroir plus précieux encore ; et tu ne reconnaîtrais plus le soleil sacré qui darde ses rayons jusque dans ton sein, pour que tu répandes autour de toi la lumière et la douce chaleur de ton Dieu.

80. Cœur de l'homme, connais les trésors attachés à l'amour paternel. Tes enfants sont pour toi une image qui te réfléchit la vie. Ta vie s'augmente de la leur ; c'est un juste tribut qu'ils te paient, puisque la leur a commencé de la tienne. Le cœur de l'homme livré à l'amour paternel, n'a plus de place pour le crime et pour l'injustice. Il repose paisiblement au milieu du mal, parce que le mal n'entre point en lui, parce que son amour tient à l'ordre, et qu'il est lié à l'esprit et aux vertus ; et parce que cet ordre permet que les pères et les mères soient vierges dans leurs générations, afin que le désordre y trouve son supplice. C'est par là que ton œuvre avance, Dieu suprême ; quand l'homme se sépare de l'iniquité, ta loi marche rapidement vers son terme. Âme de l'homme, admire tes droits naturels. Es-tu pure ? Dès lors sans effort et sans fatigues, tu mets le mal en fuite, comme un antidote, dont la simple influence suffit pour éloigner les poisons et les animaux mal-faisants. Ô profondeurs des connaissances attachées à la génération des êtres ! Je veux vous laisser, sans réserve, à l'agent suprême. C'est assez qu'il ait daigné nous accorder ici-bas une image inférieure des lois de son émanation. Vertueux époux, regardez-vous comme des anges en exil, qui ont aperçu de loin le temple de l'éternel, qui s'associent pour y

retourner ensemble, et qui chaque jour, s'occupent de concert à se rendre plus agiles et plus purs, pour être plus dignes d'y être admis.

∼

81. Mes chants, que n'êtes-vous comme des torrents du feu de l'esprit ! Vous n'êtes encore que le fruit de mes désirs, pour que cet esprit ne soit point séparé de l'homme. Ils ne sont point l'épée tranchante, qui puisse mettre en fuite l'ennemi du Seigneur. Ils ne sont point la flèche légère et acérée qui vole au loin et va frapper le lion destructeur, ou *l'oiseau de proie*. Ils ne sont que comme une barrière placée autour de la citadelle, et qui peut, au moins pour un temps, empêcher l'ennemi d'entrer. Âmes simples et douces, ne vous laissez point corrompre par les doctrines du néant. Prenez ici des forces pour vous défendre. Peut-être en obtiendrez-vous un jour pour attaquer ! Ô verbe de vie, quand tu t'insinues dans l'homme, qu'est-ce qui est capable de lui résister ? Tu en fais un homme nouveau, un homme incompréhensible aux autres et à lui-même, un homme qui est *activé* dans tous ses membres. Est-ce que l'homme ne doit pas être l'acte perpétuel du Seigneur ? N'est-ce pas le nom du Seigneur qui abreuve l'âme des prophètes, et qui remplit de l'enthousiasme divin ces peintres sacrés de la parole du Seigneur ? Industrie humaine, tu montres quelques vestiges de l'activité universelle du nom du Seigneur. Mais combien ces traces sont légères et défigurées ! De tous les animaux, les oiseaux sont les seuls à qui tu sois parvenu à faire répéter quelques sons que tu te plais à regarder comme des paroles. Les animaux terrestres en sont incapables. Les poissons encore plus que les animaux terrestres. Les serpents sifflent. Les animaux sous-terrestres n'ont pas même la faculté de produire un cri, et c'est dans leur séjour que, depuis le crime, tous les hommes sont condamnés à descendre ! Pèse ici ta misère, mais n'oublie pas, que c'est parmi les oiseaux que furent choisis les plus grands types de miséricorde et de régénération. Ne perds pas de vue les nombreux types de la colombe ; désire, comme David, de pouvoir en acquérir les ailes, et de t'envoler vers le lieu de repos, qui est en même temps celui du *mouvement universel*.

∼

82. Ne vous exposez point à la dent meurtrière du serpent, il ne se lancera point contre vous. Mais ils sont descendus dans la caverne du dragon ; il est sorti en fureur, et il les poursuit dans toutes les parties du monde. N'a-

t-il pas dit, lorsqu'il tenta le sauveur : j'ai pouvoir sur tous les royaumes de l'univers. Rois de la terre, cessez de vous glorifier, frémissez des dangers qui vous environnent ; et songez que vous n'êtes plus les seuls qui ayez des pouvoirs dans vos *royaumes*. Vous êtes aux prises avec vos propres sujets. Tous nos besoins sont une voie ouverte à l'ennemi ; il se présente aussitôt pour transiger avec nous, en nous dispensant de la loi qui condamne notre front à la sueur. C'est après un jeûne de quarante jours, c'est quand le sauveur sentit la faim, que le tentateur s'approcha et lui conseilla de transformer des pierres en pain. Mais l'âme humaine ira-t-elle seule sur le sommet du temple, et après avoir mis Dieu sous ses pieds, osera-t-elle attendre de lui qu'il la soutienne de ses puissances ? Ira-t-elle sur le sommet des montagnes, et après avoir considéré les royaumes du monde, en acceptera-t-elle la domination, au prix de l'iniquité et de l'apostasie ? Dès qu'elle s'élèvera, elle découvrira les tours de Jérusalem ; et frappée de la beauté de la cité sainte, elle en célébrera la gloire et l'annoncera à toutes les nations. C'est avec la main du Seigneur qu'elle aura pulvérisé tous les rochers qui la retardaient dans sa marche. C'est avec la voix du Seigneur qu'elle poursuivra le serpent dans sa caverne, et rendra impuissante sa dent meurtrière. C'est avec la voix du Seigneur qu'elle visitera les domaines du néant, des ténèbres et du mensonge, et qu'après y avoir détruit les faux germes de la parole, elle fera revivre les cantiques que devait chanter toute la création.

83. Pasteurs des âmes, qui avez égaré vos brebis, au lieu de les conduire dans les pâturages ; pasteurs des âmes, qui les avez fait dévorer par le lion féroce, ou qui les avez transformées vous-mêmes en loups carnassiers ; savants de la terre, qui avez été trop sensibles aux amorces de la fausse lumière, pour l'être aux charmes attrayants des vrais trésors que Dieu déposa dans l'âme humaine ; riches du monde qui, avez détourné vos yeux du pauvre, et qui avez tant frémi de lui ressembler, parce que ne sachant pas faire l'aumône sans orgueil, vous n'auriez pas su la recevoir sans humiliation : venez apprendre ici votre destinée ; car les germes corrompus, que vous avez semés en vous, ont pénétré jusqu'à la terre vierge ; voilà pourquoi leurs fruits seront si amers !

Le vieillard est saisi par l'esprit et porté dans des lieux souterrains. Une salle immense se présente à sa vue ; elle est superbement ornée. Des ministres de l'église, des grands, une nombreuse troupe d'hommes et de femmes sont assis tout autour, et sont vêtus de robes couvertes d'or et de pierreries. Que faites-vous, ainsi rangés et immobiles ?... ils ne répondent point. Que faites-vous, ainsi rangés et immobiles ?... ils remuent la tête d'un air triste, et ne répondent point. Que faites-vous, ainsi rangés et immobiles ?... ils ne répondent point ; mais tous d'un mouvement commun entrouvrent leur robe, et laissent voir des corps rongés de vers et d'ulcères. L'horreur de ce spectacle effraie le vieillard ; l'odeur infecte de ces plaies le suffoque ; l'esprit le laisse baigné de pleurs, et lui ordonne d'avertir ceux de ses frères qui sont encore dans la maison de leur père.

~

84. Mon oreille ne sera point remplie par les concerts des mortels ; elle n'en retirera point une joie complète. Que sont pour moi les sons de vos instruments ? Leur seul objet serait d'accompagner la parole. Oui, elle agit cette parole, dès que vous formez des sons ; elle se lie à toutes vos modulations, et aucun son ne peut se faire entendre dans l'univers, sans qu'une parole correspondante ne se mette en action. La musique peut-elle exister sans le son, le son sans l'air, l'air sans l'esprit, l'esprit sans la vie, et la vie sans notre Dieu ? Quelles merveilles et quelles puissances ne sont pas renfermées dans la musique ? Mais qui l'entend cette parole ? Ne sommes-nous pas à son égard, comme dans un désert ? Que sont tous ces discours lascifs ou mensongers, que vous ornez de votre mélodie et de tous les secrets de votre art ? Je ne vois là encore que des sons qui attendent également d'être vivifiés par la parole. Mais si vous l'aviez, cette parole, où seraient les sons que vous emploieriez pour l'accompagner ? Vos frêles instruments pourraient-ils se lier à sa mélodie ? Lisez ici ce qui doit composer vos concerts. L'homme l'avait reçue, cette parole, il avait été choisi pour être le chantre de Dieu et pour en célébrer toutes les merveilles ; il avait été choisi pour rectifier tous les accords dissonants qui ne cherchaient qu'à troubler l'harmonie de la vérité. Était-il seul à remplir ce sublime emploi ? Non. Vous tous, êtres de la nature, vous deviez mêler vos sons à ses chants ; c'est vous qui deviez accompagner sa voix céleste. Parcourons l'échelle harmonique que l'homme embrasse dans son cours. À l'instant de sa chute, il devint matière mêlée d'esprit. À la seconde loi, il devint esprit mêlé de matière, à la troisième, il devint esprit pur, à la quatrième, il deviendra esprit divinisé. Je l'entendrai donc un jour, cet homme divinisé, faisant sortir de sa bouche et de son cœur des chants sacrés, qui élèveront mon âme jusqu'au pied du sanctuaire.

J'entendrai tous les êtres renouvelés, suivre et accompagner fidèlement la voix de ce chantre immortel ! Hymne vivifiant, hymne universel, célèbre la puissance et l'amour de l'Éternel et que l'homme qui chantera ce divin cantique, soit abreuvé des sources de la vie !

~

85. Toutes les religions ont un culte et des cérémonies, toutes les doctrines religieuses ont des pratiques sensibles. Toutes ont des formules actives, auxquelles sont attachées des idées de puissance, qui impriment le respect, et semblent menacer tout ce qui s'en rend l'ennemi. La doctrine matérialiste n'a rien de vif, ni de sensible pour s'étayer. Elle est réduite à crier partout : néant, néant ; et elle ne peut porter aucun coup actif à ses adversaires. Elle est même en prise de tous les côtés, et n'a pas la moindre force défensive à opposer. Elle ressemble à ces dieux de pierre et de bois, qui, selon Baruch, ne pouvaient se défendre, ni des injures de l'air, ni des ordures des insectes qui ne pouvaient ni marcher, ni même se soutenir sur leurs pieds, sans être attachés avec des crampons, comme des criminels. Géants, que la hauteur de votre taille a fait échapper au déluge, vous aviez le pouvoir d'exercer un autre empire ; voilà pourquoi vous avez tant donné d'occupations au peuple choisi. La sagesse vous a laissé subsister, pour que ce peuple élu ne tombât pas dans l'indolence, en attendant que le jour du repos fût arrivé. Ceux qui prétendent aujourd'hui attaquer le trône de l'éternel, au lieu d'être des géants comme vous, ne sont pas seulement des pygmées. Qu'êtes-vous, vains fantômes de la nuit, quand le soleil s'avance majestueusement sur l'horizon, et qu'il verse, à grands flots, sa lumière ?

~

86. Quel est celui qui reviendra victorieux du combat ? C'est celui qui s'occupera peu de l'affliction d'être effacé de la mémoire des hommes, et qui se portera tout entier au soin de n'être pas effacé de la mémoire de Dieu. C'est celui qui aura senti que l'homme est comme le diamant qui ne peut se polir que par ses propres brisures, et par sa poussière. Toute la nature a contribué à former la prison et les entraves de l'homme ; il faut que toute la nature travaille à le purifier et à décomposer ses fers. Pourquoi le feu produit-il la dissolution ? C'est que c'est par la gêne de ce même feu que s'est opérée la construction. Contemplez les œuvres de la nature, et nourrissez-en votre intelligence. Mais attendez qu'une autre main que la vôtre, vous présente à leur *action vive*. Sans cette prudence, vous ne pouvez concevoir à quels mélanges secondaires et pervers vous exposez l'œuvre

divine qui doit s'opérer dans votre âme. Si nous avons tant de peine à ne recevoir que l'action des régions simples quand nous nous adressons à elles, que doit-ce donc être quand nous nous adressons aux régions composées ? Que les vertus de l'homme s'étendent hors de lui, et qu'en s'unissant à tout le bien qui l'environne, il sente les douceurs de son existence et de sa vie ! Que les vertus de l'homme s'étendent hors de lui, toutes les vertus divines entreront en lui, et il sera insensiblement transformé dans un autre être ! Sans les organes vivants qui le soutiennent et le préparent, comment approcherait-il du Seigneur, et comment le Seigneur approcherait-il de lui ? Et s'il y a plusieurs demeures dans la maison du Seigneur, comment n'y en aurait-il pas plusieurs dans la maison de l'homme ?

~

87. Heureux celui qui se remplira de courage et de confiance, et que ses maux et ses iniquités passées ne retarderont point dans son œuvre ! Vous demandez quelle est la manière de prier. Un malade demande-t-il de quelle manière il doit exprimer ses douleurs ? Commande toujours au mal de s'éloigner, comme si tu étais régénéré dans tes pouvoirs. Invoque toujours le bien, comme si les faveurs suprêmes ne t'avaient point abandonné. Ne regarde plus si tu es impur et si tu es faible. Ne porte plus les yeux en arrière, et ne te prescris plus d'autre plan que celui de la persévérance. Tu peux, par ton opiniâtreté, recouvrer ce que la bonté divine t'avait accordé par ta nature. Dis donc sans cesse : Je commande à l'iniquité de fuir loin de moi ; je commande à tous les secours naturels et spirituels de se rassembler autour de moi. Je supplie tous les élus purs de me conduire et de me protéger. Je me prosterne devant celui qui seul peut rétablir tous mes rapports. Chacune de ses paroles enfante un univers ; chacune de ses paroles peut placer des légions d'êtres vivants autour de moi, parce qu'il ne parle point sans enfanter la vie et la répandre dans les âmes qui la cherchent. Hélas, nous pouvons oindre le Seigneur avec notre prière, comme cette sainte femme qui l'oignit avec des parfums avant sa sépulture ! Nous pouvons faire en sorte que le séjour du tombeau lui soit moins amer.

~

88. Donnez un oiseau à un enfant, il le mettra en pièces, pour savoir ce qu'il y a de caché dans son corps. Faites-lui planter des fleurs, il les arra-

chera chaque jour, pour voir comment elles prennent racine.

Hommes enfants, vous vous occupez de ces soins curieux à l'égard de la nature, comme si vous étiez chargés de recommencer la création. Vous négligez d'étudier les lois finales de cette nature, comme si elle était sans but, et que la sagesse, en l'exposant à vos regards, ne l'eût pas destinée à l'avancement de son œuvre divine, et à l'amélioration des êtres qui l'habitent. Si Dieu avait dessein que vous sussiez comment elle se forme, se montrerait-elle à vous toute formée, et opérerait-elle votre propre corps à votre insu ? Étudiez pourquoi les choses existent, et non pas comment elles existent ; vous avez le droit de les employer à votre usage, et vous n'aurez jamais le droit de les créer de nouveau. Quand vous prîtes la lyre pour la première fois, et qu'une main savante se chargea de vous enseigner à en tirer des sons, vous apprit-on à fabriquer cette lyre, en démontant devant vous toutes les pièces, pour vous exercer ensuite à les rassembler ? Ce n'était point là votre objet. Cette occupation eût été abusive. La lyre existait sous vos yeux, vous n'auriez pu que la gâter. Mortels, la lyre harmonieuse de la nature est devant vous ; tâchez d'en tirer des sons, et ne consumez pas vos jours à en décomposer la structure. Verbe sacré, ils te font injure par leurs recherches, comme s'ils ne savaient pas que c'est par leur parole que tout se crée et s'anime autour d'eux. Dieu aurait-il donc de moindres pouvoirs ? Et sa parole vivante et créatrice ne peut-elle pas avoir donné l'être à l'universalité des mondes, puisque la faible parole de l'homme donne l'existence à l'universalité de ses productions ?

89. Esprit de l'homme, s'il n'y avait pas de nouvelles épreuves après ce passage terrestre, ne trouverais-tu pas que ton retour dans la vérité serait trop facile ? Que ta punition serait trop légère ? Le respect dû au père de l'amour et de la lumière, trop diminué ? Et trop modique la satisfaction due à la justice ? Est-ce après t'être borné à une sagesse stérile, sans amour, sans connaissance et sans lumière, que tu te croirais digne d'entrer dans la demeure de la justice éternelle et de la sainteté ? Ton corps vient ici-bas nu comme les athlètes dans l'arène. Ne faut-il donc pas que ton âme vienne aussi à nu un jour, dans la région qui lui est analogue, qu'elle y fasse ses preuves pour être admise au rang des braves guerriers ? C'est pour nous aider à faire glorieusement ces preuves, que le lion de Juda et ses élus seront avec nous jusqu'à la consommation des siècles. Sur la terre, ils n'ont livré que le combat terrestre. Depuis qu'ils l'ont quittée, ils secondent les

âmes dans le combat céleste ; et pour toutes les victoires qu'ils leur font remporter, ils seront à la fin des temps couronnés de lauriers immortels.

Que leur exemple anime ton courage. Si ton corps a pris une heureuse conformation dans le sein de ta mère, tu peux en recueillir les fruits pendant toute la vie de ta matière. Ton âme est dans ton corps, comme dans le sein d'une mère : mais elle peut y disposer sa propre conformation à son gré ; et celle qu'elle s'y sera préparée doit lui rester après sa naissance ; après cette naissance, que la matière appelle la mort. Occupe-toi donc de te procurer une conformation régulière, et remplis-toi d'espérance pour le règne à venir. La mère la plus vigilante est forcée d'avouer que les soins qu'elle donne à ses enfants, sont comme nuls auprès de ceux qu'ils reçoivent de la providence à chaque instant du jour. Comment te défierais-tu de son amour, dans un âge plus avancé ? Quelque région que tu habites, à quelque degré que l'homme s'élève, soit dans ce monde-ci, soit dans l'autre, n'est-il pas toujours l'enfant de la providence ?

90. Les imprudents ! Comment ont-ils pu confondre l'œuvre de l'esprit avec l'œuvre de la matière ? Ne savaient-ils pas que la première raison des choses produites était double ? Et ne voyaient-ils pas que *deux* est la cause de toute génération ? Qu'ils joignent au nombre de l'apparence le nombre de son principe, ils auront un nombre qui ne sera que la moitié du vrai nombre : c'est pourquoi l'on voit dans les corps le dépérissement universel, parce que le même nombre préside à la naissance de la matière et à sa destruction. Savants dans l'art hermétique, ne nous abusez plus avec vos mystères ; ne vous abusez plus vous-mêmes avec vos secrets curatifs : vous injuriez la vérité en confondant son œuvre avec la vôtre. Vous n'êtes pas, je le veux, les enfants de Bélial ; mais, sans le savoir, vous pouvez leur ressembler. Vous pouvez, comme eux, pervertir les habitants de la ville, en leur disant : *Allons et servons les Dieux étrangers qui vous sont inconnus.* Qu'est-il ordonné au peuple choisi, quand il aura trouvé que cette abomination a été commise effectivement ? *Vous ferez passer aussitôt au fil de l'épée les habitants de cette ville, et vous la détruirez avec tout ce qui s'y rencontrera, jusqu'aux bêtes.* Parce que le pouvoir des dieux étrangers s'étend dans toutes les régions qu'on lui ouvre, et qu'il y ravage tout ce qu'il rencontre, comme un torrent dont on a rompu les digues.

~

91. Comment nous souviendrions-nous de ce qui a précédé notre naissance ici-bas ? La matière n'est-elle pas le tombeau, la borne et les ténèbres de

l'esprit ? Après la mort, comment ne nous souviendrions-nous pas de notre vie terrestre ? L'esprit n'est-il pas la lumière de la matière ?

Il étendra ses rayons sur tous les sentiers de notre carrière, comme un flambeau qui s'allume et paraît subitement au milieu des sépulcres. Ma vie terrestre, tu as beau être le tombeau de mon esprit, je ne douterai jamais que je n'aie existé avant de venir sur ce théâtre d'expiation. Me souviens-je du temps que j'ai passé dans le sein de ma mère ? De celui que j'ai passé au berceau et à la mamelle, jusqu'au moment où les premiers traits de la pensée se sont fait sentir en moi ? Ces temps sont pour moi comme s'ils n'avaient jamais été. En suis-je moins sûr d'avoir existé pendant tous ces instants qui sont perdus pour mon souvenir ? Mon ignorance ne prouvera donc rien contre les temps qui ont précédé ma vie terrestre, et je me rappellerai toujours que la matière a pouvoir sur l'esprit, jusqu'à lui servir de ténèbres. Homme, si tu aimais la lumière, combien tu te défendrais contre la matière qui t'environne ! Si tu ne te laisses point obscurcir par elle, tu verras après ta mort tout ce qui se sera passé et tout ce qui se passera dans les deux mondes. Sans cela, tu ne feras que le sentir, tu ne verras rien, et toutes les facultés qui te resteront ne seront exercées que pour ton supplice.

~

92. Malheur au monde, à cause des scandales ! Mais il fallait qu'il y eût des scandales ! Il fallait qu'il y eût un contact entre l'ennemi et l'homme, puisque l'homme s'était élancé vers l'ennemi !

Main bienfaisante, tu es venue te placer entre l'un et l'autre ; tu t'es laissé froisser pour empêcher que l'homme ne fût trop froissé lui-même. Tu n'es venue que pour sauver ce qui était perdu. Tu as souvent laissé perdre la vie à des hommes innocents, pour servir d'instruction aux coupables. Qu'est-ce que c'étaient que ces galiléens dont Pilate mêlait le sang avec leurs sacrifices ? Qu'est-ce que c'étaient que ces dix-huit hommes qui furent écrasés par la tour de Siloé ? Ils ont perdu la vie du corps : mais tes yeux étaient ouverts sur leur âme divine ; mais le récit de leur mort funeste a engagé le peuple à la pénitence. Et cet aveugle de naissance, qui ne l'était ni pour ses péchés, ni pour les péchés de ses pères, mais qui devait servir à manifester ta gloire, qu'était-il ? Tu vas plus loin, Sagesse inépuisable : tu laisses souvent agir contre l'homme l'ignorance et les ténèbres de l'homme ; et l'homme avance presque toujours l'homme, lors même qu'il fait ses efforts pour lui nuire ou pour le reculer. Le criminel qui n'a rien fait aux bourreaux, pourrait leur dire que c'est avec injustice qu'ils le tourmentent, puisqu'il ne leur a rien fait ; mais il sent que c'est avec justice qu'il est dévoué au supplice et à la mort. C'est ainsi que nos contrariétés nous arrivent presque toujours avec injustice de la part de nos semblables. Mais nous sentons qu'il est de la justice que nous en éprouvions, puisque nous nous sommes précipités dans la région de l'injustice.

~

93. Lui demanderai-je d'être prophète ? Lui demanderai-je de faire des prodiges en son nom ? Lui demanderai-je de pénétrer les secrets de sa sagesse ? Non, Seigneur, je ne prendrai de ton nom que la portion qu'il te plaira de m'en envoyer ; je n'emploierai ton nom que selon mon besoin. Toi seul, tu sais distribuer le pain de la parole à tes enfants, selon leur âge ; toi seul, tu veux te charger de cette distribution. Toi seul, tu choisis les prophètes ; tu les choisis dans l'état le plus vil, comme sur le trône, et dans le moment où ils s'y attendent le moins. Amos, tu fus choisi, tu fus pris par l'esprit du Seigneur, lorsque tu menais tes bœufs aux champs. Sont-ce les prodiges faits au nom du Seigneur qui nous approchent de lui ? Il disait lui-même à ceux qui se vantaient d'en avoir opéré : *je ne vous connais point*. Il disait lui-même à ses disciples, qui avaient déjà rempli le monde de miracles : *vous n'avez encore rien demandé à mon père en mon nom*. Et toi, chantre d'Israël, quoique tu avouasses devant le Seigneur qu'il t'avait manifesté les choses cachées et inconnues de sa sagesse, tu le priais encore de laver tes souillures, et tu gémissais sur tes iniquités. Je lui demanderai comme toi, de ne me pas laisser croupir dans la région corrompue, et de ne me pas laisser devenir tout vivant la pâture des vers. Je me tiendrai armé, je veillerai, et j'attendrai avec une oreille attentive que l'ordre du Seigneur se fasse entendre. L'aurore paraîtra avant que je sorte de mon poste pour aller me livrer au repos. Sentinelles, qui sur toute la terre, veillez pour la gloire du Seigneur, appelons-nous mutuellement pour nous tenir en activité. Que la prière soit pour nous comme un fanatisme et une passion, si nous voulons maintenir la sécurité dans la place.

~

94. Comment douterai-je que l'homme ne soit chargé de faire lui-même son œuvre et de se créer ses plaisirs ? D'où lui viennent tous ces soins d'orner ses habitations, et d'y intéresser sa vue par mille objets d'agrément et de surprise ? Cette image, toute fausse qu'elle est, rappelle à l'homme

un bonheur, par lequel la vie coulait naturellement en lui, comme les fleuves dans leurs lits et les fontaines dans leurs canaux ; au lieu qu'aujourd'hui, s'il veut goûter la vie, il faut qu'il commence par la faire sortir de lui, avec les plus laborieux efforts. Oh, Homme ! si tu n'avais le pouvoir d'éloigner le bonheur, il ne serait plus pour toi un devoir ; il ne serait pas même un besoin : il serait un droit ou une loi, comme la gravité ; et tu n'aurais plus aucun soin, aucun mouvement à te donner. Mais aussi, tu n'aurais plus aucune jouissance à espérer ; car nul être n'a de vraie jouissance que de sa production et de ses œuvres. Pourquoi Dieu doit-il, nécessairement et éternellement, se renfermer dans la propre contemplation de lui-même ? C'est qu'il n'y a aucun autre être qui soit digne de ses regards. Pourquoi les hommes ne peuvent-ils, sans danger, contempler d'autre être que ce suprême auteur de la vie ? C'est qu'au-dessous de lui, il n'en est aucun sur qui ils puissent trouver à faire reposer leur hommage. Homme, la sagesse autrefois, aux accents de ton amour, entrouvrait son sein pour verser sur toi de nouvelles faveurs, qui, à leur tour, faisaient sortir de toi de nouveaux hommages. Ingrat, tu cessas le premier ce commerce de bienfaits et de délices, qui n'eût jamais dû s'interrompre. Tu abaissas tes regards sur toi-même ; et en renfermant ta foi dans toi, tu lui donnas la mort, comme l'airain en ébullition est saisi par le froid de l'air. Commence par dissoudre, en t'agitant dans ta prison, toutes les barrières qui resserrent ta vie. Il faut que tu rompes toi-même ce lien honteux, cet organe étranger à ton être, par où tu as reçu jusqu'ici ta nourriture dans les ténèbres du sein de ta mère. Il faut que tu t'empares du nouvel aliment qui t'est offert, et que tu puises la vie par un organe plus digne de toi, puisqu'il doit être un jour celui de ta parole et le ministre de la lumière.

∼

95. Dans les choses qui ne tiennent point à la convention de l'homme, Sagesse suprême, tu mets toujours une compensation à nos peines et à nos fatigues ; et pour jouir de tes dons, il faut seulement s'offrir à ta présence. Soleil, ne distribues-tu pas une égale somme de lumière dans la même année, à toutes les régions de la terre, malgré la diversité et la distance des climats ? Mais les productions qui ne viennent que de ton esprit, oh homme, quels avantages te procurent-elles ? Étudie les charmes d'une belle nature, que ton imagination ajoute encore à ses beautés. Enfante la peinture du palais d'Armide et des jardins d'Alcinoüs ; chante le mont Ida, se couvrant de fleurs, sous les pas d'une déesse, et répandant partout l'odeur des parfums les plus exquis. Que, semblable au pouvoir magique,

ta pensée élève sur le champ des temples superbes, où les guirlandes et l'or se disputent à l'envi la décoration des plus riches portiques ; ou trace, si tu le veux, comme l'a fait Milton, le bonheur de nos premiers parents, et que ces tableaux fassent l'admiration de tous les siècles. Tu vas bientôt faire un funeste retour sur toi-même, et tu te diras, avec des regrets mêlés de larmes : Hélas, je n'ai peint là que des images, et cependant je me sens fait pour des réalités. Qui m'assurera même que ces images ne sont pas plus que mensongères, et qu'elles aient la moindre ressemblance avec leurs modèles ? Ne dissipe plus ton temps à ces occupations abusives. Homme de peine, prie dans le vif, et dors. Voilà les deux seules fonctions qui conviennent au mercenaire de la vérité. La première le fait avancer ; la seconde le restaure et le préserve au moral comme au physique, parce que c'est un moment où il ne fait pas sa volonté.

96. Astres lumineux, qui brillez sur nos têtes, vous ne pouvez faire société avec nous, vous ne pouvez nous aimer, vous ne pouvez nous apprendre à nous connaître, vous ne pouvez nous pardonner. Vous n'êtes point analogues avec nous, dès que vous ne pouvez nous faire goûter les plus doux sentiments de notre existence ; nous n'avons besoin que d'amour et de pardon. Qu'importe donc aux vérités fondamentales qu'un homme ait trouvé ou non une planète de plus ? On en pourrait trouver encore davantage, sans être en droit d'en rien conclure, si ce n'est que les hommes auraient eu tort d'appliquer le nombre septénaire à des planètes. Mais un nouvel ordre se présente. Toutes les étoiles sont divisées par familles ; ces familles sont séparées dans les cieux par de vastes espaces. Leur nombre est indéfini, comme celui des étoiles qui les composent. Chaque étoile est à son tour le centre d'un système planétaire. Soleil, astre brillant, que des nations entières ont pris pour le dieu du monde, tu n'es plus qu'une petite portion d'un grand système ou d'une grande famille d'étoiles, et tu te perds dans l'immensité du firmament. Si tu deviens si petit dans notre pensée, que sera-ce donc de notre terre ? Que sera-ce de nous ? On éprouve une admiration qui ressemble à la frayeur, quand on contemple, sous ce nouveau plan, cet espace indéfini et le nombre des corps qui y nagent. On sent en même temps que ce spectacle est aussi séduisant qu'il est terrible. Homme, tout en l'admirant, prends la précaution de te défendre. L'immensité de ce spectacle serait propre à écraser ta pensée, comme elle écrase ta chétive stature. Fais revivre tes droits, et distingue-toi de tous ces êtres magnifiques, mais muets, par la supériorité de ta

parole. Est-ce par les yeux de ton corps que tu dois mesurer ton être et ta destination ? Ta marche doit se faire même à l'insu de ces superbes globes, qui roulent devant toi avec tant de majesté et de mystère. Évalue les découvertes de ces hommes si laborieux : ils nous donnent la géographie des mondes ; mais ils ne nous apprennent rien sur les mœurs et l'histoire des habitants. Ils nous tracent de belles et nombreuses lois descriptives, et pas une loi finale ; cependant, sans cette connaissance, de quelle utilité serait, pour notre œuvre, le tableau le plus fidèle de ces innombrables mondes ?

Pourquoi la sagesse n'avait-elle pas permis à notre vue simple de pénétrer trop loin dans le spectacle de leur immensité ? C'était pour nous engager à l'étude de leurs lois finales, et pour que l'étendue de ce vaste tableau n'allât pas jusqu'à nous décourager. C'était pour que nous fussions moins détournés de la recherche de notre naissance, dans le sentiment vif de nos droits et de notre intelligence. Renaissance active, liée à l'infini, et qui fait que, pour nous, tous ces mondes rassemblés ne paraissent plus que comme des instruments harmonieux, qui devraient être remis à notre usage.

~

97. La première enfance de l'homme est une croissance, parce qu'elle est un présent divin. La seconde enfance est une dégénération, parce qu'elle est l'ouvrage de l'homme. Suivez donc le cours de l'homme esprit ; *Mais l'un dit* : Vous ne pouvez le faire naître de l'âme de l'homme, comme le prétendent ceux qui se pressent de juger, parce qu'il n'y a qu'un seul être qui puisse donner la vie immortelle et impérissable. *Un autre dit* : Voudriez-vous le faire naître de Dieu, dans le moment où l'homme accomplit la loi grossière de sa reproduction matérielle ? Pourriez-vous souiller à ce point la majesté suprême, que de la faire concourir elle-même avec l'avilissante brutalité de la matière ?

Selon un troisième, ces deux difficultés classent les âmes humaines dans un lieu d'attente, d'où elles peuvent sortir à leur tour pour s'incorporer, sans que ce soit l'âme de l'homme qui les crée, et sans que la sublime pureté de l'Éternel soit exposée à la moindre tache. *Et il ajoute* : Ce lieu d'attente ne peut-il pas se regarder comme leur état d'enfance ? Et lorsqu'elles en sortent, n'est-ce pas pour s'élever à un état plus parfait, et pour se réunir un jour, si elles en sont dignes, au souverain être, dont le péché les a séparées ? Homme terrestre et corporel, ta loi est semblable.

Selon Jacob Bêhme, l'âme humaine produit le germe, ou les essences spiri-

tuelles, et non pas l'esprit tout formé. Pesez sa doctrine ; elle parait concilier bien des difficultés.

Justice suprême, quand le premier des hommes eut péché, tu le condamnas au travail et à la mort ; mais tu ne condamnas point son corps aux souffrances, ni son esprit à des égarements et à des absences. La femme seule fut condamnée à souffrir, et seulement dans les lois de la génération, parce qu'elle est chargée de tirer l'homme de l'abîme, comme c'est elle qui l'y a précipité. Et malgré le juste anathème qui fut lancé sur l'homme et la femme, ils auraient pu ne sortir de ce monde qu'en s'élevant dans les airs sur un char de feu, comme Élie. Ainsi notre dépouille humaine ne devrait faire autre chose pour nous, pendant notre séjour sur la terre, que s'évanouir successivement comme un fantôme et comme un ouvrage de féerie, et rendre à notre esprit, par la même gradation douce, sa liberté première, sa force et ses vertus originelles. Suis donc la loi du feu. Il était avant le temps, il s'élève au-dessus du temps. Il s'élève dans une forme brillante. Suis la loi du feu, et monte avec lui dans la demeure de la lumière.

98. Pourquoi seriez-vous surpris qu'il y eût des hommes dont le royaume ne fût pas de ce monde ? Votre nature est-elle si dégradée, que l'ordre et la régularité soient pour vous un prodige ? Est-ce parce que vous ne voyez pas l'homme s'améliorer, ni les vices diminuer sur la terre, que vous doutez de la pureté de votre origine ? Mais ne faut-il pas que toute la postérité humaine passe par les filières de la renaissance et de la restauration, et qu'elle soit plongée dans le lac ? Ne vous étonnez plus qu'ils se souillent tous dans cette fange : tous sont si neufs et si étrangers pour elle, quand ils y arrivent, qu'ils ne savent pas se préserver de son infection. Mais *l'Orient* est toujours pur ; saisissez seulement le bord de son vêtement, et vous serez comme invisible aux yeux des méchants. C'est pour lui qu'Isaïe disait : *Nous l'avons vu ; son visage était comme caché, sans nulle apparence, sans beauté, et nous n'avons point fait attention à lui.* Comment les hommes riches et heureux l'apercevraient-ils ? Ne sont-ils pas comme enveloppés et comme aveuglés par les nuages de la prospérité ? Homme juste, tu combattras comme le lion assailli par des chasseurs, et tu connaîtras la beauté de celui qui te chérit. Qu'il est beau, celui que l'homme cherche ! Il a la lumière pour panache à son casque. Il veille au milieu des ténèbres ; il veille à la conservation du peuple, et l'âme de l'homme pur veille avec lui dans tous les siècles et dans tous les âges. Ne dites point que

vous n'avez point d'huile ; les champs sont remplis d'oliviers, et vous-mêmes pouvez vous regarder comme les cultivateurs du jardin d'Éden.

∾

99. Oui, vous pouvez attacher à vos enfants une réaction de luxure, une réaction de cupidité, une réaction de dépravation horrible ; comme vous pouvez y attacher une réaction de pureté, une réaction de sagesse, une réaction de justice. Vous les verrez se manifester dans l'âme de l'enfant, à mesure que les époques de sa croissance physique et de son développement moral arriveront. Mesure malheureuse, mesure nulle et vide, tu peux faire le tourment d'un homme, tant qu'il respire ici-bas. Tu le mets dans le cas du précepte de l'Évangile : *Celui qui ne hait pas son père, sa mère, ses frères, ses sœurs, n'est pas digne de moi.* Mais sa position est fausse, parce qu'elle vient de vous. Le précepte ne regarde que ceux qui sont choisis : encore doit-il s'expliquer dans un sens mitigé. Quand Dieu prend un homme à son service, où est sa famille, où est son père ? Si tous ne sont pas appelés à cette mesure suprême, tous le sont à la mesure commune, et c'est cette mesure que vous faussez par votre inexpérience et par vos générations vicieuses. Où en est la postérité humaine ? Où est la paix qui résulterait de cette mesure commune ? Toutes les harmonies ne sont-elles pas rompues ? Tout n'est-il pas en souffrance ? Et ces êtres que la sagesse avait placés ensemble sur la terre, pour se vivifier les uns et les autres, y font-ils autre chose que se blesser et achever de désordonner leur mesure ? En vain, je veux ouvrir ma bouche pour chanter les cantiques du Seigneur : les pleurs m'inondent, les sanglots me suffoquent, ma voix s'arrête, et mon gosier se dessèche par la longueur de ma tristesse. Êtes-vous comme cet être infortuné, qui, à force d'avoir séjourné dans l'iniquité, a fini par la regarder comme naturelle ?

∾

100. Parce que la connaissance de l'essence de l'être est interdite, ils ont cru que la connaissance de ses lois l'était aussi ; et parce que la connaissance des lois de l'être nous était recommandée, ils ont cru que celle de l'essence était permise. Voilà ce qui a fait les ignorants et les impies. L'homme qui est lié à l'action est dans sa loi, parce que la pensée qui le gouverne ne le quitte point. L'homme qui se livre de lui-même à la pensée n'est pas dans sa loi, parce que l'action y manque pour la compléter.

Aussi, quelle plus grande preuve de la faiblesse de l'homme, que la multiplicité de ses paroles ? Qu'opère-t-il par là ? Et au contraire, qu'est-ce qu'il n'opérerait pas avec la parole simple ? Action divine, c'est en te combinant avec le temps que tu répares les désordres de l'humanité. À mesure que les jeunes rejetons croissent sous les yeux de l'homme, *les dépositaires de la vérité* y croissent en même temps, et étendent le règne qu'elle devrait avoir dans l'univers. Les anges des enfants voient la face de Dieu ; les anges de nos semblables voient la nôtre, et font fuir les mauvais anges dont nous nous sommes laissé accompagner. C'est presque une honte à l'homme de n'être que l'élu du temps, parce que tous peuvent avoir cette espérance ; tandis que s'il était pur et vigilant, il pourrait entrer au nombre des élus choisis. Pourquoi ne sommes-nous plus des élus d'origine ? Ne pouvons-nous plus venir dans l'Égypte comme Joseph, pour la faire participer à l'alliance ? Ne pouvons-nous plus y venir pour en exhumer les os de nos pères ? Commençons par en exhumer les nôtres et par nous arracher nous-mêmes aux embûches des Égyptiens. Puis nous transporterons les os de nos pères, de cette terre empestée, dans la terre de promission, et nous chanterons le cantique de leur délivrance.

101. Où prendrai-je une idée juste de la prière et des effets qu'elle peut produire ? Elle est une seule ressource, mon seul devoir, ma seule œuvre, dans cette région ténébreuse et sur ce misérable théâtre d'expiation. Elle peut purifier et sanctifier mes vêtements, mes aliments, mes possessions, les matières de mes sacrifices, tous les actes et toutes les sujétions de mon être. Je peux par ma prière atteindre jusqu'à ces sphères supérieures, dont les sphères visibles ne sont que d'imparfaites images. Bien plus, s'il paraît devant moi un homme dont les discours ou les défauts m'affligent, je peux, par la prière, recouvrer de l'intérêt pour lui, au lieu de l'éloignement qu'il m'aurait causé. Je peux faire par ma prière que l'impie devienne religieux, que l'homme colère devienne doux, que l'homme insensible se remplisse de charité. Je peux, par ma prière, ressusciter partout la vertu. Je peux, par ma prière, descendre jusque dans les lieux de ténèbres et de douleur, et y porter quelques soulagements. N'est-ce pas la prière qui autrefois a redressé le boiteux, fait voir l'aveugle et entendre le sourd ? N'est-ce pas elle qui a ressuscité des morts ? Je dois tout attendre de Dieu, sans doute ; mais attendre tout de Dieu, ce n'est pas rester dans l'apathie et la quiétude. C'est l'implorer par mon activité et par les douleurs secrètes de mon âme, jusqu'à ce que ma langue étant déliée, je puisse l'implorer par des sons harmonieux et par des cantiques. Par la force et la

persévérance dans ma prière, j'obtiendrai, ou la conviction extérieure, qui est le témoignage, ou la conviction intérieure, qui est la foi. C'est pourquoi les sages ont dit que la prière était une récompense. Le secret de l'avancement de l'homme consiste dans sa prière, le secret de sa prière dans la préparation, le secret de la préparation dans une conduite pure ; le secret d'une conduite pure, dans la crainte de Dieu, le secret de la crainte de Dieu dans son amour, parce que l'amour est le principe et le foyer de tous les secrets, de toutes les prières et de toutes les vertus. N'est-ce pas l'amour qui a proféré les deux plus superbes prières qui aient été communiquées aux hommes, celle que Moïse a entendue sur la montagne, et celle que le Christ a prononcée devant ses disciples et devant le peuple assemblé ?

102. Combien de langues seront annulées un jour ? Combien de fruits de la pensée de l'homme dépériront jusqu'à être entièrement effacés ! Fleuve des siècles, vous semblez ne rouler dans vos eaux troubles que l'erreur, le mensonge et la misère. Au milieu de ces torrents fangeux à peine se trouve-t-il un filet d'eau pure ; et c'est tout ce qui reste pour désaltérer les nations.

Toutes les eaux des lacs sont bourbeuses, stagnantes et doivent s'évaporer. Ce seul filet d'eau vive résistera aux ardeurs brûlantes du Midi et au froid du Nord. C'est là cette langue immortelle qui traverse tous les siècles sans se corrompre. L'agent suprême, en révisant les ouvrages des hommes, ne laissera subsister que ce qui aura rapport aux principes éternels de la langue divine. N'écoutons jamais que ceux qui la parlent. Fermons l'oreille aux langues vivantes dans le mal, et tâchons de régénérer en nous les langues mortes. On nous parle sans cesse ; mais ne nous laissons pas séduire à l'éloquence de tous les orateurs qui nous environnent. Ce sont ces langues fausses qui ont égaré tant de mortels, et qui, après leur avoir procuré des *empires*, les ont plongés eux-mêmes dans la plus horrible des *servitudes*. Si nos pensées ne sont pas régulières, étouffons-les dans leur racine, et ne les laissons pas s'élever jusqu'à la parole ; car notre parole est encore plus près de notre ennemi que notre pensée. Si nos paroles ne sont pas conformes à la vérité, si même, quoique vraies, elles ne sont pas distribuées avec prudence, l'ennemi leur imprime, sur le champ, le signe de sa puissance, et les détourne de la voie. Veillons dix fois plus sur nos œuvres, il les connaît encore davantage ; aussi, est-il toujours prêt à les corrompre et à les imiter. Il imite bien jusqu'à nos prières !

103. Les nuées ont rempli l'atmosphère, elles ont couvert l'étendue des cieux, elles nous ont dérobé la vue et la clarté du soleil. Aussitôt qu'elles ont commencé à se fondre, l'arc-en-ciel s'est manifesté pour nous annoncer le rétablissement de l'ordre. Pleure, famille humaine, commence par là à dissiper la masse des iniquités qui te dérobent la vue du soleil de justice ! Que cette masse commence à se transformer en eau, si tu veux au moins apercevoir les couleurs de l'arc-en-ciel ! Quel est l'homme qui ne sera pas abattu de douleur ? Le soleil ne pourra rendre sa clarté à la région de l'homme, que quand la masse entière des iniquités sera dissoute, et comme fondue dans les pleurs de l'homme. Il faut que les pleurs de la famille humaine forment de longs torrents, jusqu'à combler les vallées de la terre. Il faut que le lit des fleuves en soit rempli, et que cette inondation s'étende jusqu'à gonfler les bassins des mers. Sans cette loi dure et douloureuse, jamais le soleil ne montrera sa face à l'homme, et nous ne pourrons pas dire : *Le Seigneur a fait connaître le salut qu'il nous conservait ; il a manifesté sa justice aux yeux des nations.*

∽

104. Voyez combien les enfants sont surpris, quand leurs sens se développent, de rencontrer autour d'eux une multitude d'objets qui leur sont inconnus ! Pourquoi, lorsque nous sortons de ce monde, ne serions-nous pas étonnés de ce que nous rencontrons sur nos pas ? Il n'y a rien de vide ; ne perdons point de vue l'image progressive que l'enfant nous présente. À son exemple, plus nous avançons en croissance, plus les objets se multiplient et deviennent intéressants pour nous. Qu'est-ce que le sein de notre mère en comparaison de ce monde physique ? Qu'est-ce que ce monde physique, en comparaison de celui qui nous attend à notre seconde naissance ? À notre entrée dans le monde futur, la vie spirituelle doit commencer à se faire sentir dans toutes les facultés de notre être. Oh, combien sera donc glorieux et consolant, le dernier temps de l'œuvre, où nous chanterons les hymnes sacrés sous les saints portiques ! Les astres brillants sont suspendus au-dessus de notre terre, comme des lampes au-dessus des tombeaux des morts. Nous veillerons de même au-dessus des tombeaux de ceux qui dormiront encore dans le sommeil de leurs crimes et de leur ignorance. Un ami fidèle nous aura rendu ici-bas ce doux service, pendant le cours de notre voyage terrestre. Ne pouvons-nous pas l'imiter dès ce monde ? Ne pouvons-nous pas obtenir que le feu de la douleur vive

s'allume en nous ? Ce n'est qu'alors que commence notre naissance spirituelle. C'est alors qu'à l'instar des prophètes, l'homme crie et se lamente ; il se couche au milieu des soupirs, il passe la nuit dans les larmes, il se lève en pleurant encore, et tout le jour, il porte l'amertume dans son cœur. Homme de vérité, telle est la dure épreuve par où tu dois passer ; tant que tu n'en es pas là, fisses-tu des miracles, il ne t'est pas permis de te regarder comme étant encore né. La loi nouvelle et la nature, nous apprennent par quelles horribles catastrophes tout doit se terminer. Âmes humaines, préparez-vous, pour que ces grandes secousses ne trouvent point en vous de levain corrompu, ni d'humeurs viciées qui puissent fermenter et vous détruire. Conservez-vous pures et saines, pour pouvoir donner des secours à ceux qui seront malades, et des consolations à ceux qui seront affligés.

105. Qui osera parler de la vérité aux hommes, s'il ne sent que son cœur en est touché jusqu'au vif ? Qui osera exercer une profession, si Dieu ne lui en donne l'intelligence, et ne lui en apprend tous les secrets ? Laissez donc agir la main de Dieu sur vous ; n'interceptez pas la sève : naturellement, vous deviendrez des arbres grands et fertiles, et vous produirez toutes sortes de fruits.

La sagesse est l'avant-coureur du nom du Seigneur, et le nom du Seigneur apporte avec lui tous les biens. C'est lui qui a produit le monde, c'est lui qui est l'auteur et la nourriture de la pensée, c'est lui qui a sauvé l'homme de la terre de perdition. Sa main connaît la mesure : elle ne se rendra pas à vos désirs trop impatients ; mais elle sera près de celui qui s'abandonne à elle ; et qui ne veut pas avoir d'autre maître. Je veillerai dans la crainte et le tremblement, et ne sachant si tu veux que j'obtienne. Heureux celui dans qui la semence d'iniquité épuise ici-bas toutes ses forces, et jette au-dehors tous ses rameaux ! Heureux celui qui n'emporte pas avec lui cette semence dans la région des vivants ! Elle y produirait comme ici-bas, elle y couvrirait de ses ronces les plantes fertiles, elle y détruirait avec ses épines les fruits succulents et magnifiques ; et alors avec quoi l'homme se nourrirait-il ? Semence de justice et de vérité, descendez en l'homme dès ce monde. Étouffez en lui les plantes étrangères ; que vos rameaux couvrent toute sa terre, et qu'ils portent leurs têtes immortelles au-delà du temps !

106. Quel sens profond n'est pas renfermé dans ces mots si souvent répétés dans l'écriture : *Il m'invoquera, et je l'exaucerai, et j'entendrai ses paroles, et je me rendrai à ses prières ?* Un lien secret unissait l'homme et Dieu dans leur essence. Ce lien les a unis dans son émanation : pourquoi ne les unirait-il pas dans son action ? S'il ne les unissait pas dans son action, lui en eût-on accordé une ? Et celle qu'on lui a accordée, eût-elle été d'être l'image de celui qui l'a émancipé pour sa gloire ? Agent suprême, si tel était ton plan en formant l'homme, quel n'en eût pas été le résultat, s'il y fût resté fidèle ? Tout en actes vivants autour de lui, jamais son être ne restant vide après son action spirituelle, comme lorsque c'est la pensée humaine qui l'engendre et qui la dirige ; bien moins encore ouvrant son être à l'orgueil, parce que toujours absorbé dans la contemplation de son principe, qui lui suffit toujours, il ne lui reste pas le loisir de se comparer à ce principe, comme il le fait avec ses semblables qui ne le remplissent jamais. Tel était l'état de l'homme primitif, tel serait l'état de l'homme régénéré : serait-on donc étonné que l'homme de désir ne voulût pas sortir des portiques du Seigneur ?

107. Homme aveugle, pourrais-tu t'abâtardir davantage que de te laisser donner des leçons de vertu par des histrions ? Il faut que tu sois bien peu sensible à sa sublimité, pour ne pas gémir de la voir professer par des bouches aussi mensongères ! Si cette idée ne te frappe pas, au moins calcule un peu mieux tes plaisirs. Tu paies pour voir au théâtre la représentation de quelques traits de vertu et de bienfaisance ; mais on ne t'en donne que la figure. Écoute : avec la même somme que tu as donnée pour voir cette apparence, tu peux chez un malheureux en avoir la réalité. Au théâtre, tu entends parler du plaisir de bien faire : ici, tu vas l'éprouver et le sentir ; tu vas trouver en nature la misère, la générosité et la reconnaissance. Et vous, poètes, qui nous attirez au théâtre, vous ne savez y faire briller la vertu que par l'opposition des vices ; vous ne semblez occupés qu'à nous jeter dans des situations pénibles et critiques, pour avoir la gloire de nous en tirer. La vérité ne plaît-elle pas assez par elle-même, et le soleil a-t-il besoin d'ombres pour rendre sa lumière plus éclatante ? Mais il vous faudrait connaître cette vraie source de bonheur pour nous la présenter avec tous ses charmes. Faute de cette connaissance, vous ne nous montrez que des vertus d'artifice, dont vous êtes seuls le mobile, et dont votre gloire est le terme. Oui, hommes imprudents, lorsque vous faites

répandre des larmes aux mortels, l'âme de l'homme de bien est jalouse que ce ne soit pas pour la vérité.

∼

108. C'est parce que *les Dieux des nations étaient des démons,* que le Seigneur choisit la nation sainte pour qu'elles apprissent d'elle à connaître la loi du Seigneur. C'est parce que les prophètes ont péché, et que les prêtres se sont livrés à l'injustice, que la nation sainte est tombée dans la servitude. Prophètes, vous étiez les sentinelles d'Israël ; c'était à vous d'avertir quand l'ennemi s'approcherait de la citadelle ; et c'est vous-mêmes qui avez mis la confusion dans la ville, et qui avez versé le sang des justes. Dieu avait menacé les juifs que s'ils ne suivaient pas ses ordonnances, le prêtre serait comme le peuple. Israël, ce malheur est tombé sur toi, ton prêtre n'a plus de vertu, ton prêtre n'a plus même de titre. Dans la loi ancienne, Dieu menaçait de redemander le sang de l'homme aux bêtes même qui l'auraient dévoré. Dans la loi nouvelle, Dieu menace de redemander le sang des prophètes aux fils de ceux qui l'avaient versé, depuis le sang d'Abel jusqu'au sang de Zacharie. Prophètes, sans vos iniquités, le sang de vos frères n'eût pas été répandu, et les nations n'eussent pas été en servitude. Sans les iniquités de l'homme, les animaux n'auraient pas eu d'empire sur lui. Si Adam répond des maux et des crimes de toute sa postérité, vous, prophètes, vous répondez des crimes et des maux des peuples où vous étiez envoyés. Chaque homme, à votre exemple, répond des crimes et des maux qui se commettent dans son enceinte ; et lui-même, il ne peut en commettre aucun, sans troubler la paix et le bonheur de ses semblables. Voyez tout ce sang se rassembler dans la mer d'iniquité, et tâchez de concevoir ce qu'a dû être l'agent qui s'est proposé de dessécher cette mer entière, par l'unique feu de ses propres douleurs.

∼

109. Est-ce en vain que les hommes vertueux sont placés près des hommes vicieux sur la terre ? C'est pour balancer le mal, et empêcher que le poids de leurs crimes et de leur ignorance ne fasse tomber les méchants dans les précipices. Les causes morales viciées ont contribué, sans doute, à ces assemblages ; mais la vigilante sagesse ne sait-elle pas toujours tirer le bien du mal ? Heureux l'homme, s'il n'eût pas, au contraire, tiré le mal du bien ! Pourquoi s'interdire, sans réserve, le spectacle du monde ? Ne sommes-nous pas ici pour apprendre à discerner le bien du mal ? Étude de la

nature, vous nous apprenez, que dans les choses créées, rien ne naît que pour son contraire, ce qui démontre l'apparence, où tout est copie. Vous nous apprenez, que les six armées qui la défendent, ne suffisent pas pour la préserver de la violence, et qu'elle ne peut trouver son repos que dans un nombre plus parfait. Mais dans le commerce des hommes, ne pouvons-nous pas remplir aussi une partie vive de notre véritable tâche ? N'avons-nous pas à y produire et à y considérer, sous tous les rapports, les diverses œuvres de la parole ? Et quel charme pour l'homme de sentir, par expérience, que l'action et la parole existent, et que tout est plein, parce qu'elles sont universelles ! Mais pour atteindre cet heureux but, écoute beaucoup ; car si tu te pressais de parler, on prendrait ta science pour un système, comme les autres sciences.

110. Je demanderai que mon âme se charge des douleurs morales de mes frères ; elle est consacrée à cette œuvre charitable, par sa nature. Comme elle est immortelle, quand même elle resterait au-dessous de son entreprise, elle ne pourrait y rien perdre pour elle-même, parce qu'elle s'est rapprochée de l'unité par son sacrifice, et qu'elle est soutenue par *l'infini*. Je donnerai tous mes soins corporels aux maux physiques de mes frères ; mais je ne demanderai jamais que mon corps partage les infirmités du leur pour les soulager. Nos corps sont bornés dans la mesure de leur être et de leurs forces, et en transposant ainsi la charité, je peux me rendre suicide inutilement. J'empêcherai aussi par cette précaution, que l'ennemi ne me transmette quelques-unes de ses actions désordonnées, qu'il ne manque jamais d'envelopper pour nous d'une vertu ; et j'avertirai tous mes semblables, qu'il ne cherche qu'à nous abuser par des vertus hors de mesure, afin de nous rendre ses victimes.

111. Si Dieu est un être moral et spirituel (et le *nombre* de l'homme en offre la preuve la plus rigoureuse), ne doit-il pas avoir, dans toutes ses œuvres, un but spirituel et moral ? Pouvons-nous donc, sans être insensés, avoir un autre objet dans la recherche et dans l'étude de ses ouvrages, qu'un objet sage, moral et spirituel ? Et y chercher autre chose, ne serait-ce pas y chercher ce qui n'y serait pas, et ce que nous n'y pourrions pas trouver ? Savants du siècle, que deviennent donc ces destinations vagues et bornées, qui vous semblent avoir présidé à l'origine de la nature, puisque vous les

poursuivez si ardemment dans son cours ? Quels fruits votre sagesse, votre moralité, votre spiritualité retireront-elles de toutes ces causes secondaires et mortes que vous étudiez dans tous les corps ? Si Dieu a eu un but moral dans ses ouvrages, demandez-le donc à la cause finale de ces mêmes ouvrages, et non à leur structure qui ne les connaît pas et qui ne saurait vous l'apprendre. Ne niez pas Dieu, ne niez pas le *nombre* de votre âme, et ne dites pas qu'un but moral dans les œuvres de Dieu vous soit inutile à connaître. C'est au contraire le seul qu'il vous soit possible de découvrir, et dont la connaissance vous soit profitable : pourquoi contraindre votre intelligence, de vous conduire par des mensonges à des blasphèmes ? Pour vous, âmes de désir, apprenez ici à vous estimer. Si le terme final de tous les êtres est un but moral, des nuages épais peuvent couvrir aujourd'hui les plans de cette destination universelle ; mais nous n'en devons pas moins avoir un but moral dans tout le cours immortel de notre être. Pesez cette vérité ! Voyez comment notre marche est combinée avec les lois et les œuvres du souverain principe, et quelque ténébreuse que soit aujourd'hui pour nous notre destination originelle, n'en négligeons pas la moralité, puisqu'il nous est impossible de la nier.

112. Il y a sans doute un diapason juste dans la nature ; il y en a un particulier à chaque être. Si tu en emploies un autre, que peux-tu produire ? Malgré la justesse de tous tes sons, selon les rapports de la gamme, ils n'en seront pas moins faux, puisque le diapason le sera lui-même. Veux-tu connaître une autre difficulté ? La musique est l'expression *sensible des actions supérieures*. Sera-t-elle parfaite, si elle ne s'approche de l'ordre et de la justesse que ces actions ont entre elles ? Pourquoi les merveilles de la musique des anciens, sont-elles si célèbres ? Elle s'adaptait aux canaux ; il n'était pas étonnant, que par ce moyen les *vertus* descendissent. L'imagination et les sens échauffés du musicien, lui tiendront-ils lieu de cet avantage ? Et s'il se tient loin des canaux, que reçoit-il ? Musique des siècles modernes, tu es faible et impuissante : tu peux nous plaire quelquefois, tu peux même nous agiter ; mais peux-tu nous avancer et nous instruire ? Peux-tu remplir toutes les *nuances* ? Vous vous trompez encore, quand vous croyez la musique destinée à peindre toute espèce de sujets. Elle est si peu faite pour chanter les objets inférieurs, que, quand elle s'en occupe, elle ne peut les rendre intéressants, qu'en leur prêtant les affections et le langage de l'homme. C'est pour cela, ô homme, qu'elle fut ta première science, dans ces temps où la nature entière formait les cordes

de ta lyre ; et où tu ne faisais pas violence, comme aujourd'hui, à cet art sublime, en l'appliquant à la peinture des désordres et des ravages, tandis qu'il tient à l'ordre et à l'harmonie par son origine. Oui, divine mélodie, si tu peux quelquefois servir d'organe à la vengeance du ciel, puisque tu ouvres toutes les régions, tu peux bien plus souvent encore servir d'organe à son amour ; c'est pour toi une fonction naturelle, parce que tu tiens au premier être, et que l'amour est son essence. Que faites-vous donc, quand vous n'appliquez la musique qu'à la peinture des passions et des fureurs de l'homme ? Vous ouvrez par là les sentiers corrompus qui vous environnent ; et vous vous livrez, sans le savoir, à des mains perfides, qui vous enchaînent.

Le principe du désordre attend, que vous lui ouvriez ces voies désordonnées. Si vous n'ouvriez que les régions régulières, il ne pourrait approcher de vos concerts, parce que dans tous les genres la régularité le blesse. Il n'y a en lui nulle harmonie, comment pourrait-il se lier à l'harmonie vraie ? Descends des portiques sacrés, où tu prépares et sanctifies les voix qui sont chargées de chanter tes cantiques. Si l'homme n'a plus, comme autrefois, le pouvoir de disposer de tes dons, il lui reste celui de les implorer. Il peut encore t'adresser des supplications humbles et timides : c'est à toi de les faire parvenir jusqu'au trône de la suprême intelligence ; et c'est pour cela que ta demeure ne devrait jamais être que dans les temples.

113. Samuel, vous dites à Saül, que Dieu n'est pas un homme pour se repentir ; un moment après, vous dites que le Seigneur se repentit d'avoir établi Saül roi d'Israël. Ces contradictions ne choquent que dans nos langues, où nous avons établi autant de mots que nous avons reçu d'idées ; où enfin les idées sont devenues les esclaves des mots. Seigneur, comment les idées ne seraient-elles pas plus nombreuses et plus grandes que les mots ? N'êtes-vous pas vous-même plus grand que votre nom, puisqu'il ne sert qu'à vous représenter ? Je vois les Hébreux exprimer par le même mot *Nakam*, l'action de se repentir et celle de se consoler. Où est donc la contradiction ? Et le prophète Samuël nous a-t-il trompés ? Dieu s'afflige, parce qu'il aime ; il ne se repent point, parce qu'il ne peut faillir ; s'il s'afflige par son amour, il se console par sa justice. C'est l'homme et tout être libre qui se peut repentir, parce qu'il est le seul qui puisse s'égarer et avoir des remords. Les remords sont pour nos fautes ; l'affliction pour les fautes des autres. Seigneur, vous vous repentîtes d'avoir créé l'homme ? Adam n'avait-il pas été le plus coupable de tous, et cependant a-t-il cessé pour cela d'être objet de votre amour ? Non, cette affliction de votre amour regardait la dépravation et les égarements des hommes criminels. Malgré l'indulgence que vous aviez eue pour l'homme en lui donnant la terre

pour asile après son crime, si cette affliction de votre amour eût eu pour objet l'existence de l'homme, ne l'auriez-vous pas exterminé entièrement de dessus la terre ? Et eussiez-vous laissé un rejeton pour le renouveler ? Non, Dieu suprême, tes plans sont combinés dans ta sagesse. L'homme a le malheureux pouvoir de les contrarier, mais il est seul à en être la victime ; et tu sais toujours conduire tes œuvres à leur terme.

∽

114. Hommes, ce n'est point seulement sur vos postérités que s'étend l'empire de vos réactions, par lequel vous pouvez décider de la destinée de vos enfants. Vos droits s'étendent à tout ce qui est renfermé dans votre région actuelle. Ces mêmes pouvoirs se sont étendus autrefois à toute l'immensité de la sphère que vous habitiez pendant votre gloire. Souvenez-vous des privilèges réservés à la race sacerdotale ; les prophètes vous l'ont dit : *Les lèvres du prêtre seront les dépositaires de la science ; c'est de sa bouche que l'on recherchera la connaissance de la loi, parce qu'il est l'ange du Seigneur.* Quand est-ce que les langues muettes seront déliées ? Quand arrivera-t-elle, cette heureuse époque, où non seulement les générations seront renouvelées, et où les postérités seront pures, mais où l'homme se sera tellement séparé de lui-même, qu'il sera entièrement transformé dans son Dieu ? Le Seigneur use de mon âme comme d'une épée tranchante ; il frappe tout le jour sur l'airain et sur le roc vif, et l'épée ne peut que se briser à chaque coup. Le Seigneur se sert de mon âme comme d'un bouclier, mais des nuages de flèches enflammées se lancent sur moi et me percent à tous les instants. Le Seigneur se sert de mon âme comme d'une forteresse pour résister à ses ennemis ; mais des béliers et des balistes sans nombre, frappent à coups redoublés, et réduisent le rempart en poussière. Elle est bien aigre, cette huile dont les vierges sages doivent remplir leur lampe jusqu'à l'arrivée de l'époux ! Oh ! combien l'huile de joie sera douce, puisqu'elle doit faire oublier cette huile d'amertume !

∽

115. Quel fut le motif de sa joie, lorsque ses apôtres vinrent lui rendre compte de leurs œuvres ? Ce fut moins de ce qu'ils avaient puissance sur les démons, que de ce que leurs noms étaient écrits dans le livre de vie. C'est le seul moment de toute sa vie temporelle qui soit marqué d'un moment de joie ; et quel en fut l'objet ? C'était de sentir que l'amour divin avait pénétré sur la terre, et avait arraché quelques proies à l'ennemi.

C'était de sentir que la sagesse humaine était humiliée, en ce qu'elle ne pénétrait point dans ces choses qui étaient révélées aux petits. Moïse a fait mourir les Égyptiens, Samuël a fait mourir Agag ; Élie, les prophètes de Baal et les capitaines d'Okofias ; Élisée, les enfants des prophètes qui l'insultaient ; Jérémie porte la parole de mort au faux prophète Hananias, qui mourut la même année. Ézéchiel, du sein de sa captivité, fait mourir Pheltias à Jérusalem, en prophétisant contre lui ; Pierre a fait mourir Saphire et Ananie : Paul a livré des prévaricateurs à Satan ; le réparateur n'a fait mourir personne, et il a toujours pardonné. Il a empêché Jacques et Jean de faire tomber le feu du ciel sur un bourg des samaritains, dont les habitants n'avaient pas voulu le recevoir. Il a soustrait Pierre à Satan, qui l'avait demandé pour le cribler comme dans un crible ; il a prié pour ses propres bourreaux, et dans le temps même qu'ils le supplicient. Si tu veux le suivre dans sa charité, qui peut limiter tes espérances ? Si la prière du juste peut tout, commence donc par te justifier ; tu pourras prouver Dieu à tous tes pas, en tout temps et sans cesse comme si tu avais déjà déposé ta dépouille humaine.

116. Oui, nous sommes tous armés, et nous devons tous vaincre si nous voulons arriver ; mais nous ne devons pas vaincre tous de la même manière. Les uns ont à vaincre dans leurs passions, les autres dans les faux exemples, dans les impérieuses conventions du monde, dans les maux corporels, dans les tribulations de la pensée, dans les disproportions de mesure ; quand l'un n'en est encore qu'aux figures, et que l'autre en est aux réalités. Il en est qui ont à supporter les douleurs de la charité universelle, qui se réveillent en nous quand Dieu nous envoie quelques rayons de son ardent amour pour l'humanité. Seigneur, fais approcher le ciel entier du cœur de l'homme ; et que ce foyer brûlant lui fasse éprouver ces tourments si salutaires ! Esprit de l'homme, tous les obstacles sont compensés par des dons et par des vertus analogues. L'homme passionné n'a-t-il pas la force ? L'homme malheureux n'a-t-il pas l'industrie ou le courage ? L'homme faible n'a-t-il pas la douceur et la prudence ? L'homme affligé des douleurs de l'âme, ne reçoit-il pas la lumière, la confiance et la résignation ?

Les maux qui nous sont envoyés, ne nous vaincraient jamais, si nous ne repoussions les secours analogues qui les accompagnent à dessein. Esprit de l'homme, applique cette consolante observation au grand œuvre de la divinité ; vois combien est vaste, sage et douce, la distribution de ses dons sur les divers élus. Ils sont chargés de balancer et d'effacer tous les désordres cachés à l'homme de matière. Ils souffrent sans doute des douleurs inexprimables : mais qui pourrait aussi exprimer leurs consolations ?

117. Par quel moyen le son peut-il se former et se faire entendre ? N'est-ce pas par une compression sur la matière, et par la dilatation de l'air ? Il n'en faut pas davantage pour nous donner l'idée du principe de l'harmonie. La nature et le silence sont synonymes, puisqu'elle ne parle point. Il faut que ses barrières se brisent, pour que les sons harmoniques se fassent entendre. N'en est-il pas de même de toutes nos sensations ? Sont-elles autre chose que le contact de notre principe interne avec le principe externe de tout ce qui existe ? De là cette doctrine, que nous voyons tout en Dieu : mortels, pourquoi l'avez-vous portée trop loin ? Il y a deux classes ; mais dans ces deux classes l'union ne peut se faire sans rupture. N'y a-t-il pas deux forces en opposition : l'une pour arrêter l'union ; l'autre pour la favoriser ? N'y a-t-il pas en outre le principe qui donne, et le principe qui reçoit ? Ces quatre nombres peignent au naturel la loi de toutes les opérations divines et physiques. Dans ces opérations, tous les corps sont les réceptacles. Mais les corps, et tous les êtres matériels, ne sont que des réceptacles sensitifs. L'homme est à la fois, et un réceptacle sensitif, et un réceptacle *moral* et contemplatif. Méditez sur les couleurs ; vous n'en trouverez que trois pour la nature périssable, et l'une d'elles est celle de la mort. Vous en trouverez quatre pour la nature impérissable, et l'une d'elles est celle de la vie. Mortels, ce n'est rien de connaître ces vérités, ce n'est rien d'en être convaincu ; le tout est de les réaliser, et de ne vous pas donner un instant de repos jusqu'à ce que les sensations *morales* vous soient devenues aussi naturelles que les sensations élémentaires le sont pour votre être sensible.

118. Pourquoi l'agent suprême n'a-t-il aucun trouble dans le sentiment de son être et de sa puissance ? C'est qu'il agit toujours et que son action ne peut avoir d'intervalle. Garde-toi de jamais réfléchir sur ta vertu ; tu ne connaîtras plus le charme de ce beau nom, si tu t'arrêtes. Son prix n'est que dans le mouvement. Sans l'action effective et soutenue, elle ne sera qu'un germe avorté. Crains les choses faciles ; il t'est plus aisé de converser que d'écrire, plus aisé d'écrire que de prier, plus aisé de prier que d'agir. Les

entretiens font plus de bien à ton esprit qu'à ton âme ; le soin d'écrire et de méditer en fait plus à ton âme qu'à ton esprit : la prière soigneuse et constante en fait à la fois à ton esprit et à ton âme. Ton action bien dirigée peut faire plaisir à Dieu même. Aussi c'est lui qui la donne ; et tout ce que tu peux par toi-même, c'est de la lui demander avec ardeur. Voyez où la pénurie d'action conduit les hommes insensiblement. Elle les conduit à la pénurie d'idées, et la pénurie d'idées les amène à n'avoir pour ressource que les récits. Tu es un être actif par ta nature ; quand tu vis éloigné des principes et des vérités qui éclairent, tu as recours à la peinture de leurs résultats, qui amuse. Aussi, le monde est plein de gens qui récitent, et fort vide de gens qui instruisent. Ils prennent cette apparence d'action pour l'action même, tant l'homme est aisément trompé par les similitudes ! Poètes, orateurs, votre objet n'est que de bien dire ; l'objet des sages est de bien penser ; l'objet des justes est de bien agir.

119. Êtres pensants, vous tous qui avez reçu la même origine, pourquoi ne goûtez-vous pas les mêmes délices ! Quel affligeant contraste votre situation fait naître dans la scène du monde et dans les mouvements de mon cœur ! Il y a un bonheur, et vous n'en jouissez pas tous ! Il y a une harmonie, et vous n'y participez point ! Il y a une mesure, et vous êtes dans le désordre ! Au milieu de cette harmonie divine, j'entends monter, comme du fond d'un abîme, des sons aigres, plaintifs, et que je prendrais même pour des blasphèmes, si un mot aussi audacieux pouvait jamais frapper la région pure et sainte, où la vérité fait son séjour. Mes jours de joie se sont changés en tristesse, mes cantiques ont fait place aux cris de la douleur. Quelle fête peut-il y avoir dans Jérusalem, lorsque ses enfants sont en esclavage, et se sont rendus les flatteurs et les officiers des rois de l'*Égypte* et de *Babylone* ? Mon pain ne sera plus désormais trempé que d'amertume, puisque parmi mes frères, il en est qui sont dans l'*indigence*, et que d'autres se sont établi une demeure dans l'*iniquité*. Le mal tranche trop avec le bien, pour que l'homme de désir et de charité puisse avoir un moment de repos. Je pleurerai, mon Dieu, je pleurerai, jusqu'à ce que j'aie pu persuader mes frères, que vous seul pouvez nous consoler.

120. Veux-tu connaître ta supériorité sur la nature ? Vois combien tu étends ou resserres à ton gré les facultés des animaux. Tu perfectionnes, si tu le

veux, toutes les substances ; tu es un roi, tu es un ange de lumière, ou au moins tu devrais l'être. Sais-tu pourquoi, plus les objets de tes études sont élevés, plus il t'est facile d'y faire des découvertes ? C'est qu'à l'instar de ton esprit, ils sont plus proches de la vérité. N'hésite plus. Les sciences de l'esprit sont beaucoup plus sûres que celles de la matière. C'est pourquoi tous les écrivains sacrés disent la même chose ; tandis que les savants de l'ordre inférieur se combattent tous les uns et les autres. Regarde même autour de toi et sur les plus simples lois de ce monde physique. Les astronomes prédisent plusieurs siècles d'avance les éclipses et les révolutions des cieux ; et ils pourraient à peine prédire, si demain le temps sera clair ou sombre. Homme, remplis-toi de confiance en ta nature et en celui qui t'a donné la pensée. Que cette foi ne soit point une croyance vague et stérile dans de vaines doctrines. Il faut qu'elle soit active et rapide comme un torrent ; mais il faut que ce torrent soit enflammé, pour se pouvoir éclairer dans son cours. C'est pour que l'homme porte sa tête dans les cieux, qu'il ne trouve pas ici où reposer sa tête. Et pourquoi chercherait-il ici à reposer sa tête ? Ne tient-il pas à l'unité ? Et l'unité peut-elle trouver son repos dans l'ordre des mixtes ? Âme de l'homme, connais le repos qui est fait pour toi. C'est celui qui est propre à l'unité même : c'est de sentir que tu es séparée de ce qui est désordre et corruption ; c'est de sentir que tu nages en liberté dans l'océan impérissable de la lumière de l'ordre et de la vie.

121. C'est sur les nues en fusions que l'arc-en-ciel frappe et se dessine ; et c'est par là que les vertus solaires nous deviennent sensibles. Sages de la terre, c'est sur vos *œuvres* que l'esprit frappe et se réfléchit. C'est par vous qu'il nous rend sensibles ses vertus. Tout récipient est destiné à réfléchir les actions de son ordre. Universel réparateur, si tu n'eusses pas versé ici-bas tes dons salutaires, jamais les lumières et les faveurs suprêmes n'auraient eu de reflet pour nous. Jamais nous n'aurions connu les couleurs du véritable arc-en-ciel. Jamais nous n'aurions connu ce que c'étaient que les sacrifices. Nous tenons tous ces dons de celui à qui l'esprit n'a pas été donné par mesure ; de cet être dont les faveurs nous élèvent si fort au-dessus de notre nature, que nous ne trouvons plus de langues pour les exprimer, ni d'oreilles qui puissent nous entendre. Homme, le sentiment de tes besoins spirituels t'amène l'espérance et le désir, qui est une foi commençante, le sentiment de l'esprit et de la vraie nature, t'amène la foi, qui est une espérance complète ; le sentiment du Dieu homme et répara-

teur, t'amène l'amour et la charité, qui sont l'action vivante et visible de l'espérance et de la foi.

~

122. Ne demandons plus quel est l'objet de la science ; il n'est autre chose que de démêler le pur de l'impur, afin de nous conduire à la région non mélangée. Comment la vérité et la science n'auraient-elles pas pour but notre avancement ? Celui de l'erreur et des ténèbres, n'est-il pas de semer comme Médée, des membres épars sur notre route, pour nous arrêter dans notre marche ? Mais nous sommes presque toujours avertis de l'approche du poison. Nous le serions encore bien plus de l'approche de ce qui nous est salutaire, si notre sensibilité morale s'était maintenue dans sa pureté. Les animaux annoncent les variations de l'atmosphère ; et nous, qui tenons à une atmosphère plus active et plus subtile que la leur, nous ne sentons rien, nous ne connaissons rien à nos véritables températures ! Est-ce pour cela que la poésie et la morale ont si souvent mis dans la bouche de l'homme des regrets sur le bonheur des animaux, des fleuves, et de toutes les substances de la nature ? Hélas ! si la parole avait pu s'emparer de ces êtres, ils auraient répondu à l'homme : Ne te lamente plus, nous ne savons pas même si nous sommes heureux. Assujettis sous la main qui nous presse, nous allons où elle nous conduit ; nous n'avons que le bien qu'elle nous envoie, et le plus grand nombre d'entre nous n'est pas même susceptible de le sentir.

C'est toi, heureux mortel, dont le sort pourrait réveiller notre jalousie. Tu peux prévoir tes maux, tu peux les prévenir ; tu peux jouir de tous les avantages et du droit de commander même à ces lois qui nous enchaînent comme des esclaves. Si tu n'étais pas faible et sans courage, aurais-tu quelque chose à regretter, et ne serais-tu pas en état de nous procurer toi-même une portion de ce bonheur que tu nous envies ?

~

123. Oui, le culte intérieur est sensible, il l'est surement plus que le culte extérieur ; mais il l'est d'une autre manière. Le culte matériel est pour les sens de la forme, le culte spirituel pour les sens de l'âme ; le culte divin et intérieur est pour la vie intime de notre être. C'est ainsi que depuis l'enfance jusqu'à la haute sagesse des êtres célestes, nous pouvons nous élever de sanctuaires en sanctuaires, avec la certitude que plus ces sanctuaires deviennent sublimes et invisibles, plus ils sont actifs et sensibles dans

l'ordre de notre vraie sensibilité. Ce n'est donc point une parole vaine, celle qui nous apprend que nous sommes les temples de l'esprit saint. Aurions-nous des joies si pures et si consolantes, si elles ne nous venaient d'une région vraie, d'une région où la vie n'est point fragile ? Un seul coup d'œil sur l'homme nous apprend que nous sommes les extraits de Dieu. Un second coup d'œil nous apprend que nous sommes comme les jours et les ouvertures de son temple puisqu'il se manifeste par nous. Les nombres spirituels nous apprennent que nous sommes sa puissance essentielle. Ne nous donnons point de relâche que ce temple antique ne soit reconstruit en nous, et que nous n'y voyions renaître les quatre dénaires, ou cette fleur vivifiante dont la pâque était la tige, et dont toutes les opérations antérieures étaient la racine. Ne nous donnons point de relâche que nous n'ayons été baptisés dans l'esprit, et qu'en l'envoyant sur nous, le père de la vie ne nous ait déclarés ses bien-aimés.

124. Jetez les yeux sur la postérité humaine, et vous ne douterez plus que l'homme n'ait voulu se faire Dieu ; quel est l'homme qui ne répète pas ce crime tous les jours ? Les ardeurs de l'atmosphère ont desséché toutes les vapeurs, elles les ont accumulées dans le nuage, comme les aigles qui s'assemblent où se trouve le cadavre. Les vents se sont déchaînés, la foudre a éclaté, et tout menaçait d'obscurcir à jamais le soleil. Vertus des cieux, le crime vous a concentrées dans un point ; mais votre force et votre amour vous ont fait rompre vos barrières. La vie a fait son explosion et s'est répandue parmi l'immensité des êtres. Femme pure, tu es le doux intermède que la gloire divine a mis entre elle et nous ; sans toi, cette gloire nous aurait ébloui. C'est toi qui nous prépares à son amour, parce que la femme impure nous avait préparés au crime, et nous avait séparés de l'amour. Lorsqu'on nous envoie à la vie terrestre, n'est-ce pas dans le sein de la femme que nous faisons notre premier séjour ? Point de lumière pour nous, si un germe divin ne vient la semer en nous. Point de vertus, si l'amour céleste ne vient allumer son feu dans nos cœurs. Point de paroles, si la langue divine ne vient mouvoir elle-même tous les ressorts de notre langue. Point d'œuvres actives en aucun genre, si l'action vive de l'esprit et de la vie ne vient nous apporter une base sur laquelle elle puisse frapper pour en faire rejaillir mille éclairs. Germe de renaissance, germe d'intelligence, germe d'amour, germe de sanctification ; quatre pouvoirs vous ont semés en nous par un seul acte. Que par un seul acte, ces quatre pouvoirs vous réactionnent et vous fassent fructifier !

125. Chaque jour ma pensée fera le tour de la terre pour renverser les autels de Bélial : ces autels vivants dans la mort, et qui ont le pouvoir funeste de renaître de leurs propres débris. Chaque jour, je tarirai les fontaines empoisonnées qui coulent dans ces régions d'iniquité, et chaque jour, j'invoquerai l'esprit de sagesse et de prudence, pour qu'il siège dans les conseils des princes et des législateurs des nations. Commencez par rétablir la paix dans vos âmes, l'unité dans vos esprits, la concorde et l'harmonie entre toute la famille humaine ; les anges eux-mêmes viendront s'unir à vos hymnes et à vos cantiques. Parce que la paix et la sainteté sont la joie du Seigneur, en même temps qu'elles sont la joie de l'homme, et parce que l'arche sainte fait sa demeure au milieu des joies des élus. Seigneur, multipliez les prêtres dans Israël, multipliez la nation sainte, et souvenez-vous que l'homme est votre peuple choisi. Faites qu'ils remplissent la terre de vos œuvres, et qu'il ne s'y voie d'autres traces que celles des pas de votre peuple.

126. Ô crainte divine, tu n'es toi-même que le commencement de la sagesse, tu n'en n'es pas le terme et la fin ; il ne se trouve, ce terme, que dans le calme et la joie de l'esprit. Je craindrai Dieu avec mesure, mais je l'aimerai sans mesure ; je puis trop craindre, et je ne puis pas trop aimer. Seigneur, que le feu du ciel vienne en moi consumer les iniquités d'Israël et de Juda ! Que les secousses de ma fragile terre ébranlent les colonnes jusqu'au fondement ! Qu'une guerre universelle embrase tout mon être. Que les astres passagers qui l'éclairent perdent leur lumière ! Que les cieux et la terre, qui me composent, soient retournés comme un vêtement ! Qu'il se forme en moi de nouveaux cieux et une nouvelle terre ! Et que du sein des débris de cet ancien univers, je vois élever dans les airs le signe de l'éternelle alliance, et l'étendard du triomphateur dans sa gloire !

127. J'errais dans les divers sentiers de mon désert : fleuves, arbustes, animaux des champs et des forêts, devenez pour moi comme des consolateurs et des amis. Insectes de la terre, rosée, glaces, esprit des tempêtes, parlez-moi du Seigneur, puisque l'homme ne m'en parle point. Il était le témoignage du Seigneur, il ne vient plus en témoignage ; et notre Dieu n'a

plus de témoins dans l'univers. Ô hommes, vous voudriez ne point parler de Dieu à vos enfants dans leur bas âge ! Êtes-vous donc sûrs de trouver, dans leur âge de raison, des instituteurs assez instruits pour leur en parler de manière à leur développer tous les rapports qu'ils ont avec lui ? Il faut cette condition dans l'âge mûr, pour croire à quelque chose ; il ne la faut pas dans l'enfance. L'enfant prend, dans l'instruction vulgaire, la semence de la croyance divine, et le germe des vertus morales et religieuses qu'elle contient, et qui sont analogues à l'essence de notre âme. Il n'y voit pas les incohérences et les lacunes, que son âge tendre ne peut pas discerner, et qui ne sont pénibles que pour l'esprit. Parlez donc de Dieu à vos enfants, comme on vous en a parlé à vous-même ; parlez-leur de Dieu, plus encore par vos actes que par vos discours ; et quand leur âge sera arrivé, peut-être leur âme, ainsi préservée, procurera-t-elle des éclaircissements et des solutions satisfaisantes à leur esprit. Quel plus bel emploi que celui de préparer des témoins à notre Dieu ! Ranimons, instruisons les êtres qui doivent lui servir de témoignage ; et nous n'aurons plus besoin d'errer dans les divers sentiers de la nature, et de demander à toutes ses productions de nous parler de notre Dieu.

128. Tu n'es pas à ta place ici-bas ; un seul de tes désirs moraux, une seule de tes inquiétudes, prouve plus la dégradation de notre espèce, que tous les arguments des philosophes ne prouvent le contraire. L'amour eût-il produit des êtres pour la douleur ? Qui eût pu le forcer à être le contribuable de la douleur ? Votre fils vous quitte pour se lier à une bande de voleurs : il souffre la faim, la fatigue, l'insomnie ; il court risque de subir tous les fléaux de la justice. Votre cœur paternel vole vers lui pour l'arracher à tous ces maux : quel insensé dira que c'est vous qui les lui avez envoyés ? Quel autre insensé dira que ce ne sont pas des maux ?

Lisez ici la marche de l'amour suprême, à l'égard de la postérité humaine ; voyez si vos ténèbres ne prouvent pas un égarement, et si l'amour suprême ne prouve pas un réparateur. Âmes paisibles, ne portez pas plus loin vos questions : quel que soit ce réparateur, il doit être le seul qui puisse vous délivrer ; quel que soit son nom, invoquez-le, jetez-vous entre ses bras, il vous réchauffera dans son sein. Si son amour est universel, de quelque côté que vous le cherchiez, vous ne pourrez manquer de le rencontrer. Le père n'est point venu, parce que ce n'est point la pensée de l'impie qui a été coupable ; c'est son amour qui a failli et qui s'est rendu un faux amour : voilà pourquoi c'est l'amour qui a commencé la réparation.

Le faux amour du coupable l'a conduit à un faux acte. Voilà pourquoi l'action ou l'esprit saint est venu après l'amour, pour nous aider à opérer des actes vrais. Réparateur divin, amour vivifiant, tu es venu nous guérir et nous rendre nos forces. L'esprit saint est venu nous aider à nous en servir. Dieu créateur, Dieu réparateur, Dieu agissant et sanctificateur : voilà notre ressource, notre remède et notre maître ; voilà les éléments de notre prière. Demandons que l'esprit saint prie en nous le père au nom du réparateur. La femme pure implorera pour nous cette faveur. Pourquoi négligerions-nous les secours de la femme pure ? Ne sommes-nous pas assez éloignés, assez extra-lignés, pour qu'un intermède nous soit utile ? Mais gardons-nous de la placer au-dessus de son rang, si nous ne voulons pas multiplier les dieux, comme l'ont fait les nations aveugles et idolâtres.

~

129. Ne te décourage point, si le succès ne répond pas toujours à tes travaux. Le laboureur ouvre le sein de la terre, il y jette le blé, il le recouvre ; puis il se retire et abandonne son champ aux soins de la providence. Quand même la récolte viendrait à manquer, en est-il moins un ouvrier irréprochable ? Mais si, après bien des efforts, tu sentais que ton âme s'élève et qu'elle aime son Dieu, comment regretterais-tu tes sueurs et tes travaux ? Le bonheur de l'homme est dans la main de Dieu, et c'est lui qui met sur la personne du sage les marques d'honneur qui lui appartiennent. C'est lui qui nous dit : considérez l'œil du prophète, lisez-y les secrets et les dispositions du cœur de Dieu, comme vous lisez, dans l'œil du ministre d'un roi, les secrets et les dispositions du cœur de son maître. Car j'ai rendu l'œil du prophète la mesure sensible de mes affections, et j'y trace en lettres vives, mes ordonnances et mes desseins. C'est pourquoi j'ai établi l'œil du prophète, pour être la lampe de votre cœur et de votre esprit ; mais si vous négligez d'en considérer la lumière et de vous conduire à sa clarté, je ferme l'œil du prophète, et tout votre être demeure dans les ténèbres.

~

130. Avec qui me livrerai-je à la joie sur la terre ? C'est avec celui que j'aurai pu rendre le témoin de mes pleurs, et qui aura pu s'affliger avec moi sur les maux de l'homme. Hommes légers, si j'allais prendre part à vos joies, vous croiriez encore moins avoir des larmes à verser. Je serais complice de vos déceptions, et je vous donnerais la main pour descendre

encore plus profondément dans l'abîme. Venez, hommes affligés, venez, vous tous qui gémissez sur l'énormité du mal. Pleurons ensemble, ne nous donnons aucun repos, que l'aiguillon de la charité n'ait pénétré jusqu'aux sources de notre vie. Quand notre cœur aura saigné ; quand notre sang aura lavé les plaies de quelques-uns de nos frères, alors nous pourrons chanter des cantiques de jubilation. Ces délices vous sont inconnus, hommes livrés à la pente du torrent ; vous ignorez ce que c'est que la joie, comme vous ignorez ce que c'est que la douleur. Vous vous transportez, comme l'enfant, à la vue de ces frivoles objets qui vous attachent et vous amusent ; et comme lui, vous êtes insensibles et étrangers aux maux dont la famille humaine est dévorée. Où trouverez-vous de la mesure ? L'enfant en est éloigné comme vous ; mais il y tend par sa croissance et ses efforts.

Et vous, chacun de vos pas ne sert qu'à vous en éloigner davantage. N'est-ce donc que par un choc violent, et qu'après avoir roulé jusqu'au fond du précipice, que vous pouvez rentrer dans le sentier de l'œuvre et de la jubilation ?

Fin de la première partie.

SECONDE PARTIE

131. Sectateurs de la poésie, si vous lisiez les écritures saintes, combien de merveilles ne vous offriraient-elles pas ! Vous y verriez des pierres parlantes dans les temples bâtis avec le sang. Vous y verriez les guerriers de l'iniquité descendant au fond de l'abîme, et s'y reposant la tête appuyée sur leur sabre. Vous y verriez la Divinité fuyant de ses temples, et n'y trouvant plus de place par la multiplicité des idoles. Vous y verriez la charité divine, déliant elle-même le mors des prévaricateurs et des esclaves, et leur présentant de sa propre main la nourriture. Vous y verriez la sublimité, la force, la variété ; vous n'auriez que l'embarras du choix, et jamais la crainte de la disette. Mais la main de la sagesse aveugle vos yeux profanes, lorsque vous parcourez cette riche et vaste prairie. Sans cela les fleurs que vous y cueilleriez, serviraient d'aliment à votre orgueil et de victimes à la prostitution des opinions humaines. Vous faites de vos lumières et des talents de votre esprit une spéculation pécuniaire ; vous ressemblez à Juda, qui vendit le sauveur pour quelques deniers.

Comment le trafic se peut-il établir entre des substances qui ont si peu de rapports ? Si vous cherchez de la matière, que ce soit avec des travaux matériels. L'esprit doit nous servir pour acquérir de l'esprit et des vertus. L'écriture sainte a été donnée pour enrichir le cœur et l'intelligence de l'homme. Ce trésor divin est comme un parterre fleuri, où l'homme vrai peut se promener à toute heure ; il le trouvera toujours rempli de nouvelles fleurs, quand même il les cueillerait toutes à chaque fois. Ouvrez les prophètes ; quel feu, quelles transitions, quelle foule d'idées et de sentiments qui se pressent les uns et les autres ! C'est du désespoir, c'est de la charité pour le peuple choisi, c'est de l'amour et des cantiques, c'est l'ennui que le sein de leur mère ne leur ait pas servi de sépulcre. Poètes humains, vous seriez plus méthodiques, parce que c'est vous qui vous commandez votre enthousiasme.

∽

132. Tu te crois seul et isolé, parce qu'il n'y a pas d'autre Dieu que lui. Comment serait-il seul ? Sa pensée ne connaît point d'intervalles, et toutes ses pensées sont des créations. Est-il, comme l'homme, infirme et borné ? S'agite-t-il comme lui dans le cercle étroit de ses pensées ? Et les voit-il, comme l'homme, refluer continuellement sur elles-mêmes, et s'embarrasser dans leur confusion et dans leur impuissance ?

Il pense, et à chaque pensée les êtres sortent en foule de son sein, comme les rayons innombrables de la lumière sortent continuellement de cet astre brillant, qui lui a été donné pour sanctuaire. Ces légions d'êtres se succèdent comme les vagues de la mer, ou comme les nuages nombreux poussés dans les airs par l'impétuosité des vents. Ils ont tous des fonctions diverses, et ils s'empressent avec ardeur de les remplir. Ils réfléchissent la clarté éblouissante de leur éternelle source, et forment comme des temples placés d'espace en espace dans l'immensité, pour que l'immensité soit remplie des louanges et de la gloire de l'éternel. Ils tempèrent cette clarté pour les yeux qui ne pourraient la soutenir. Ils répandent les vertus célestes et divines, comme autant de pluies et de rosées bienfaisantes. Ils versent les grêles et les orages, pour épouvanter les coupables ; et nulle force ne prévaut contre les *serviteurs* de l'Éternel. Irons-nous percer cette loi vive de la création des esprits ? Irons-nous percer la pensée de l'Éternel ? C'est elle-même qui nous a fait être ; c'est elle qui nous a lancés hors de son sein. Les eaux du torrent vont-elles remonter vers leur source pour lui demander le secret de leur existence ? Les nues vont-elles rétrograder vers les vents qui les chassent, pour pénétrer le principe de leur mouvement ? La lumière va-t-elle refluer vers le soleil, pour se démontrer à elle-même son origine ?

Soyons fidèles et dociles à la voix qui nous a appelés à la vie de la pensée, et qui nous dirige. Volons devant elle à notre destination, et ne cherchons point à interroger celui qui a voulu que notre essence et nos facultés *ne fussent qu'après lui*.

~

133. Les hommes de vérité sont-ils pour autre chose ici-bas, que pour y être perpétuellement en sacrifice ? Ils y sont toujours dans des situations fausses, qui les usent et qui les détruisent avant le temps. Amour suprême, c'est un des traits de ta sagesse. Tu as abrégé le temps en faveur de tes élus. Immole-toi sans regret, homme de vérité ; la carrière est douce à celui qui a seulement commencé d'y poser le pied. Vérité sainte, celui qui t'aime voit dans l'avenir les jouissances que tu lui prépares. Il ne voit point les tribulations présentes qui l'assiègent. Il est même si rempli d'espérance, qu'il n'a pas le loisir de te craindre et de redouter ta sévérité. Héroïques élus du Seigneur, c'est dans cette marche pénible que votre esprit connaît, par une consolante expérience, qu'il y a une activité, un progrès, un but et un terme. Est-ce que le monde peut prendre une idée de la vie ? Il ne souffre point ; tout s'aplanit sous ses pas, tout prévient sa délicatesse ; il ne faut pas que le temps l'aperçoive. Mais ce n'est point en s'élevant au-dessus du temps qu'il devient imperceptible au temps. C'est, au contraire, en se tenant au-dessous du temps, que le temps lui devient imperceptible. Quel choc n'en doit-il pas éprouver, quand il poursuivra sa route et qu'il remontera dans sa ligne ! Quelle main funeste a transposé la loi des temps éloignés et qui ne sont plus ? Quelle voix a appris à l'homme à se bercer des trompeuses promesses de cette ressemblance ? Cette voix n'est-elle pas l'image de la bête ? N'est-ce pas celle sans le nom de qui on ne peut commercer sur la terre ? N'est-ce pas elle qui, depuis l'origine, a enfanté des images sans nombre, et les a toutes entassées dans les sentiers de l'œuvre du Seigneur ?

~

134. Toutes les paroles des prophètes l'ont annoncé ; ils percent à toutes les lignes des Écritures : mais ils n'en annonçaient tous que quelques rayons. C'est pourquoi ils ne le pouvaient pas comprendre ; il fallait qu'il vînt pour donner de lui-même la véritable intelligence. Savants du siècle, vous n'atteignez point au terme des connaissances, parce que vous dédaignez la seule clef qui puisse en ouvrir l'entrée. Il est tout, il a tout fait ; et cependant vous voulez tout connaître, et même tout opérer et tout produire sans lui. Bien plus, vous voulez le connaître lui-même sans sa présence, et juger sa lumière sans sa lumière. Voyez combien le rayon s'étend. Jérémie n'a dit qu'un mot aux captifs de Babylone, sur l'époque de leur délivrance ;

Daniel, qui est au nombre des captifs, médite ce mot : le feu s'allume, et Daniel nous montre tous les détails du sacrifice. David méditait sur ses propres cantiques, et dès lors les nuits entières se remplissaient pour lui des contemplations des œuvres du Seigneur. Comment la marche des sages serait-elle connue des autres hommes ? Elle ne l'est pas toujours des sages eux-mêmes. On les conduit quelquefois à leur insu, de peur de les éblouir par l'éclat des merveilles qui les poursuivent. Pourquoi le prêtre, dans l'ancienne loi, faisait-il brûler des parfums ? Le Lévitique nous l'apprend : c'était afin que leur vapeur couvrît l'oracle qui était sur l'autel du témoignage, et que le prêtre ne mourût pas. Hommes ignorants et incrédules, cessez de vouloir percer, par vos propres lumières, dans cette région si voilée pour ceux-même qui la parcourent.

135. Tout homme doit traverser une fois la grande solitude, pour y développer son industrie, son courage et sa patience. C'est là que le vrai devient son attrait, comme il est le principe et le seul aliment de notre être. Il est la mine inépuisable pour ceux qui le cherchent dans l'humilité de l'esprit et dans la méditation de ses lois. Il est le soutien des *bases temporelles*, la vie essentielle des *bases distinctes du temps*, et la mort des *bases décomposées* ; parce que son nombre universel ne peut cesser d'être en rapport avec tous les nombres. Isole-toi dans toi-même, si tu veux sentir tes pouvoirs immenses et la grandeur de ton origine, et si tu veux fertiliser ton désert. Faisons ce pacte, ô Dieu de paix, que tous mes mouvements viennent de toi ; faisons ce pacte, les ministres en porteront la nouvelle aux nations, et notre alliance sera célébrée dans toute la terre. Est-ce que nous devions avoir des souffrances d'expiation ? Nous ne devions avoir que des souffrances de sacrifices ; parce que la charité seule devait animer tous les êtres, et qu'ils ne devaient avoir d'autre emploi que de travailler au rétablissement de l'alliance. Jérusalem, ton temple embrasse tous les royaumes de l'univers, ton arche sainte est dans le cœur de l'homme. La gloire de son Dieu s'y est réservée un sanctuaire. Tout ce qui existe lui sert de lévite, et l'homme, comme un zélé sacrificateur, doit rassembler sans relâche les nations autour de l'autel des holocaustes.

136. *Il n'y aura qu'un seul pasteur et qu'un seul bercail, et au nom du réparateur, tout fléchira le genou dans les cieux, dans la terre et dans les enfers.* Hommes

prompts à juger, vous avez cru trouver là la conversion du grand dragon, et la sanctification des abîmes.

Oui, il n'y aura qu'un seul pasteur et qu'un seul bercail, parce que toutes les idoles seront brisées et tous les temples détruits, excepté celui du vrai Dieu. Le culte pur aura conduit les hommes justes aux joies célestes et au repos de leur âme. Le culte impur aura conduit les impies à la rage, à la fureur et au désespoir. Les fruits seront cueillis ; on n'en sèmera plus, parce qu'il n'y aura plus de terre : *tout est consommé*. Oui, au nom du réparateur, tout fléchira le genou dans les cieux, dans la terre et dans les enfers. On fléchira le genou à ce nom dans les cieux, pour célébrer sa gloire et les merveilles de sa puissance. On fléchira le genou à ce nom sur la terre, parce qu'il nous aura préservés et délivrés des mains de notre ennemi. On fléchira le genou à ce nom dans les abîmes, parce qu'on y frémira de terreur en éprouvant les effets de son pouvoir. Dans l'histoire du Gérasénien possédé, le pervers n'adora-t-il pas le réparateur ? Ne se prosterna-t-il pas à ses pieds ? Malgré cela a-t-il été converti ? Il n'était soumis que par la crainte, et non par l'amour ; sa soumission craintive lui a obtenu un changement de lieu, mais non un changement de disposition. Job, Zacharie, Michée, Luc, vous nous montrez l'esprit de mensonge et l'esprit de vérité, ayant des entretiens sans que l'être impur se rectifie, et il ne reçoit que des pâtiments par la présence du Dieu de justice.

137. Qui pourra adresser assez de cantiques à l'olive ? N'est-ce pas d'elle que vient l'huile de joie dont l'élu saint a été oint par prédilection ? Olive, olive, monte tes instruments à dix cordes, fais-nous entendre ta voix bienfaisante ; il y a trop longtemps que ta langue est retenue par les liens du crime. L'olivier semble être dans le deuil et dans la tristesse, et c'est le son continuel de sa voix qui porte la joie, l'amour et la vie dans toutes les âmes. Homme, c'est lui qui seul peut délier ta langue, et c'est ta langue qui doit délier celle des *échos* ; ils attendent que tu parles, pour porter ensuite tes paroles à toutes les nations. Famille humaine, parole humaine, si tu réunissais tes forces, ne ferais-tu pas éclater l'univers ? Ne ferais-tu pas trembler l'abîme ? Ne pourrais-tu pas transmuer la mort ?

138. Intelligence, intelligence, n'es-tu pas le caractère distinctif du prophète ? Si cela n'était pas, l'appellerait-on le voyant ? Les faits ne sont

que la confirmation de l'intelligence, et ne méritent que le second rang. Gédéon, tu demandes à l'ange des preuves de ta mission, il te les donne. Samuel, après avoir sacré Saül, tu lui annonces pour preuve de son élection à la royauté, qu'il va trouver un homme avec du pain et du vin.

Un homme de Dieu annonce au profanateur Jéroboam, comment le roi Josias doit traiter un jour les prêtres des hauts lieux. Pour preuve de sa prophétie, l'autel se brise, et la cendre qui était dessus se renverse. Isaïe, tu donnes au roi Ézéchias la preuve de la prolongation de ses jours par le retard de l'horloge d'Achaz. Dans la nouvelle alliance, les confirmations sont actives et instantanées comme la parole. Quelquefois, elles sont prophétiques et intellectuelles : *détruisez ce temple et je le rebâtirai dans trois jours*. Quelquefois, même on les refuse : *ils n'auront pas d'autres preuves que celles du prophète Jonas*. Saint Jean ne demande aucune preuve de tout ce que l'ange lui communique dans l'apocalypse ; et toutes les confirmations que cet ange annonce, sont pour la suite des temps, si mystérieuses que l'événement seul pourra les faire comprendre. Paul, Paul, tu avais raison de dire avec douleur, que les juifs demandent des miracles, et que les gentils cherchent la sagesse. Tout est donc esprit et intelligence ! Tel est donc le fruit des germes que la sagesse a semés sur la terre, parce que notre Dieu est esprit !

139. Comme ils seront doux, ces jours de paix où nous entrerons dans la demeure des sages, qui ont éclairé et soutenu le monde depuis l'ébranlement ! Ils nous chériront comme leurs enfants ; ils nous feront asseoir près d'eux, et ils nous raconteront les merveilles qu'ils auront opérées pendant leur sainte carrière. Abel, Énoch, Noé, vous nous instruirez par les récits de vos œuvres ; nous nous tiendrons serrés près de vous pour vous entendre ; et vos discours laisseront de longues traces dans notre pensée. Voilà ce qui nous attend au sortir de ce corps de mort. Voilà les ravissements qui nous sont promis : on nous y développera les secrets de tous ces événements que nous n'avons pu comprendre ici-bas ; de ces événements dont l'histoire des siècles est remplie, mais dont les mobiles sont cachés dans la politique sacrée.

140. Comment Dieu ne serait-il pas plus doux que les hommes, puisqu'il est même plus doux que l'esprit ? Si dans vos relations humaines, il se

rencontre un seul point qui blesse vos semblables, ils vous condamnent sur tout le reste. Mais pour toi, Dieu suprême, si dans les œuvres de l'homme tu vois seulement le moindre degré de justesse, tu fermes les yeux sur toutes ses imperfections. C'est ta miséricorde que tu as chargée du soin de recueillir nos prières. Elle n'est occupée qu'à en trier le bon grain, et elle n'est point rebutée par la quantité d'ivraie qui s'y trouve. Les Hébreux t'offensaient chaque jour dans le désert par leurs murmures ; ta gloire descendait sur l'arche d'alliance, pour leur reprocher leur ingratitude. Ton prêtre t'implorait, et à sa prière, tu suspendais ta vengeance. Il fallait qu'ils t'eussent tenté dix fois pour combler la mesure, et pour être condamnés. Les enfants de ces prévaricateurs devaient errer dans le désert jusqu'à ce que les cadavres de leurs pères fussent consommés. Ils y devaient errer pendant quarante ans, selon le nombre des quarante jours que les envoyés avaient mis à parcourir la terre promise. Un jour de grâce méprisée, demandait un an d'expiation. Cherchons le Seigneur, à cause de son inépuisable douceur : craignons le crime à cause de nos frères et de nos enfants ; et par amour pour eux, prenons garde de retarder par nos fautes leur entrée dans la terre de promission.

141. Homme, tu n'as point ici-bas de quoi suffire aux besoins de ton esprit, encore moins à ceux de l'esprit de tes semblables : il faut que tu puises tout dans les trésors universels ; qui te les ouvrira ? Et c'est dans cette disette que tu as l'audace de tracer des routes à la vérité, et de lui prescrire sa marche, comme si tu craignais qu'elle ne sût pas aller seule ! Rentre dans la poussière. Est-ce par la bouche des hommes que les ordres doivent te parvenir ? Ne sais-tu pas que les conseils des hommes sont vains, parce qu'ils ne s'assurent pas toujours de celui qui les préside. Sonde-les sur leur doctrine. Ils t'annonceront des événements qui en partie se réaliseront : sois encore sur tes gardes ; engage-les à réduire eux-mêmes à moitié tous les tableaux qu'on leur présente. Parce que la région que l'esprit occupe est beaucoup plus vaste que la nôtre, et qu'il cherche toujours à donner aux traits de ses pinceaux toute leur étendue et tout leur développement ; parce que l'esprit ne connaît point de temps, qu'il montre les choses en grand, tandis que la nature et le temps ne peuvent les recevoir que comme par extrait. N'a-t-il pas peint au prophète Isaïe, sous les couleurs les plus terribles de la fin du monde, la simple destruction de Babylone ? Dis-leur donc, que la sublime origine de l'homme fait que les lois, les promesses, les menaces, tout lui est donné par son Dieu dans une entière plénitude :

mais que notre extrême faiblesse et l'immense miséricorde de ce même Dieu, font que tout s'abrège pour nous dans l'exécution. Engage-les, pour dernier effort, à ne pas se tenir si passifs devant les voix qui les dirigent, et à se souvenir des droits de l'homme. *L'esprit des prophètes n'est-il pas soumis aux prophètes ?* Pourquoi avons-nous tant de troubles et tant de désordres sur la terre ? C'est que nous ne nous lions pas d'assez près aux ordres de la vérité, et que nous nous en tenons trop aux images.

C'est que dans nos œuvres, ainsi que dans les œuvres magnétiques, l'esprit du prophète n'est pas soumis au prophète ; que le prophète est non seulement soumis à son esprit, mais qu'il l'est encore à la main humaine qui dirige cet esprit sans le connaître, et qui elle-même peut être dirigée à son insu par une infinité de puissances diverses. Et ces imprudents se glorifient encore des œuvres qu'ils opèrent ainsi par la main des autres ! Tandis que les hommes de Dieu, plus ils opèrent de grandes merveilles par leurs propres dons et par leurs pouvoirs, plus ils s'humilient et se prosternent dans le sentiment de leur indignité.

∼

142. Ne prenons pas tant de soins d'orner nos paroles d'instruction, et de les rendre imposantes par une culture si étudiée. Fussent-elles des paroles toutes sublimes, ils n'en profiteraient pas, les malheureux ! Ils n'ont pas profité de la parole vive et universelle. Cependant que manquait-il à cette parole vive ? Le nom judaïque était la lettre, le nouveau nom était l'esprit. Quelle parole trouveriez-vous, qui fût comparable à cette parole ? Ils sont rares ceux qui s'occupent d'ouvrir leur être au sentiment intime de leurs sublimes rapports avec leur principe. Il n'y a que cette classe d'hommes qui sachent extraire le feu de la parole. Commence chaque jour, comme le prophète, par exterminer tous les pécheurs de la terre, et par détruire, dans la ville du Seigneur, tous les fabricateurs de l'iniquité. Le premier degré de la sagesse est la crainte de Dieu ; le second, la soif de toutes les vertus ; le troisième, l'amour de l'homme universel et particulier ; le quatrième, l'amour du souverain être et de son esprit. Voilà par où nous parviendrons à faire briller le feu de sa parole. Serait-ce du soin et de l'ornement de nos paroles, que dépendrait l'accomplissement d'un si grand œuvre ?

∼

143. Les tempêtes agitent les arbres ; ils en froissent les branches les unes contre les autres, et par là, ils en chassent les insectes et tous les animaux

malfaisants, qui auraient piqué les germes, et les auraient empêchés de fructifier. Ainsi la loi du temps et les secousses de notre région orageuse, nous dépouillent, les uns par les autres, de tout ce que nous avons d'étranger et de nuisible à notre véritable croissance. David, vous étiez pénétré de ces vérités, quand vous supportiez les malédictions de Séméï, et que vous empêchiez Abifaï de lui ôter la vie. *Peut-être*, disiez-vous, *que le Seigneur regardera mon affliction, et qu'il me fera quelque bien pour ces malédictions que je reçois aujourd'hui.* Il est une coupe plus amère encore ; c'est celle que nous buvons pour les autres hommes et pour l'énormité du mal. La connaissance de ses éléments et de ses propriétés est au-dessus de nous. Parce que cette coupe générale et centrale tombe sur notre principe même et sur notre centre, attendu qu'elle part également du centre suprême, ou du foyer vif de l'amour et de la charité. Qui que tu sois, si tu bois à cette coupe générale, ne te plains pas. Il est une tristesse qui mène à la mort, c'est celle du monde et de la folie ; mais il est une tristesse qui mène à la vie, et c'est celle de la sagesse et de la vérité. Quelle est la mère qui n'est pas comblée de joie, et qui n'oublie pas toutes ses douleurs, quand elle a mis un homme au monde ?

~

144. Quand l'épée du Seigneur a tué en nous l'ancien serpent, alors elle dilate les *tentes d'Israël*. Ouvrons notre âme à l'épée du Seigneur ; c'est elle qui doit séparer de nous les nations étrangères. Sans elle, nous restons toujours au rang des incirconcis. Oh, combien l'homme est terrible et grand, lorsque son unité est venue ! Pourquoi naîtrait-il avec un sentiment si vif de sa supériorité sur toute la nature ? Bannis de chez toi tous les doutes et toutes les craintes que tu pourrais avoir au sujet de ta puissance universelle quand tu es régénéré. *Ce que vous lierez sur la terre, sera lié dans le ciel.* mais, *personne ne peut venir à moi, si mon père, qui m'a envoyé, ne l'attire.* Il y a donc des élus nécessaires. Si l'homme n'avait devant les yeux tous les types du bien et du mal, comment pourrait-il connaître et choisir ? Malheur à quiconque porterait son idée jusqu'à la fatalité universelle ! Tous ces types sont les moins nombreux ; la classe intermédiaire est peuplée d'êtres plus ou moins libres. Et, sans doute, la sagesse laisse encore bien des mérites aux élus justes, pour pouvoir les récompenser sans caprice ; et bien des torts aux élus prévaricateurs, pour pouvoir les punir sans injustice et sans cruauté. Dieu ne serait pas le roi de gloire, le roi de paix, s'il n'était pas le roi de justice.

145. Quand tu voudras mettre à profit les institutions religieuses et en faire usage, tiens-toi au-dessous ; il faut là que tu sois passif. Quand tu voudras en analyser le sens et l'origine par la réflexion et le raisonnement, tiens-toi au-dessus ; il faut là que tu sois actif. *Le fils de l'homme est maître du sabbat même.* Le secret est de te servir tantôt de ton cœur et tantôt de ton esprit, selon l'occurrence. Ton esprit est-il satisfait ? Ouvre ton cœur. Tu pourras te livrer à ses mouvements sans faiblesse et sans puérilité. Ton cœur est-il satisfait ? Ouvre les yeux de ton esprit. Laisse-toi porter sur les ailes de l'intelligence ; elle te découvrira elle-même les vrais trésors qui peuvent seuls suffire à tous tes besoins.

146. Si l'homme n'avait point négligé de méditer les lois du Seigneur, et de contempler ces objets sublimes de sa pensée, le mal n'aurait pu pénétrer jusqu'à lui ; et aujourd'hui même, s'il fermait son cœur à l'iniquité, elle n'aurait aucune issue, pour pouvoir se glisser dans le monde. Apprenez ici un secret à la fois immense et terrible. Cœur de l'homme, tu es la seule issue par où le fleuve du mensonge et de la mort s'introduit journellement sur la terre. Tu es le seul passage par où le serpent empoisonné élève sa tête ambitieuse, et par où ses yeux jouissent même de quelque lumière élémentaire ; car sa prison est bien au-dessous de la nôtre. C'est par là que, découvrant les biens qui nous environnent encore, il verse son venin sur les plantes salutaires qui nous sont accordées pour notre nourriture et notre guérison. La barrière de l'iniquité est devenue semblable à l'iniquité même. L'homme a dit aux ténèbres : *Entrez librement, j'ai commandé à mes sentinelles de ne point s'opposer à votre passage. Suivez-moi, voyez et apprenez tout ce que vous désirez de connaître. Voici mon sceptre, voici ma couronne, voici tous mes trésors.* L'ennemi a saisi, d'un coup d'œil, toutes ces merveilles ; puis il les a employées pour l'avancement de son règne, tandis qu'elles ne devaient paraître que pour l'avancement du règne de la vérité. Il ne s'en est servi que pour transformer la terre vierge en un champ d'iniquité et de poisons. Cœur de l'homme, quels siècles suffiront pour arracher de toi ce levain étranger qui t'infecte ? Entendez-vous les efforts douloureux et déchirants que font les mortels pour vomir cette semence de mort ? Pleurons, puisque le cœur de l'homme, qui devait être l'obstacle des ténèbres et du mal, est devenu la lumière de l'abomination et le guide de l'erreur !

Pleurons, pour que le mal trouve fermées toutes les issues, et qu'il soit réduit à errer en aveugle dans l'épaisse nuit de ses ténébreuses cavernes !

∼

147. Dieu m'a environné de sa puissance, comme les forts qui sont en avant des citadelles. Pourquoi arrêterais-je le cours de ma pensée, quand il la nourrit et qu'il lui donne comme la rapidité des fleuves ? C'est de nos pensées que nous avons besoin, et non point des pensées des autres hommes. Colonnes fondamentales de l'œuvre, mes yeux vous contempleront ; vous ferez l'objet de ma joie et celui de mon admiration. C'est vous qui avez porté la lumière aux peuples de la terre. C'est vous qui ouvrez continuellement la porte du salut à ceux qui, au sortir de cette terre, marchent dans les sentiers d'Israël. C'est vous qui, lors de la fin des temps, conduirez tous ceux qui entreront dans les saints portiques. Vous avez toujours les yeux ouverts sur quelques-unes des régions de la postérité humaine ; et s'il en est que la loi de la sagesse prive encore de vos regards, vous les préservez des ténèbres absolues, en leur envoyant des astres intermédiaires qui leur réfléchissent votre lumière. Qui me donnera d'embrasser la hauteur de ces colonnes, et de saisir toute la beauté de leurs dimensions ? Leurs bases posent sur la terre des vivants ; leurs sommets sont couronnés des rayons de l'esprit ; elles s'élèvent jusqu'à la voûte du temple. Élevez-vous, âmes humaines, élevez-vous dans l'unité ; ne quittez pas l'équerre et la perpendiculaire, jusqu'à ce que vous soyez devenues des colonnes, et que votre tête se cache dans les cieux. Vous ferez les mêmes œuvres que le réparateur a faites, et même de plus grandes ; parce qu'il n'agissait alors que par sa puissance, et parce que, depuis qu'il est monté vers son père, vous pouvez agir, et par sa puissance et par celle de l'esprit.

∼

148. Lois humaines, où placez-vous l'homme quand il a manqué à l'honneur ? Ne le reléguez-vous pas avec ceux qui n'ont point d'honneur ? Pourquoi donc l'homme se trouve-t-il placé parmi les choses qui n'ont point de parole, si ce n'est, parce qu'il a péché dans sa parole ? Aussi Amos avait-il dit : *Ils circuleront, ils iront çà et là, pour chercher la parole du Seigneur, et ils ne la trouveront point.* Mais au temps marqué, la bonté divine a envoyé la parole universelle, pour nous servir de sauvegarde. La loi de justice était grande, superbe, entière et consolante, parce qu'elle venait également de la

vie ; mais qui la comparerait à la loi de grâce, dont la douceur est telle, que personne n'en peut mesurer la hauteur, la largeur, ni la profondeur ? Et néanmoins cette loi de grâce n'est encore que la seconde loi : qu'on juge donc ce que sera notre joie quand nous serons dans la loi du *père*, ou dans la troisième loi, qui sera le complément de la parole et de la plénitude de son action ! Car tout est parole ; les hommes ne courent-ils pas sans cesse après son image, en recherchant l'autorité dans tous les genres ? Leurs entretiens même ne déposent-ils pas en faveur de la vérité ? Il ne faut pas y laisser tomber la parole.

149. Ils ont confondu le principe de nos idées avec les sens, qui n'en sont que les organes. Ils ont voulu que la matière pensât, tandis que, loin que sa présence soit nécessaire pour la pensée de l'homme, elle n'est pas même nécessaire pour sa sensation, puisqu'il en éprouve à des membres qu'il n'a plus. Ils ont voulu, que la matière nous donnât l'idée de Dieu, tandis que non seulement elle ne la possède pas, mais que même elle n'a pas l'idée de l'esprit. Ils ont dit qu'ils étaient les pères de l'esprit de leurs enfants, comme si la nécessité du concours de deux êtres subordonnés aux lois de matière, ne répugnait pas à l'idée de la production d'un être simple ! Ils ont voulu former le monde par des unions d'unité, pendant qu'il n'y a qu'une seule unité, et qu'on ne peut la joindre avec rien. Ils ont attribué à l'illusion et à la terreur toutes les idées intellectuelles et révélées qui remplissent toute la terre ; tandis que rien ne pouvant, selon eux, arriver dans notre intelligence, qui n'ait été dans nos sens ; si ces choses sont dans l'intelligence de l'homme, c'est prouver qu'elles ont auparavant frappé ses sens. Ils n'ont pas voulu prier, parce qu'en s'unissant à la matière, ils ont fini par ne se pas croire plus libres et plus puissants qu'elle. Ils ont confondu toutes les lois des nombres, en prenant pour racine ce qui n'est que puissance, et ne voulant prendre que pour puissance ce qui est racine.

Ils se sont crus auteurs de la parole, parce qu'ils ont vu parmi eux les langues naître des débris les unes des autres. Ils n'ont pas pressenti pourquoi, dans les productions de leur génie, ils trouvaient tant d'avantage à personnifier toutes les qualités morales, bonnes ou mauvaises, et même tous les êtres physiques. Ils ont déshonoré la poésie, et ont insulté à notre intelligence, ayant l'air d'être inspirés par des muses, pendant qu'ils ne prenaient leurs inspirations que dans leur mémoire, ou dans tous les objets qui nous environnent, et que nous pouvons observer comme eux. Ils semblent tous occupés à ravager les moissons qui devraient les nourrir, et à ne cultiver que les poisons qui les corrompent. Oh, Vérité ! répète ici ce que tu fis dire à Isaïe sur les hébreux prévaricateurs : *Où frapperai-je ? ce peuple n'est que plaie de la tête aux pieds.* Il n'y a pas un seul endroit vif où la verge de correction puisse se faire sentir.

∽

150. Je ne chercherai plus à découvrir la nature du crime primitif. La charité du réparateur me la fait connaître. *Aimez-vous les uns les autres, jusqu'à donner votre vie pour vos frères. Soyez uns avec lui, comme il est un avec son père.* Cet être n'est venu que pour balancer la masse d'iniquités ; il nous en montre le poids en égalité ; il en a seulement changé la substance. Si le poids que le réparateur a apporté est l'unité et l'amour des autres, celui qu'il est venu balancer, est la division et l'amour de foi. Tu t'aimas seul, principe d'iniquité. Tu cessas d'aimer dans l'unité ; et dès lors tes facultés furent perverties, quoique ton essence soit incorruptible. Manichéens, cessez de croire à la nécessité de deux principes coéternels ; vous vous égarez à tous les pas que vous faites, si vous ne reconnaissez un être libre et produit par un être nécessaire. Célébrons la grandeur de l'homme pour qui s'est opérée une œuvre, qui est telle qu'il ne s'en est jamais opéré de semblable en Israël. C'est parce que Dieu est le terme de l'homme dans les cieux, que l'homme a été le terme de Dieu sur la terre. Qu'est-ce qui nous apprend cette vérité ? Suivez, par l'intelligence, le cours de ses opérations. Elles ne furent complètes, que lorsqu'il se fut initié jusque dans les profondeurs du cœur de l'homme. Les nôtres ne seront complètes que lorsque nous serons initiés par notre amour, jusque dans les profondeurs du cœur de Dieu.

∽

151. Multipliez-vous une puissance morte, comme la matière : vous l'affaiblissez. La puissance vivante, au contraire, à quelque degré qu'on l'élève, demeure toujours intacte, et manifeste d'autant son activité. Lois du calcul, vous êtes l'image des choses vivantes. Le terme générateur de toutes les puissances numériques n'éprouve jamais d'altération, quoiqu'il produise l'immensité des êtres. Ne sommes-nous pas portés à tout mesurer, à tout peser, à tout calculer ? Ne sommes-nous pas faits pour nager dans l'infini, puisque nous y sommes nés ? Après avoir acquis et goûté quelques vertus, ne pouvons-nous pas en acquérir et en goûter de nouvelles ? Et cela sans terme, sans fin, comme les nombres, comme l'Éter-

nel, qui est toujours neuf, toujours s'engendrant de sa propre essence, et cependant toujours le même dans son action vivante et vivifiante ? Le poids ou le plein se trouve dans les principes et l'action de chaque région. La mesure est disséminée dans le temps ; et le nombre fermente, comme le feu, dans les germes de tous les êtres. Y aurait-il un poids, une mesure et un nombre pour le mal ? Ce ne pourrait être qu'un poids incomplet, qu'une mesure fausse et un nombre incertain. Sans cela, le mal aurait un moyen sûr de vaincre le bien, ou au moins de le combattre et de s'égaler à lui. Homme, pèse-toi avec tes œuvres, mesure-toi sur les degrés de ta réconciliation, nombre-toi sur la vivacité de ta foi, et sur l'ardeur de ton amour. N'espère rien, si tu n'as pas divinisé ton cœur. C'est pourquoi ne parle jamais de la sagesse qu'à ceux qui l'ont déjà cherchée. Ceux qui ont cru pouvoir s'en passer, n'y sont pas propres.

~

152. Unité fixe, unité variable, unité composée : voilà les trois quaternaires qui embrassent l'universalité des êtres. Voilà pourquoi tout ce qui a reçu l'existence, porte l'empreinte du premier être ; et l'image de chaque principe est toujours près de ce principe pour le représenter. Dieu puissant, qui pourrait contempler ta gloire, si tu ne t'enveloppais des esprits, qui sont ton image ? Ton serviteur Moïse les a vues, ces puissances, qui t'accompagnent, qui te suivent et qui viennent après toi. Car n'est-ce pas là le sens de ce mot *Akarim*, que la langue sainte nous a transmis ? L'intelligence ne trouve-t-elle pas un appui dans le tableau de ces puissances que tu précèdes, qui sortent de toi, et qui viennent après toi ? Que penser donc de ces froides traductions, qui nous ont peint si ridiculement la manière dont Moïse a vu Dieu ? Il n'y a qu'un mot primitif. Voilà pourquoi la vraie étymologie apprendrait tout. Sagesse, excuse leur ignorance, et prouve-leur la vérité dès ce monde. Il y a toujours un moment dans la vie où l'homme la voit, cette vérité, non seulement par le cœur, mais par les yeux. Heureux celui à qui tu accordes d'en profiter ! La science lui deviendra inutile. Ne voyons-nous pas partout de la force, et comme une opiniâtreté de puissance ? C'est que tout est en vie, même ce qui est mort ; et c'est là ce qui montre combien le règne de l'unité est plus ancien que celui de la confusion.

~

153. La science est rapide, comme le temps ; muable, comme Protée ; mobile, comme l'esprit. Quelle peut donc être votre espérance, vous, hommes savants, qui prétendez en expliquer les monuments ? Ce que vous découvrirez pour une époque, pourrait-il convenir pour l'époque suivante ? Kircher a voulu expliquer les hiéroglyphes égyptiens et la fable isiaque. Que nous a-t-il appris ? Si ces monuments sont le fruit de la sagesse, étudiez d'abord ce que c'est que la sagesse, pour pouvoir ensuite découvrir sa liaison avec eux. Mais cette notion vraie de la sagesse, ne la poursuivez point par les recherches ordinaires, elles ne l'ont point encore fait rencontrer. Si ces monuments sont le fruit de l'ambition, de l'ignorance et de la mauvaise foi, ils ne méritent plus que vos dédains. Malheureux hommes, vous semblez n'avoir pour but que de trouver aux choses une explication qui vous dispense de la véritable. Jusqu'à quand regimberez-vous contre l'aiguillon ? Vos sciences, vos bibliothèques sont, pour l'esprit de l'homme, ce que les pharmacies sont pour son corps. Les unes et les autres ne font que déposer contre ses lumières, sa force et sa santé.

Elles servent quelquefois à mitiger ses maux, plus souvent à les augmenter jusqu'à la mort, rarement à les guérir, et jamais à le rendre invulnérable. Que tout homme écrive, s'il le veut ; cela peut l'aider à former son esprit. Mais que personne ne lise : cela ne sert presque jamais qu'à le déformer. Surtout lorsque les écrivains, plus jaloux de nos suffrages que de notre avancement, craignent de donner du travail à notre pensée ; et, pour régner sur nous, ne songent qu'à la retenir dans l'enfance, et à ne pas lui laisser développer ses forces. Ô, vérité sainte, qu'es-tu devenue parmi les hommes ? N'es-tu pas ce temple, dont le sauveur disait qu'il ne resterait pas pierre sur pierre ?

∽

154. *Jetez le filet du côté droit de la barque, si vous voulez trouver de la nourriture.* Ne vous bornez point à plonger l'homme dans la piscine. Que toutes les eaux de la vie, de la voie et de la vérité pénètrent en lui, et s'y succèdent sans interruption. *Ils* monteront et descendront en lui, comme l'échelle de Jacob. À force de fouler avec leurs pieds, *ils* aplaniront la voie, et le vainqueur pourra marcher en triomphe dans le sentier préparé par les pas de son armée. Contemplons l'homme ainsi sorti de la piscine. On va le revêtir d'habits plus éclatants que le soleil. Il va prendre l'étole de la justice ; sa tête sera couverte de la tiare, et il prendra l'épée pour combattre les ennemis du Seigneur. Il mettra sa gloire à délivrer les captifs, et à purifier les éléments et l'homme coupable. Voilà pourquoi, quand par son

ordre les pêcheurs auront jeté le filet du côté droit, *ils prendront cent cinquante-trois gros poissons.* Malheur à celui qui, après s'être éclairé dans l'esprit et purifié dans la piscine, se laisse aller à des fautes indignes de l'esprit ! C'est se souiller dans l'esprit, c'est soumettre la vie à la mort, c'est donner la mort à la vie. Il sera obligé alors de marcher longtemps au-devant de l'esprit, tandis qu'auparavant c'était l'esprit qui marchait au-devant de lui.

155. Quelle est la pensée de l'esprit du Seigneur ? C'est l'âme de l'homme ; c'est cet être immortel, en qui tous les rayons divins sont rassemblés. Quelle est la pensée des puissances actives et créatrices de la nature ? C'est l'âme animale, c'est cette substance instantanée, en qui agissent de concert toutes les puissances productrices, sensitives et végétatives. Quelle est la pensée de l'âme immortelle de l'homme ? C'est ce char glorieux, sur lequel elle repose, qu'elle devrait animer de son feu, et qui un jour doit la faire planer dans la gloire. Quelle est la pensée de l'âme animale ? C'est le corps matériel, c'est cette production mixte et sujette à se décomposer ; parce que les divers principes qui concourent à la construire, peuvent aussi diviser et suspendre leur action, quand le centre qui les lie se retire. Quelle est la pensée du char glorieux, où repose l'âme immortelle de l'homme ? C'est une opération de vie ; parce qu'il tient à une progression, qui va toujours d'actions simples en actions simples. Quelle est la pensée du corps matériel ? C'est une opération de mort ; parce que, tenant à une racine qui n'est pas simple, plus ses résultats se propagent, plus ils se divisent et s'affaiblissent. Et c'est par ces filières corruptibles et fragiles, que la vérité, l'amour, la lumière et la vie ne craignent point de passer. Pensée humaine, rassemble les mondes, rassemble tous les esprits, rassemble le poids de tout ce qui a reçu l'existence : tu ne pourras jamais obtenir par là de quoi évaluer l'amour de ton Dieu.

156. J'ai un tableau vaste à considérer. Le réparateur s'est transfiguré aux yeux de trois de ses élus. Il a développé, devant eux, le germe de l'homme primitif. Il leur a fait connaître la splendeur de cette forme glorieuse, dont nous aurions tous été revêtus, si nous eussions suivi le plan de notre origine ; et il leur a montré le terme. Si les hommes eussent été plus prêts à rentrer dans la vérité, si l'humanité entière ne se fût pas

jetée sous le joug de la matière et des ténèbres, cette forme glorieuse serait restée dans sa splendeur, et elle aurait relevé l'homme par la force de son attraction. Mais le poids du crime la fit rentrer dans son épaisse enveloppe, et il fallut qu'elle en sortît de nouveau par violence, puisqu'elle en était sortie en vain par la charité. La terre ne trembla point à cette transfiguration ; les cieux ne furent point obscurcis ; les morts ne sortirent point de leurs tombeaux, et ne se promenèrent point dans les rues de Jérusalem, pour en épouvanter les habitants. C'était l'amour seul, c'était la dernière tentative de l'amour, qui essayait encore s'il pouvait se passer de la justice. *Jérusalem, Jérusalem, combien de fois ai-je voulu rassembler tes enfants, comme une poule rassemble ses petits sous ses ailes ? Et tu ne l'as pas voulu !*

157. Excepté des crimes, des souillures, ou de coupables négligences, qu'est-ce que l'homme offre sur la terre ? Quel abîme que son séjour ! Quelle cruauté dans sa manière de payer les bienfaits de Dieu ! Quel suicide continuel pour son âme, que sa conduite ! Oh homme, puisse la main suprême t'arracher à ce cloaque et à ce précipice toujours ouvert ! Au lieu de transmettre les lumières et la vie à tes semblables ici-bas, tu ne sais pas même t'y préserver des ténèbres et de la mort. Dieu de paix, lorsque nous nous livrons à la prière, pourquoi sentons-nous que le crime et toutes ses traces s'éloignent de nous ? N'est-ce pas parce que vous êtes assez miséricordieux pour ne plus vous en souvenir ? N'est-ce pas parce que l'œil de votre amour, en se portant sur nous, y porte, en même temps la vie, qui peut régénérer jusqu'à la mort même ? Quelques crimes que nous ayons commis, ne désespérons jamais d'en obtenir la guérison, pourvu que nous nous déterminions à la demander. Notre humiliation, notre repentir aident à développer la gloire et la tendresse de notre père céleste, et ce sont là ses suprêmes attributs. Sans l'aveu de nos fautes, la punition ne ressemble plus à la justice ; elle ressemble à la barbarie. Sans l'aveu de nos fautes, le pardon ne ressemble plus à une grâce, il ressemble à un caprice. Après le premier crime, l'homme coupable s'est adressé directement à Dieu ; après le second crime, il n'a pu s'adresser qu'à l'esprit. Lorsqu'ils descendent au-dessous de l'esprit, il n'est pas jusqu'aux pierres qui ne fussent prêtes à entendre l'aveu de leurs crimes. N'est-ce pas elles dont le Seigneur a dit, qu'il en pourrait sortir même des enfants à Abraham ? La voie de la paix est partout ouverte pour l'homme ; elle descend avec lui dans tous les abîmes où il se plonge : et vous voudriez faire une religion

particulière, comme si la religion vraie n'était pas universelle et de toutes les nations !

158. Quel est le tableau que la nature matérielle nous présente ? Des substances en germe, des substances en végétation, des substances en production. Quels sont les moyens que les hommes ont de commercer entre eux ? L'écriture, quand ils sont séparés ; la parole, quand ils se peuvent entendre ; l'action, quand ils se voient. L'ami qui nous la donne, la pensée, pourquoi ne suivrait-il pas toutes ses progressions ? Pourquoi ne renfermerait-il pas des substances en germe, des substances en végétation, des substances en production ? Tout est tableau dans les œuvres de la pensée. Elle ne se présente jamais à nous que sous une forme sensible ; parce que tout est complet dans la source qui la produit. Cette forme sensible est son écriture. Mais l'on ne s'écrit, que lorsqu'on est séparé ! Ce sont là les substances en germe... Ne pouvons-nous pas entendre la voix des hommes au milieu des ténèbres, et sans les voir ? Ce sont là les substances en végétation... mais il y a un troisième degré ; mais nous voyons agir les hommes, quand ils sont près de nous et que la lumière les éclaire ! Ce sont là les substances en production... Il est donc vrai que l'on écrit aux hommes, que l'on leur parle, que l'on agit devant eux, quoiqu'ils s'en aperçoivent si peu ; comme il est vrai que toutes ces choses se passent matériellement devant les enfants, qui ne s'en aperçoivent pas davantage. Vérité, vérité, qui pourrait aimer autre chose que toi ?

159. Il semble que dans les demeures sacrées et destinées aux cérémonies saintes, il y ait un pouvoir invisible qui porte en soi un caractère efficace et salutaire, et qui l'imprime sur tous les êtres qui se trouvent dans ces enceintes. N'y sentez-vous pas les passions se calmer, l'esprit s'éclaircir, le cœur se réchauffer ? Les choses du monde s'y plongent dans leur néant. Les rayons de la vérité nous y remplissent de lumières vives et de joies qu'on ne saurait peindre. Ne sentez-vous pas même que vous en sortez, plaignant les hommes, et étant plus disposé à les aimer, tandis que vous n'y étiez entré, peut-être, qu'en les déchirant et les haïssant dans votre cœur ? C'est que la prière fait sa demeure dans ces asiles, et que, malgré l'iniquité des hommes, elle est plus forte que leur souillure. C'est qu'elle y purifie continuellement l'atmosphère, et que vous participez à sa pureté,

dès que vous approchez de ses influences. Quelque distingué que soit un génie, même dans les choses de *l'esprit*, il ne pourra se soutenir, qu'autant qu'il habitera avec la piété. N'est-elle donc pas assez sublime pour lui, cette idée, de pouvoir sentir et proférer, que nous avons Dieu pour notre père, et que, par ce seul mot, nous ennoblissons toute la famille humaine, en même temps que nous réunissons tous ses membres par les liens de l'amour et de la fraternité ? N'est-elle pas assez sublime pour lui, cette idée, de sentir qu'il ne doit pas prononcer ce mot de *père* devant son Dieu, s'il y a un homme dont il ne soit pas le frère et l'ami ? Priez, priez, jusqu'à ce que vous vous sentiez poursuivi par la concupiscence de cette jouissance. C'est là la vie de votre être. Sortez, rameaux divins, qui êtes comme engendrés par la prière. Couvrez de vos ombrages les sentiers qui conduisent au temple du Seigneur, afin que les nations connaissent que les voies qui mènent au Seigneur, sont douces au-dessus de toutes nos pensées.

160. Tout ce qui ne naît que de l'homme, est condamné dans notre tribunal intime. Mon admiration cherche partout, et dans mes semblables, et dans moi-même, quelque chose de supérieur à ma propre espèce ; et quelle que soit la clef d'un pouvoir, je ne la respecte plus, dès que je vois jour à m'en emparer. Humanité malheureuse, as-tu besoin de ces moyens pour te prouver l'existence d'une puissance supérieure à toi, et celle de ton propre caractère immortel ? Non, ce n'est point là que portent tes doutes primitifs ; c'est sur le but, la loi et la destination de ces deux êtres. Ce n'est qu'après avoir essayé en vain de leur fixer une relation, que tu as pris le parti d'abandonner la persuasion de leur existence. Il n'est point d'homme en qui le matérialisme et l'athéisme soient des idées mères. L'un et l'autre ne sont en lui que des idées secondaires, que des idées *diminuées d'une vérité radicale*, qu'il avait contemplée d'abord avec complaisance, qu'il a laissée ensuite s'éloigner de lui par désespoir de la saisir ; mais qui lui est tellement naturelle, qu'il la regrette toujours en secret, et que rien, pas même la vertu, ne peut la remplacer dans son cœur. Qu'ont fait les hommes pour arriver à la connaissance de ces deux êtres ? Ils ont voulu, par une loi d'analyse, opérer sur ce qui est simple. Ils ont voulu traiter la pensée comme les objets composés. Ils ont pris le scalpel, et ont entrepris la démonstration de l'intelligence, comme l'anatomiste entreprend celle des animaux. Mais la main de l'anatomiste n'est-elle pas meurtrière ? Et le moindre des actes qu'elle opère pour connaître les corps, n'est-il pas un

acte de destruction ? Nature intellectuelle de l'homme, lorsqu'ils t'ont ainsi disséquée par cet instrument pernicieux, pouvais-tu te montrer vivante, comme tu le seras toujours dans ton ensemble ? Non, tu n'as plus offert que des membres isolés, défigurés, et qu'il faudrait ensevelir dans les sépulcres. Et c'est sur cette base brisée, et qui va toujours en s'écroulant, qu'ils ont élevé l'édifice de l'homme et du souverain créateur des êtres ! Savants, oubliez vos sciences, elles ont mis le bandeau sur vos yeux !

∽

161. Me croirai-je en mesure avec la sagesse, quand j'aurai suspendu ma vengeance contre un homme qui m'outrage ? Je n'y serais pas, même quand j'aurais remercié la main suprême qui m'aurait envoyé cette épreuve, et quand j'aurais remercié celui qui aurait été cause que j'aurais quelque chose à offrir. Ce serait pour mon propre intérêt que j'aimerais un pareil homme, et ma charité ne serait pas pure. C'est quand je sentirai que j'aime cet homme pour lui, que je serai en mesure ; c'est quand je sentirai que je donnerais ma vie pour lui, et que je ne m'apercevrais pas des maux qu'il me fait. C'est alors, dis-je, que j'aurai atteint le seul point qui puisse servir de contrepoids à l'injustice. Voilà le modèle que tu nous as donné, réparateur saint et sacré, et voilà celui que nous devons suivre ; car c'est de songer à nous que provient la cause de tous les maux. Je ne tiendrai pas mes yeux toujours attachés sur les maux de la terre. Mon âme deviendrait tellement absorbée dans sa douleur, qu'elle ne connaîtrait plus la paix de son Dieu, et qu'elle prendrait le règne de la mort pour le règne éternel de l'unité. Mais je ne tiendrai pas toujours mes yeux élevés vers les cieux. Mes jouissances seraient si vives et si abondantes, que mon âme oublierait qu'il existe des maux, et que je deviendrais comme étranger aux douleurs de mes frères. Pourquoi avons-nous acquis la science du bien et du mal ? Nous ne pouvons nous soustraire à cet arrêt de la justice. Nous ne soutiendrions pas ici-bas la joie pure et continuelle. Nous n'y soutiendrions pas non plus le mal absolu sans intervalle. Si le soleil était toujours sur notre horizon, il nous consumerait. S'il n'y paraissait jamais, notre terre deviendrait bientôt une masse morte, où la stérilité et le néant étendraient leur empire.

∽

162. J'ai coupé et rompu moi-même une portion de l'héritage que tu m'offrais avec tant de largesse. Paie ma dette. Si je leur ai fait du mal par

mes iniquités, fais-leur du bien par ton amour. Je n'ai que des grâces à te rendre, et des pardons à te demander. Quand j'aurai été guéri de mes propres maux, et quand j'aurai guéri ceux de mes frères, c'est alors que le nom du Seigneur fera renaître en moi le rameau d'or, et qu'il donnera à mon bras le pouvoir de fermer l'abîme. Héros fabuleux, vous allez bien vous-mêmes, selon vos poètes, prendre vos armes triomphantes des mains de vos divinités imaginaires ! Alors, j'entonnerai l'hymne sacré, que chantent sans cesse les anges de paix dans la cité sainte ; cet hymne, dont les sons ont retenti depuis Zabulon jusqu'à Juda ; parce que l'étoile de Jacob venait réunir les deux peuples et les deux royaumes. Hélas, si l'homme restait toujours enfant, jamais le mal n'aurait de prise sur lui, ni sur sa pensée. Il croîtrait paisiblement dans la sagesse. Il y deviendrait aussi élevé et aussi robuste que le chêne l'est entre les autres arbres de la forêt. C'est toi, ami fidèle, qui combattrais pour lui, et pour ainsi dire à son insu. Si, pour accomplir sa loi, il a un combat indispensable à livrer, il verrait le mal, mais il ne le connaîtrait pas dans son cœur. Son cœur serait toujours dans l'innocence, lorsque son bras et sa parole seraient la terreur de l'ennemi. Parole sainte, donne-moi de recouvrer l'âge de mon enfance ; parce que plus l'homme se souille, plus il devient faible et comme la proie de tes adversaires.

163. Sur le sommet de ces édifices merveilleux, élevés à si grands frais, et qui étalent tant de magnificence, j'ai vu la nature humilier l'homme par les plus simples productions. Sur ces fruits du faste, je l'ai vue, produisant un brin d'herbe, la plus légère mousse, et par cette seule œuvre effacer toutes les œuvres et tout l'orgueil des humains. *Le lys est mieux vêtu que ne l'était Salomon dans toute sa gloire.* Homme, quand ouvriras-tu tes yeux sur ces puériles merveilles qui sortent de tes mains ? Tu ne peux opérer que des transpositions, tandis que les œuvres de la nature sont des créations continuelles. Par-tout elle suit son œuvre, et jamais elle ne s'aperçoit des tiennes. Que lui importe que tu transposes toutes les substances ? La perle et le diamant ont-ils acquis une gloire de plus, pour être sortis de leur demeure et être venus se placer sur le bandeau des rois ? Encore si dans ces usages et dans ces conventions du luxe, ton intelligence apercevait des traces de ce qui attend un jour l'homme de vérité ! Si tu t'élevais jusqu'à l'idée de ces temples magnifiques, que l'homme de paix habitera dans les siècles futurs, et où un or plus pur que celui de la terre, et des pierres précieuses plus transparentes que le diamant, seront comme les signes

éternels de sa gloire et de ses vertus ! Réveille-toi, reprends les titres de ta supériorité sur la nature même ; tes œuvres fragiles disparaîtront, et les merveilles de tout l'univers rassemblées, n'égaleront pas une seule de tes œuvres vraies. Ne peux-tu pas agir sous l'œil de ton Dieu ? Que la nature demeure dans le silence, elle ne sait pas seulement qu'il y a un Dieu. Elle en exécute les ordres en aveugle ; elle n'a ni la mémoire, ni la conscience de ce qu'elle opère.

164. L'œil qui contemplera la terre en grand et dans ses désordres, y verra des signes terribles de la puissance de son auteur. Qui est-ce qui a accumulé ces masses énormes de rochers dont le globe est hérissé, et où toutes les lois de l'équilibre et de la gravité semblent oubliées ? Qui est-ce qui souffle ces tempêtes désastreuses, qui tantôt ravagent des contrées entières, tantôt élèvent sur les mers des montagnes ambulantes, et y creusent des précipices plus effrayants et plus profonds que ceux que l'on rencontre sur la terre ? Qui est-ce qui a allumé ces gouffres de feu, qui, à la fois, consument et ébranlent notre triste demeure ? Insensé, il n'y a que toi qui ne verras pas là les traces imposantes d'une ancienne vengeance, et les actes encore parlants d'une puissance irritée. C'est par pitié pour toi qu'elle ne t'en offre plus que les traces ; elle veut voir si à ce spectacle, tu pourras de toi-même faire un retour vers elle, et lui rendre hommage. Elle a traité autrement les anciens prévaricateurs : elle a lancé ses foudres sur eux ; elle les a écrasés sous le poids des fléaux de sa colère. Tu ne parais sur le champ de bataille que le lendemain du combat ; mais c'est encore assez tôt pour t'apprendre combien il a été terrible. Mes yeux, contemplez la nature sous ses faces brillantes et enchanteresses ; n'y voyez plus cette effrayante justice. Pénétrez dans l'intelligence de cet emblème universel, il n'a été donné que pour être entendu. L'auteur des choses a enveloppé l'univers de son nom ; il a posé à chaque région un extrait de ce nom puissant, pour y demeurer et les balancer l'une par l'autre. Ainsi, l'univers plane au-dessus des abîmes, parce qu'il est suspendu aux rayons du nom du Seigneur, et que tous les rayons du nom du Seigneur sont vivants, comme lui, par eux-mêmes. Voilà pourquoi ils peuvent servir de guides au voyageur égaré, puisqu'il n'y a pas un point de l'espace où il ne puisse trouver une lumière vivante, comme la parole. Père des humains, quelle est donc l'étendue infinie de tes merveilles et de ta sagesse ? Il faut que tout ramène à toi ; quand ce ne serait pas pour t'aimer, ce serait pour tomber d'admiration devant ta puissance.

∼

165. Le milieu des temps était l'intervalle entre la justice et la miséricorde : aussi, Paul, d'après Habacuc, nous annonce-t-il que le milieu des temps était le temps choisi. Ce n'est point devant les yeux que nous devons chercher à avoir l'esprit. Notre cœur est sa véritable demeure, parce que le cœur de l'homme est aussi le temps choisi, puisqu'il est l'intervalle entre la lumière et les ténèbres. Cœur de l'homme, si tu marches seul, tu t'exaltes, tu t'évapores, ou tu fais place à l'orgueil. Veux-tu devenir vain, comme l'avare, qui aime à contempler les signes de sa puissance, parce qu'il est vide ? Veux-tu devenir vain comme l'homme de luxure, qui ne cherche qu'à s'emparer des principes des sens, moins pour en jouir que pour les corrompre ? L'impétuosité de la matière et des passions est moins criminelle. Notre cœur est sans cesse dans les douleurs de l'enfantement. C'est l'esprit seul qui peut nous soulager dans ce travail, et nous procurer d'heureuses délivrances. Ne faut-il pas que nos pensées circulent et reviennent à nous pour nous être sensibles ? Combien de barrières peuvent les arrêter et briser le cercle ! Une mère aura-t-elle de la joie, oubliera-t-elle ses douleurs, si elle ne voit le fils auquel elle vient de donner la vie ? Esprit, esprit, c'est toi qui conduis l'homme à son terme, c'est toi qui veilles sur toute la postérité de ses idées. Les malheureux, ils ne voient pas combien leurs œuvres factices, ces fruits de la seule pensée de l'homme, offrent de ressources à l'ennemi ! N'a-t-il pas un droit imprescriptible sur tout ce qui n'est pas la vérité ? Refusez-lui tous vos moyens : il sera obligé de porter son activité contre lui-même, et former, dans son propre royaume, une guerre intestine ; et vous pourrez alors remplir en paix le temps choisi, et conduire vos pensées à un heureux terme.

∼

166. Vous convenez donc, savants littérateurs, que le sublime est indéfinissable ! Vous convenez qu'il nous transporte hors de nous, comme malgré nous ; et sans nous dire ce qu'il est, vous vous bornez, comme Longin, à traiter des sentiers qui y conduisent ! Vous nous peignez différents genres de sublime, vous nous citez les endroits sublimes de nos poètes. Vous nous citez la réponse de cette mère à qui on parlait du sacrifice d'Isaac : *Dieu n'aurait pas demandé ce sacrifice-là à une mère*, sans faire attention qu'Isaac, étant le fils de la foi, ne pouvait se comparer à un fils des sens et de la matière. Vous nous citez l'élévation de ces guerriers qui, à la vue du mausolée d'un grand général, tirent leur sabre et l'aiguisent sur

le marbre de sa tombe. Tous ces tableaux nous animent, nous échauffent, et ne nous instruisent pas. Nous le sentons le sublime, nous sentons combien peu il est dans notre dépendance. Pourquoi donc est-il impossible de le définir ? En voici la raison : le sublime, c'est Dieu, et tout ce qui nous met en rapport avec lui. Le sublime, c'est Dieu, parce que Dieu est le plus grand et le plus élevé des êtres.

Tout ce qui tient à sa sagesse vivante et sacrée a sur nous un empire irrésistible. Toutes les vertus, tous les sentiments estimables, toutes les lumières de l'esprit sont autant de rayons de cet éternel et impérissable soleil. Lorsque quelqu'un d'eux vient à nous réchauffer dans un ouvrage ou dans un fait quelconque, nous jouissons de la douce sympathie que ce rayon rétablit entre nous et notre élément naturel. Voilà la source du sublime, voilà pourquoi les hommes ne peuvent le définir, puisqu'il est le fruit d'un arbre plus grand qu'eux. Voilà aussi pourquoi tous ceux qui ne croient pas à ces grands rapports produisent si peu de sublime. Ce sont des branches qui d'elles-mêmes se détachent de ce grand arbre ; elles ne participent plus à la sève génératrice que lui seul renferme et peut communiquer. D'où vient que vous regardez, comme tenant le premier rang dans l'ordre du sublime, le mot de Moïse sur la lumière ? C'est que, lorsqu'il l'a prononcé, il se tenait attaché à ce grand arbre, dont vous voulez vous tenir séparé. Un autre être nous offre tous les genres de sublime : le sublime de l'intelligence et du discernement ; le sublime de la douceur et de l'amour ; le sublime de l'héroïsme et du courage ; le sublime de l'éloquence et de la logique ; le sublime de la sainteté et de la prière ; le sublime de la force et de la puissance ; le sublime de la charité et du dévouement.

Œil de l'homme, je te supplie, ne rejette plus cette source vivifiante de tout ce qui est sublime, et cherche à te réchauffer à l'aspect de ses dons et de ses vertus !

~

167. Tu as beau avoir en toi le terrestre, le spirituel et le divin ; on dirait qu'un venin, répandu sur la face de toute ton espèce, te fascine les yeux, et te cache la beauté et la vérité des merveilles qui t'environnent. Pourquoi ne vois-je que la mort, tandis que la vie est partout ? Pourquoi suis-je réduit à errer parmi les sépulcres, tandis que l'univers entier vert de portique à la sainte Jérusalem ? Ornements sacrés de cette ville superbe, ne vous dérobez plus aux yeux des mortels. Que les pierres précieuses sortent de la mine, que les métaux s'épurent, et que l'astre du jour revienne embellir l'univers ! En quel temps les hommes se sont-ils plus occupés des sciences

de l'esprit, malgré le règne ténébreux des faux savants ? En quel temps des âmes de désir se sont-elles plus disposées à marcher vers le temple ? Et cependant, le temple ne paraît point encore. Seigneur, Seigneur, toi seul connais les temps et les époques ; et tu ne règles point tes œuvres sur la faible sagesse de l'homme. Le juif même pourrait-il résister à la vérité, au *nombre* et à l'intelligence, si on les lui présentait ?

Mais son heure ne paraît pas encore tout à fait venue ; c'est Dieu lui-même qui lui a mis le bandeau sur les yeux, il n'y a que Dieu qui puisse le lui ôter. Ne livrez pas votre confiance à toutes les voix qui vous parlent. Il en est qui peuvent sortir de vous, parler en vous, et n'être pas la voix de l'esprit. Ne vous livrez pas à la confiance dans les prodiges que ces voix vous annoncent, quand même ils seraient en partie justifiés par l'événement. Il suffit quelquefois que vous vous occupiez avec trop de soin de ces prophéties qui vous frappent, pour qu'il en résulte quelques effets. Pensée de l'homme, une partie de tes dangers ne se trouve-t-elle pas dans ta propre grandeur ? Et si tu n'étais pas si puissante par ton essence, aurais-tu besoin de tant veiller sur l'exercice et sur les suites de tes pouvoirs ? Aurais-tu à craindre de prendre tes propres œuvres et tes propres résultats pour ceux de la sagesse suprême, et d'être trompée par les similitudes ? Au moins tâche de te tromper seule, et de ne pas entraîner les nations dans ces illusions ténébreuses.

168. Que m'apprends-tu, homme simple et près de la nature, toi que je vois quitter la vie avec tant de calme et de tranquillité ? Que toute l'espèce humaine l'aurait quittée de la même manière, si nous fussions restés dans notre situation naturelle. Mais la carrière de la vie eût été un paradis anticipé, et la voie de notre retour serait trop douce ! Elle le serait tellement, que nous n'aurions à faire que des prières d'actions de grâces, et jamais celles du repentir et du gémissement. Qui ne l'a pas éprouvé ? Tous les entretiens vrais ne se terminent-ils pas par d'heureux mouvements intérieurs, qui nous font goûter Dieu, et qui nous portent à le louer par la délicieuse paix qu'il donne à notre âme ? Si les mauvais entretiens corrompent les bonnes mœurs, ne faut-il pas que les bons entretiens *corrompent* et rectifient les mauvaises mœurs, et fassent connaître à l'homme qu'il est né pour être continuellement l'adorateur de Dieu ? Oh vous, êtres purs et environnés des lumières de mon Dieu, oh vous, qui ne languissez point, comme l'homme, sous la loi des heures, aidez-moi à faire, comme vous, ma demeure dans la prière et dans les cantiques du Seigneur ! Je ne peux

plus retrouver le calme et la tranquillité dans la demeure de l'homme ; lui-même en a détruit toutes les douceurs et toutes les lois, puisqu'il a mis à leur place son esprit et sa volonté. Son séjour terrestre ne ressemble plus qu'à un antre malsain et peu sûr, et où le voyageur ne s'arrête que pour laisser passer un orage.

∽

169. Ne dites point que Dieu se laisse emporter par un esprit de colère et de fureur. Toutes ces expressions ne sont que les images des différents degrés que l'homme parcourt ; elles ne sont que l'histoire de ses écarts et de ses chutes journalières. Dieu envoie-t-il le mal aux hommes, comme un tyran, pour les punir et pour les tourmenter ? N'envoie-t-il pas plutôt les hommes au mal pour le combattre et pour faire leurs preuves, afin qu'ensuite ils soient avancés en grades dans les armées du Seigneur ? Que l'homme s'unisse à Dieu, le bonheur l'embrase et le suit partout. Descend-il d'un degré : la langueur s'empare de lui. Veut-il descendre encore plus bas : il va éprouver la privation, la contrainte, l'horreur de la souffrance et de la rage. Voilà comment les hommes se fixent un destin, et Dieu les prend ensuite dans l'état où ils se sont mis. Il l'a dit et il ne trompe point, *il fait même la volonté de ceux qui le craignent. Il fait la volonté de ceux qui le cherchent et qui le chérissent.* L'amour et la prière de l'homme sont plus forts que sa destinée. Remplissez-vous d'espérance, âmes de paix ; remplissez-vous de courage, montez au-dessus de la région du destin, montez à la région des délices et de la joie. La région du destin est trop sévère et trop rigoureuse pour l'âme de l'homme ; la région où le destin ne règne pas encore, est celle qui convient à l'étendue et à la liberté de son être. Celle où le destin ne règne plus, est le comble de l'horreur. Ce n'est point Dieu qui a fait cette région épouvantable ; ce n'est point lui non plus qui a fait la région du destin : il est doux et bienfaisant dans tous les points de son immensité. C'est vous, poètes mensongers, qui avez donné le destin comme un attribut à vos dieux fabuleux ; vous avez à la fois dégradé la majesté du dieu suprême, et diminué l'intelligence humaine. Le seul destin de notre Dieu est d'être à jamais l'éternel Dieu des êtres, et de les pénétrer tous de l'universelle plénitude de son amour.

∽

170. Homme, lorsque tu formes l'enveloppe terrestre de ta postérité, tu attaches l'homme à l'homme de péché. Aussi quel retour amer pour toi,

quel vide ! Femme, lorsque tu donnes le jour à ton fils, tu attaches l'homme à la voie de régénération. Voilà pourquoi tes douleurs les plus cuisantes sont suivies de la joie la plus pure. Voie de la régénération, conduisez l'homme à la voie de la réconciliation ou à la voie de l'esprit, et la *vérité* se remplira d'espérance. Voie de la réconciliation, voie de l'esprit, conduisez l'homme au port de la vie ; et les cieux même tressailliront de joie de voir que, malgré l'étendue de l'offense, les nombres de la réparation et de la réintégration sont accomplis. Homme placé entre l'homme de péché et la voie de la régénération, prends courage ; tu pleures en arrivant dans le monde, parce que ta régénération ne se peut faire sans expiation. Mais tes naissances futures seront remplies de délices et de consolation. Parce que, quand tu auras une fois atteint la voie de la réconciliation ou de l'esprit, tu n'auras plus rien à craindre pour toi. Tu n'auras qu'un accroissement continuel *de vertus* à recevoir. Tu dois, il est vrai, selon le jugement, te séparer avec douleur de l'homme de péché que tu as reçu par la souillure. Mais tu dois t'unir, avec ravissement, à toutes ces voies qui te sont ouvertes par la sagesse et le principe du bonheur des êtres ; et la mort même peut comme s'absorber, et disparaître dans cette immensité de jouissances.

~

171. Je passerai mes nuits dans l'insomnie. La grande plaie me tiendra éveillé, et empêchera mes paupières de connaître un instant de repos. Les cris des enfants mâles des Hébreux m'ôteront pour jamais le sommeil ; les cris de ces enfants que je vois perpétuellement égorger par les deux sages-femmes du pharaon. Je méditerai longuement sur les maux de l'âme humaine, comme l'homme malade étendu sur son lit, compte, dans les souffrances, toutes les heures. Elles se succèdent pour lui comme les flots de la mer, qui ne se retirent du rivage que pour revenir l'inonder le moment d'après. La douleur murmure sans interruption à ses oreilles ; il l'entend comme les longs mugissements des vents du Midi. Et vous êtes tranquilles au milieu de tous ces désordres ! Et quand vous n'en seriez pas effrayés, est-ce que l'ennui ne s'emparerait pas de vous au milieu de tableaux aussi uniformes ? Faudra-t-il appeler les aquilons et les tempêtes, pour vous réveiller de votre assoupissement ? Ne prenez point cet état de mort pour un état de repos ; le repos ne se trouve que dans la vie, et la vie ne se trouve que dans l'action. Les projets de sagesse et les résolutions que vous formez, à quoi servent-ils, si vous ne les réalisez, et si vous ne complétez vos sacrifices ? Chaque moment de notre vie peut être, en petit,

une répétition du grand œuvre. Je méditerai chaque jour ces paroles : dans les communications, l'esprit est hors de nous. Dans nos faveurs d'intelligence, il est au-dessus de nous. Dans l'exercice de nos puissances, il est au-dessous de nous. Dans le somnambulisme, il est loin de nous. Ce n'est que par l'action, la prière et la charité, qu'il est en nous, près de nous et autour de nous.

172. Nous n'étions pas chair primitivement, puisque le verbe s'est fait chair, pour nous délivrer de la chair et du sang. Nous sommes maintenant esprit et chair, puisque le verbe s'est fait chair pour se rendre semblable à nous. L'homme peut soutenir l'homme ; mais il n'y a que Dieu qui le délivre. N'est-ce pas lui qui l'a délivré de la terre d'Égypte, afin qu'après cette délivrance il pût lui donner la loi ? Dans la servitude, l'homme ne peut songer qu'à lui. Dans la loi spirituelle, il peut songer à ses semblables ; mais il n'opère pour eux que dans cette terre et sur cette surface. Voilà pourquoi les promesses et les récompenses de la loi de Moïse, sans être matérielles, sont toutes terrestres. Dans la loi de grâce, l'homme peut opérer pour ses semblables dans tous les mondes ; voilà pourquoi ses fruits sont si secrets et si invisibles aux hommes des sens. La loi nouvelle tient à l'infini ; elle est hors des courbes, et elle n'est connue que des hommes simples. Vous dites que la loi nouvelle a annulé la loi ancienne. Oui, pour ceux qui auront commencé par l'accomplir, et par exterminer tous les habitants de la Palestine. Comment atteindrez-vous aux œuvres et aux opérations invisibles, si vous n'avez acquis l'expérience des œuvres visibles et terrestres ? Ne pensons point encore à cette loi future, où il n'y aura plus d'opération, et où il n'y aura que des jouissances ; l'esprit de l'homme ne la peut concevoir. N'est-ce pas assez pour lui qu'il ait connu les noces de Cana ? *Vous avez réservé, jusqu'à cette heure, le bon vin.* Il fallait la lumière du soleil, pour découvrir les campagnes aux yeux des moissonneurs. Portez la faucille sur le sommet des montagnes, sur les collines et dans les humbles vallées. Allez aussi dans les lacs et dans les lieux marécageux ; partout, il se peut trouver quelques épis. Il ne faut pas les laisser perdre. Saints ouvriers du Seigneur, que le torrent de la charité grossisse, et qu'il nettoie de plus en plus les vallées fangeuses. Secondez mes désirs ; ils n'ont pour but que de voir entrer dans le monde le nom et le règne du Seigneur.

173. La terre s'ouvre sans cesse pour dévorer les péchés des hommes ; elle attend que leurs iniquités descendent dans son sein pour s'y laver et s'y purifier. Cachons-nous promptement sur la terre, enfonçons-nous dans ses abîmes. Dérobons-nous à la splendeur de la lumière ; notre œil n'est plus digne de la contempler. Je m'unirai à toi, je m'y attacherai comme le lierre rampant. Dans cette posture, je me nourrirai de cendre et de poussière, pour que tous les principes de ma vie soient régénérés. J'attendrai là, dans le deuil et dans la pénitence, que le Seigneur me touche de son sceptre, et qu'il me dise, comme il fut dit à Esther : *Vous avez trouvé grâce devant moi*. Le premier coupable n'a-t-il pas passé par toutes les filières de la terre ? Et ne faut-il pas que toute sa postérité y passe à son tour ? Venez, amis qui voulez m'aider dans mon œuvre ; secondez-moi dans mon sacrifice, et ne me quittez point qu'il ne soit accompli. Vos paroles vivifiantes me soutiendront, et me donneront le courage de voir avec résignation, tomber sur ma tête le glaive de la justice. Elles me rempliront d'espérance, et me montreront d'avance le temps des consolations. En ce temps-là, on ne dira plus : *Au nom du Seigneur*, parce que nous serons tous en sa présence, et que nous jouirons de l'intime communication de son esprit. En ce temps-là, on ne dira plus : *Au nom du Seigneur*, parce que le temps de l'œuvre sera passé, et que nous toucherons à la source même d'où ce nom sacré a voulu naître, pour servir d'aliment à la postérité de l'homme.

∼

174. Je travaillerai, sans relâche, à mettre dans leur ordre et dans leur mesure tous les principes fondamentaux qui me composent, et tous leurs analogues s'y réuniront. J'ai levé les yeux en haut ; la lumière a frappé mes yeux, et l'amour et la vie m'ont embrasé. Ils frémiront, ceux qui m'environnent, de me voir si bien armé contre leurs coups ; ils frémiront de ne pouvoir atteindre jusqu'à moi. Seigneur, qu'ils n'aient pas la gloire de me voir succomber, sans avoir été utile à ton service ! Mes ancêtres m'ont reconnu comme un de leurs descendants. Les saints prêtres m'ont présenté devant toi. Tu m'as donné un signe, pour témoignage du renouvellement de notre alliance. Voici ce signe. Tu as bu toi-même dans la coupe de l'expiation, et ensuite tu me l'as présentée. J'ai pris la coupe de la main du Seigneur, je m'en suis abreuvé en sa présence, et en rendant hommage à son nom. Puis je l'ai répandu sur la tête des malheureux qui languissent dans la servitude. Leurs chaînes seront brisées, et ils s'uniront à moi pour admirer ensemble la beauté de ce signe de leur délivrance. Entendez-vous la rage et le frémissement que cette coupe fait naître au sein des abîmes ?

Versez des fleuves entiers sur les volcans ; ces foyers brûlants ne s'irriteront pas autant, et ne frissonneront pas avec une si grande violence. Voilà l'effet de l'alliance de l'homme avec le Seigneur ; c'est de faire trembler l'abîme et tous les ennemis de la loi du Seigneur.

175. Sais-tu à quoi tu t'engages, lorsque tu demandes que l'esprit soit sur toi ? Tu t'engages à la résurrection de la parole, et à la défense de la parole. Tu t'engages, selon l'expression des prophètes, à devenir responsable, comme eux, *du sang des âmes*. Prends donc garde par quelle voie tu marches pour entrer dans la voie de la parole. Il n'est aucun sentier qui ne t'offre des résultats. Veux-tu y arriver par des manifestations : tu auras des manifestations. Veux-tu y arriver par des crises et des effets somnambuliques : tu obtiendras des crises et des effets somnambuliques. Veux-tu y arriver par la simple morale et par la mysticité : tu seras servi en morale et en mysticité. Que tes succès ne t'abusent plus ; ne les regarde pas comme des preuves que tu sois dans la vérité, et lis ta loi dans le Deutéronome 13 : 1, 2, 3, 4. Mon âme, prosterne-toi devant ton Dieu ; épure-toi dans cette posture humble. Détache les liens de ton vieux vêtement. Qu'il se précipite. Une robe éclatante va te revêtir, et tu vas être renouvelée dans le baptême de Dieu. Que l'âme en travail ouvre tous les sens de son être, pour que la vie puisse la pénétrer. Pensera-t-elle aux tribulations ? Pensera-t-elle aux discours des imprudents ? Une faim dévorante l'entraîne ; elle est pressée par la faim de la vérité et par l'indigence de l'esprit. Fonds sur ta proie, attaches-y toi avec acharnement. Songe que les temps ont été abrégés. Ce n'est plus le temps de demeurer quarante ans dans les déserts, ni de voyager pendant quarante jours pour arriver à la montagne d'Horeb. Semblable au fils de l'homme, tu seras transporté, comme l'éclair, de l'orient à l'occident. L'esprit te donnera son agilité, et dans un instant, il te rendra à la fois présent dans toutes les régions.

176. Que le pasteur vienne saisir sa brebis, qu'il la tienne fortement dans ses bras, et qu'elle ne lui échappe plus ! L'homme est la dixme du Seigneur. Que le soleil vienne pomper la rosée, et qu'il la purifie de toutes les souillures qu'elle prend sur la terre ! L'homme, comme une plante vigoureuse, devrait pousser des rejetons nombreux. Il devrait pénétrer tous les pores de sa matière, et n'en pas laisser une portion qu'il n'eût dissoute.

Mais elle se défend, elle se rassemble, pour lui fermer le passage et pour l'étouffer dans sa prison. Illusion, illusion, tu seras subjuguée ; l'homme ranimera ses forces. Les rameaux s'étendront, et ils s'élèveront sur tes ruines. Cherchez les eaux qui font germer les plantes, mais choisissez la semence. Comment *deux* serait-il une racine ? Il ne produit pas même une figure. C'est votre doctrine abusive, savants du siècle, qui vous a fait tout confondre. Vous avez voulu tout former par des agrégats, tout, jusqu'aux nombres. Mais, arrêtez-vous. Les nombres peignent les êtres qui produisent comme les plantes, et non les substances qui s'accumulent comme les agrégats. Tous ces nombres sont soumis à la loi des réactions ; c'est par là qu'ils s'élèvent à leur puissance, et vous n'aurez jamais une plus belle image du pouvoir actif et diversifié de tous les êtres. Hélas ! il se trouve parmi ces racines des germes empoisonnés, qui s'élèvent aussi à leurs puissances. Il faut même que leurs produits ressemblent à ceux des racines pures ; mais observez leurs éléments, et vous en connaîtrez bientôt l'abomination. Homme, apprends à te respecter. De toutes les racines vraies, après Dieu, tu es la plus sublime. Voilà pourquoi il attendait de toi des arbres si fertiles et si majestueux. Tu t'es confondu avec les plantes les plus basses, les plus viles et les plus nuisibles ; et son amour te vient chercher encore parmi les joncs des marais !

~

177. Qui frappe à la porte sainte ? Un homme de paix, un homme désir. Cet homme de paix, cet homme de désir, a-t-il vaincu ses ennemis ? Je l'avais séparé des nations, comme un nazaréen ; pourquoi a-t-il voulu se lier avec elles, et se confondre avec les incirconcis ? Les plus sages d'entre eux ont cru qu'il fallait le détourner de sa marche, tandis qu'il fallait l'encourager à la poursuivre. Est-ce que la confiance calme et inaltérable, dans les lumières et les joies du Seigneur, n'est pas entièrement étrangère à la présomption ? Hommes faibles et légers, vous êtes bien malheureux, d'ignorer qu'il y a, pour l'âme de l'homme, un mobile plus noble et plus beau que celui de l'orgueil ! Objets figuratifs et allégoriques, institutions symboliques, vous ne nous frappez pas longtemps. Vous êtes comme des énigmes, qu'on ne regarde plus, dès qu'on en a découvert le mot. Les spectacles vrais, les objets réels, nous ne nous en lassons point. C'est qu'ils nous alimentent toujours, et ne nous épuisent jamais ; tandis que les autres ne nous alimentent jamais, et qu'ils nous épuisent toujours. Seigneur, sans ta loi vivante, nous ne connaîtrions que l'ombre de Dieu, qu'une ombre, qui en aurait la forme, et qui n'en aurait pas les couleurs. Car, si l'enve-

loppe n'avait été élevée au-dessus du lieu de sa réintégration, les aigles n'auraient pas abandonné ce lieu pour la poursuivre ; et la *terre* n'eût pas été purifiée. Seigneur, comment sans toi ces vérités simples et profondes arriveraient-elles jusqu'au cœur de l'homme ? Le tumulte de ses pensées agite trop son atmosphère : il ne peut t'écouter que dans le repos. Poursuis-le dans le silence de la retraite et dans le calme de la nuit. Appelle-le, comme tu appelais Samuel. Empare-toi de ses sens doucement, et sans que ses facultés puissent s'opposer à ton approche. Transforme-le en homme de paix, en homme de désir, afin qu'ensuite tu puisses lui ouvrir la porte sainte.

178. *Ce que son père lui a donné, est plus grand que toutes choses* ; et cependant, il n'est venu que pour partager ces dons avec nous. Que ton sang ne monte point par-dessus ta tête ! Un ami fidèle te fera goûter toute la vivacité de l'enfance. Il te laissera agir avec l'abandon du premier âge, parce qu'il t'en conservera toute la pureté. Mets une ceinture sur les reins de ton cœur ; serre les nœuds : l'ennemi ne pourra s'élever à ta région. Quoi de plus grand que de contenir la mort et de semer la vie ! *N'est-ce pas par là que le père a été glorifié en lui ?* D'une main, il précipitait les ennemis dans l'abîme ; et de l'autre, il faisait briller sa lumière. Qui pourra méconnaître ici notre destination originelle ? Ne laissons point monter la mort hors de l'abîme. Ne laissons entrer dans le monde aucune pensée, qu'elle ne soit mûre et épurée, si nous ne voulons pas qu'elle y porte le ravage, et qu'elle s'empare de la chaire de la sagesse et de la paix. *N'imposez légèrement les mains à personne*, disait Paul, *de peur de vous rendre participants des péchés d'autrui*. Est-ce assez, ouvrier lâche et paresseux, de te faire violence à toi-même, et de chasser le mal hors de toi ? L'ennemi que tu chasses, se réfugie auprès de quelqu'un de tes semblables, et va peut-être augmenter son trouble et son travail. Poursuis l'ennemi jusqu'à ce que tu l'aies précipité dans ses sombres demeures ; et si tu as le bonheur d'y parvenir, va ensuite aider à tes semblables à se défaire à leur tour de leurs adversaires. Ne crains point d'être arrivé trop tard, parce que nous avons tous la même tâche à remplir, et que ton zèle peut faire dans une heure, ce qui demande un jour entier aux ouvriers ordinaires.

179. Jusqu'à quand ma parole demeurera-t-elle dans la sécheresse et l'aridité ? Jusqu'à quand la force du mensonge l'emportera-t-elle sur la vérité ? Tu paies, malheureux homme, les suites du crime avec usure. Tu t'es mis sous la loi du mensonge, et le mensonge fait peser son joug sur toi. La parole de l'homme devait s'élever, comme les cèdres du Liban. À peine est-elle comme les faibles bourgeons de l'humble arbuste, lorsqu'ils commencent à germer. *Est-ce que la lumière doit être cachée sous le boisseau ? La miséricorde et le rafraîchissement de l'esprit marchent à la clarté des flèches du Seigneur, et à l'éclat de sa lance.* Ils tomberont tous dans leur fuite, et se précipiteront les uns sur les autres, à l'aspect de l'homme et de la parole qui les poursuit. Ils ne pourront soutenir la présence de l'homme régénéré, parce que la vie même habite en lui, et que les éléments ne pèsent plus sur sa pensée. *Seigneur, nous sommes bien ici ; faisons-y trois tentes.*

180. Art sublime de la peinture, ont-ils connu ton objet, ces beaux génies qui t'ont cultivé ? La vraie peinture qu'est-elle autre chose que l'œuvre sensible de la vérité ? Toutes nos pensées se présentent à nous sous un tableau ; et si nous les observions avec soin, chaque tableau nous paraîtrait vif et toujours d'accord avec la pensée qu'il représenterait. Quel est donc votre but, peinture humaine ! Vous n'employez que des idées de réminiscence. Vous êtes bien plus au dépourvu encore dans les couleurs. Malheur à vous, si vous voulez me peindre les objets surnaturels ! Combien ne serez-vous pas loin de votre but ! Raphaël, prince des peintres, tu as voulu nous représenter la transfiguration ! Mais n'avais-tu pas lu, que son *visage devint brillant comme le soleil, que ses vêtements devinrent blancs comme la neige, et d'une blancheur que nul foulon sur la terre ne pourrait jamais égaler ?* Encore si tu avais vu cet événement ! Si, comme un nouveau Moïse, tu avais vu le plan de ce nouveau tabernacle, et que tu eusses reçu l'ordre de le représenter à nos yeux ! Tu aurais trouvé des secours qui t'ont manqué, et ta peinture aurait été plus fidèle ; car la peinture ne doit-elle pas nous tenir lieu de vision ? Peignez, le plus rarement que vous pourrez, les traits religieux et ceux de l'histoire sainte. Vu le faible effet que la peinture peut produire, l'esprit de l'homme serait trop près de les confondre avec la mythologie. La poésie, la musique et la peinture sont trois sœurs qui devraient être inséparables. Ce sont les trois dons suprêmes, que l'Antiquité n'a pu mieux nous désigner que sous le nom des trois grâces. La poésie devrait annoncer les vérités, la musique leur ouvrir l'issue, et la peinture les réaliser. La poésie est le nombre, la musique est la mesure, et

la peinture est le poids. Mais toutes trois doivent être gouvernées par le principe, pour enfanter des produits réels et vifs, et qui aient un véritable empire sur nos facultés. Souvenons-nous comment on nous a peint la sagesse. *Elle est la vapeur de la puissance de Dieu.* Que tout soit formé à son image, et que chaque chose émane d'un principe ! Alors tous les arts rempliront leur objet, et ils ne nous repaîtront plus d'illusions.

~

181. Tout est plein dans les œuvres du Seigneur ; que tout soit plein dans nos œuvres, si nous voulons entrer dans ses voies. Saints patriarches, quand vous réunissiez-vous à votre peuple ? C'est quand la mesure de vos œuvres était remplie. Avons-nous un moment qui soit à nous ; avons-nous à faire un mouvement qui soit arbitraire ? Échelle de Jacob, tu as passé dans l'homme ; tu as rendu tous ses membres agiles et dispos, pour qu'il soit toujours prêt à combattre. Il a senti au dedans de lui s'élever le temple du Seigneur, et l'autel s'élever au milieu du temple. Le Seigneur a établi sa gloire sur cet autel ; il a placé la force à l'occident ; il a pris pour ses assistants l'intelligence et l'amour : et sur son front est écrit *la sainteté*. Où est le vide ? Ils sont toujours tous prêts à nous seconder dans l'œuvre du Seigneur. Abraham, Isaac et Jacob, vous serez pour moi comme le germe de notre Dieu dans l'univers. Moïse, tu terrasseras les ennemis du Seigneur. Aaron, tu présideras aux sacrifices. Josué, tu me serviras de guide pour entrer dans la terre promise, et tu me défendras des ruses de mes ennemis. Samuel, tu m'ouvriras les voies des régions invisibles et des demeures de la paix. David, tu m'apprendras à chanter les louanges et les merveilles du Seigneur. Jean, tu m'ouvriras la vraie piscine. Saints élus de mon Dieu, l'Éternel sacrificateur couronnera toutes vos puissances ; il vivifiera toutes vos œuvres et toutes les œuvres de mes mains, et c'est alors que tout sera plein.

~

182. Tu demandes pourquoi le goût décline : c'est parce que l'homme veut le puiser dans ses propres moyens et qu'il ne l'attend pas du *principe*. *Si le sel devient fade, avec quoi le salera-t-on ?* Le goût n'est pas la vertu, mais s'il est bon, il y peut conduire. Le goût n'est pas la lumière ; mais il en est comme la forme et le vêtement : et si l'entendement froid ne le connaît point, si l'intelligence vive se contente quelquefois de l'apercevoir, le génie le crée, l'enfante à chaque trait, et le porte partout avec lui, parce que le

génie possède à la fois le don de toucher et le don de convaincre. Ces dons précieux ne s'inventent point. Quand vous avez excité quelque vive impression dans l'esprit de vos lecteurs, vous croyez avoir tout fait pour eux. N'est-il pas plusieurs moyens d'exciter quelquefois le rire, même dans un malade ? Et croiriez-vous l'avoir guéri pour cela ? Qui le niera ? Quand les écrivains manquent de succès, c'est faute de sujets, et non faute de moyens. Pourquoi la philosophie a-t-elle jeté dehors tous les matériaux ? Pourquoi a-t-elle anéanti l'homme et son principe ? Et vous, sectateurs des sciences exactes, pourquoi voulez-vous une quadrature sans le centre ou le nombre ? Est-ce que cette quadrature se peut trouver en figure ? *Deux* est à *trois*, comme *cinq* est à *six*, comme *neuf* est à *sept*. Recevez les pensées et ne les cherchez point ; car c'est comme si vous vouliez enter l'homme nouveau sur le vieil homme. Les branches de ce vieil homme s'élèvent et ombragent tellement l'homme nouveau, qu'il ne parvient pas à son terme.

~

183. Le plus grand des dons célestes, serait d'avoir à côté de nous un garde surveillant, pour nous avertir sans cesse qu'il y a une terre des vivants. Que le cœur de l'homme sonde ses besoins réels, et il ne doutera plus que ce ne soit là la perle de l'Évangile. Nous croyons quelquefois avoir vendu tout notre bien pour acheter cette perle de l'évangile ; mais nous ne faisons que le mettre en gage, et nous sommes toujours prêts à le retirer à la première occasion. Ne permettons à nos sens que ce que nous voudrions laisser voir à notre esprit. Ne permettons à notre esprit que ce que nous voudrions laisser voir à notre cœur. Ne permettons à notre cœur que ce que nous voudrions laisser voir à Dieu. Par ce moyen, tout notre être sera dans la mesure ; il sera dans cette paix que Paul met au-dessus de tout entendement. Elle est au-dessus de l'entendement, mais elle ne l'exclut pas. *Je prierai Dieu avec amour, mais je le prierai aussi avec intelligence.* Sages, vous voudriez apprendre tous vos secrets aux hommes : mais vous voudriez que ce fût sans les dire ; vous voudriez réactionner doucement l'âme de vos semblables. Et que par là, ces plantes salutaires produisissent d'elles-mêmes les fruits dont leur nature est susceptible. Vous craignez tant de marcher par vous ! Hommes vains, vous demandez pourquoi on ne vous donnerait pas la vérité, puisqu'elle est faite pour tout le monde. Donne-t-on l'aumône à celui qui pourrait travailler ? Ce serait entretenir sa paresse ; et l'homme est condamné à manger son pain à la sueur de son front.

184. Partisans de Swedenborg, vous voulez voir dans tous les passages de l'écriture trois sens divers. Mais remarquez-vous que votre maître même n'en a jamais montré que deux, *le vrai et le bon,* quoiqu'il les applique aux trois classes naturelle, spirituelle et céleste. Il n'y a rien à quoi il n'applique un de ces deux sens, quoiqu'il n'en donne jamais la raison à l'esprit. N'y a-t-il pas des types qui ne sont donnés que pour une seule classe ? Vouloir les porter plus loin, c'est outre-passer leurs rapports. Dieu n'a-t-il pas trois objets à l'égard des hommes ? Ou il les guérit, ou il les éclaire, ou il les sanctifie. Fait-il toutes ces choses à la fois sur le même homme ? Ne les fait-il pas successivement ? Un végétal peut servir de remède pour le malade, être un objet d'instruction pour le chimiste, ou un ornement pour nos parterres. Quand il est employé à l'un de ces usages, le peut-il être en même temps aux deux autres ?

N'est-ce pas cependant le même principe de nature qui constitue ce végétal dans tous ces cas, comme c'est toujours l'amour et le principe divin qui agissent dans les trois degrés ou l'homme est l'objet de l'action divine ? L'idée de ce suédois extraordinaire, honore son cœur, mais elle fait pâtir les délicates intelligences. Mille preuves dans ses ouvrages, qu'il a été souvent et grandement favorisé ! Mille preuves qu'il a été souvent et grandement trompé ! Mille preuves qu'il n'a vu que le milieu de l'œuvre, et qu'il n'en a connu ni le commencement ni la fin ! Pour le vulgaire, qui ne soupçonne pas ces preuves, elles sont plus que nulles. Il est toujours prêt à tout croire, s'il trouve quelque chose de vrai. Il est toujours prêt à tout nier, s'il trouve quelque chose de faux. En outre, quels sont les témoignages de Swedenborg ? Il n'offre pour preuve que ses visions et l'écriture sainte. Quel crédit ces deux témoins trouvent-ils auprès de l'homme qui n'est pas préparé par la raison saine ? Prouvez les faits par des confirmations. Prouvez le principe par la logique et le raisonnement. Ne disons jamais à l'homme, *croyez en nous* : mais *croyez en vous, croyez en la grandeur de votre être qui vous donne droit de tout attendre et de tout vérifier, quand vous ne cesserez de tout demander à celui qui donne tout.* Tes écrits, oh homme célèbre et estimable ! peuvent néanmoins faire un grand bien ; ils donnent à l'homme une secousse utile dans sa léthargie. S'ils ne lui donnent pas les plans exacts de la région spirituelle, ils l'engagent au moins à penser qu'elle existe ! Et c'est un service à lui rendre, au milieu de l'abîme où l'ont plongé les systèmes.

185. Pourquoi nous lasser de prier ? Est-ce que le mal cesse d'agir et de chercher à étendre sa puissance ? Les eaux d'un fleuve cessent-elles de menacer la nacelle, si elle ne se tient pas constamment en équilibre ? La prière du juste est cette lime doublement trempée, et destinée à ronger la rouille que l'iniquité a mise sur l'homme et sur l'univers ; cette rouille qui peut devenir active et vivante, comme les vers qui s'engendrent dans nos chairs, et qui les dévorent ! Ils seront rayés, tous les moments que l'homme aura passés hors de la demeure sainte ; on ne lui comptera que ceux qu'il aura employés à l'œuvre du Seigneur. Tous les hommes justes, tous les élus seront les cautions du monde, et il faudra qu'ils remplissent sa tâche, puisqu'il ne la remplit pas lui-même. Il faudra, comme dans les anciennes cérémonies funéraires, qu'ils remplissent de leurs larmes, jusqu'aux bords, l'urne des pleurs, qui a été présentée à l'humanité, pour qu'elle y déposât la rançon du péché de l'homme. Quand cette urne sera remplie, le grand sacrificateur la prendra dans ses mains ; il la présentera à son père en holocauste ; puis il la répandra sur le *royaume* de l'homme, et la vie nous sera rendue. Le père ne rejettera point cet holocauste, parce que les larmes du réparateur se trouveront aussi dans l'urne sacrée ; ce sont les larmes de son amour qui auront vivifié celles que les prophètes ont versées, et qui vivifieront celles qui se verseront en son nom jusqu'à la consommation. Hélas ! il ne sera point versé de larmes sur le royaume de l'iniquité ! Elles en seraient repoussées, ou elles se dessécheraient avant de l'atteindre, tant il est loin du royaume de l'amour !

∾

186. L'homme n'est-il pas placé dans l'univers, comme au milieu des baumes les plus salutaires ? Tout travaille à sa guérison avec sagesse, et dans une progression conforme aux différents états par où il doit passer. Le baume qu'on applique sur ses plaies, est composé avec les feuilles de l'arbre de la vie. Si l'on employait le suc de la racine, il n'en soutiendrait pas la force. Il faut auparavant qu'il mange les fruits de cet arbre de vie. C'est par là qu'il parviendra à l'état de l'homme mûr, et que ses yeux se fortifieront assez, pour pouvoir contempler à la fois, et le triomphe de Jérusalem, et la défaite de ses ennemis. Les premiers temps de l'existence de l'univers n'ont-ils pas été employés à panser douloureusement les plaies du péché ? Le réparateur, par sa première apparition, a porté le genre humain à l'état de convalescence. Lors de son apparition future, il le portera à l'état de santé parfaite ; et l'homme connaîtra alors le complément des voies de l'amour. Il connaîtra, comment toutes les choses se sont

formées au commencement ; parce qu'elles se dérouleront et se décomposeront sous ses yeux. Pourquoi l'aurait-il su auparavant ? N'était-il pas né pour agir et pour combattre ? La contemplation n'est-elle pas réservée pour le temps de repos ? Qu'est-ce que c'est que l'homme, Seigneur, pour que tu l'admettes à la connaissance des lois de ta sagesse ?

∽

187. Comment douter qu'il faille absolument sortir de ce monde, pour jouir de quelques vérités ? Savants humains, vous nous en donnez la preuve tous les jours. Votre science la plus exacte, sur quoi appuie-t-elle ses démonstrations ? Sur des lignes et sur des surfaces. Mais sont-ce là les choses que produit la nature, et ne produit-elle pas toujours des corps ? Vous êtes censés extraire de ces corps tous les éléments primitifs qui les constituent, et c'est sur ces observations seules que le géomètre peut opérer pour nous instruire. Si la matière universelle ne disparaissait pas un jour, comment l'éternelle vérité pourrait-elle donc être jamais connue ? Depuis que nous avons perdu la mesure de l'esprit, son poids et son nombre, c'est le poids, le nombre et la mesure physique de l'ordre inférieur qui nous gouvernent et nous servent de règle. Aussi on nous vend le *pain* aujourd'hui ainsi que tous nos *aliments* ; autrefois, on nous les prodiguait avec abondance. Comment retrouverons-nous donc le nombre, le poids et la mesure, qui jadis ont été les éléments vrais de notre esprit, si nous ne nous dégageons de la mesure, du nombre et du poids des éléments faux, qui nous asservissent ? La tâche est immense. L'ennemi n'a-t-il pas le pouvoir d'engendrer même des maladies, pour avoir la gloire et le triomphe de les guérir par le moyen des connaissances que nous lui laissons prendre sur la nature ? N'a-t-il pas le pouvoir de préparer et de prédire des événements dont il dispose, pour avoir la gloire de les amener à leur terme, et le droit de nous séduire par leur accomplissement ? Mais les hommes justes et prudents découvriront ses fourberies ; ils lui enlèveront ses adorateurs, pour les conduire au pied de l'autel de vérité.

∽

188. Dieu a produit le monde, comme une image de sa puissance et de sa grandeur. Ses ouvrages temporels n'ont point la perfection morale, parce qu'alors il aurait été inutile de les produire. Mais ils conduisent à l'idée de la perfection morale de leur principe ; et leur but est d'apprendre que tout ce qu'il y a de beau descend de ce premier être. Aussi Dieu se promène

perpétuellement dans ses ouvrages, pour en revivifier l'existence et la beauté. Il s'y promène, comme les bons rois dans leur empire, en laissant partout des marques de sa bienfaisance et de son amour ; parce qu'il cherche sans cesse à nous faire découvrir la beauté morale dont il est la seule source, et qu'il voudrait faire passer jusque dans nos cœurs. Dans Dieu, les mots de beauté, de sagesse, de justice, d'intelligence, sont tous unis, et comme absorbés dans l'unité de son amour ; ils se sentent, et ne se distinguent pas. Pour les êtres qui environnent Dieu, les mots de réflexion, pénétration, comparaison, activité, sont tous unis et comme confondus dans le bonheur ; on jouit de tous ces dons, sans diviser leurs caractères. Attributs divins, vous prenez des noms selon les œuvres que Dieu se propose, et selon les êtres sur qui il doit agir ; et les écrivains sacrés ne m'offrant plus que les gradations de vos opérations, peuvent, sans me troubler, me montrer dans Dieu jusqu'à nos organes et nos affections. C'est ainsi qu'à mesure que nous nous éloignons de notre union avec Dieu, nous sommes obligés de chercher de nouveaux noms, pour exprimer les diverses situations où nous nous plaçons, et retracer les perfections que nous n'avons plus sous les yeux. Voilà pourquoi toutes nos langues, et même la langue des esprits, sera passagère ; et il ne restera à jamais que la langue divine, cette langue qui n'est composée que de deux mots : Amour et Bonheur, et qui suffit pour que, dans toutes les éternités, jamais les entretiens ne puissent s'interrompre.

∼

189. Est-ce que les bases et les fondements de l'édifice sont exposés, comme l'édifice même, aux actions confuses de l'atmosphère et à tous les désordres des vents et des tempêtes ? Est-ce que l'homme intérieur peut être intelligible aux sens ? Malheureusement, dans notre état actuel, les sens peuvent aisément être intelligibles à l'homme intérieur. Ils ont une action analogue à sa sensibilité ; ils s'unissent à cette sensibilité ; et par là, ils attirent à eux jusqu'à sa pensée. Ouvrez-vous, régions de la vie : que l'âme aille s'asseoir à la table sainte ; l'orgueil de sa naissance la rappelle vers le séjour de la lumière. Les nations étrangères ont ravagé le temple du Seigneur ; elles en ont emporté les vases précieux qui servaient aux sacrifices ; elles ont mis le feu au temple même, et elles en ont renversé les murailles : mais les bases en sont encore dans *la terre*, et les plans de ce saint édifice se sont conservés.

∼

190. À voir la multitude des livres et des écrivains, qui peut douter de l'absence de la parole ? On croirait que la langue des Hébreux elle-même n'était pas faite pour être écrite. Plusieurs de ses mots sont si semblables, qu'ils ne pouvaient être distingués que par la prononciation. Serait-il donc vrai que c'est en écrivant que l'on a perdu les langues, et qu'elles devaient être toutes actives ? Ne sont-ce pas les diverses prononciations qui peuvent varier à l'infini le sens des mots, tandis qu'avec l'écriture, ce sens est toujours le même ? Faut-il aller plus loin ? Les esprits n'ont écrit et peint des lettres que depuis les diverses prévarications. Avant ces époques, ils ne faisaient qu'agir et parler. Dieu donna verbalement à Moïse son nom et ses commandements sur la montagne. Les tables écrites ne furent données que pour le peuple, qui ne pouvait entendre la parole. Suivez d'ailleurs ce qui se passe autour de vous. Vous parlez aux enfants avant de les faire écrire, et avant d'écrire à leurs yeux. La langue vraie dut être parlée avant d'être écrite ; elle sera parlée après qu'on n'écrira plus, parce que toute l'intelligence est renfermée dans la parole. Massorètes, vous avez réduit l'intelligence de la langue sainte au nombre des points que vous vous êtes rappelés ou que vous avez inventés. Ne peut-elle pas offrir éternellement un nombre infini de nouveaux sens pour l'intelligence ? C'était avec les langues composites et arbitraires qu'il fallait employer cette licence. Pour la langue de l'esprit, il fallait laisser à l'esprit le soin d'en développer à son gré l'intelligence. Est-ce avec des livres, est-ce avec les secours de l'industrie humaine, que Paul a appris des choses ineffables, et que les apôtres sont parvenus à parler toutes les langues de l'univers ?

191. Homme, les animaux même n'ont point de doute sur leur être et sur leur loi. Chacun d'eux défend son existence et son caractère individuel, jusqu'à son entière destruction, parce qu'il est plein de l'action qui lui est propre. Et toi tu as, comme eux, une *action vive*, par où tu pourrais, à leur exemple, défendre la *réalité de ton être* ; tu as de plus trois témoins en ton pouvoir, pour étayer le sentiment de *ton existence*, quand ton action militante est en repos : les nombres, qui sont le témoin intellectuel ; la musique, qui est le témoin sensible ; et la géométrie, qui est le témoin matériel. La géométrie te peut servir à tout rectifier ; les nombres à tout justifier, et la musique à tout vivifier. Tous ces moyens sont refusés à la bête, dont toutes les preuves se bornent à l'action physique corporelle ; et cependant elle est plus inébranlable et plus juste que toi dans sa loi. C'est qu'elle n'a pas, comme toi, transposé sa puissance ; c'est que les domina-

tions terrestres ne la captivent pas, comme toi, dans les fausses apparences ; c'est que l'ennemi a ce moyen-là de moins d'exercer sur elle son empire. Mais aussi, tu as au-dessus d'elle le moyen de t'opposer à cet empire de l'ennemi, et d'en anéantir la puissance.

∽

192. Tous les objets naturels que la poésie nous peut peindre, quels moyens ont-ils de nous frapper ? C'est par leurs descriptions très ressemblantes et caractéristiques, et surtout par leurs rapports moraux. Sans cela, serait-elle le langage des dieux ? Aussi les écrivains sacrés interpellent tous les ouvrages de la sagesse, pour remplir ces sublimes fonctions. Ils engagent les fleuves, les montagnes, les animaux, les arbres, tous les phénomènes de la nature, à célébrer la gloire du Seigneur. Voilà donc pourquoi les poésies lyriques et divines font sur nous une si forte impression. Qu'êtes-vous, simples poésies descriptives ? Vous ne nous menez au terme que par un intermède ; les autres nous conduisent directement au milieu de nos rapports sublimes et coéternels, avec la lumière et la vérité. Peignez-moi, comme Job, la voix des tonnerres, la force de Béhémot, qui est le commencement des voies de Dieu. Peignez-moi, comme Habacuc, les pierres criant du sein des murailles, et les poutres leur répondant : *malheur à celui qui bâtit des villes dans le sang, et qui les fonde dans l'iniquité !* Peignez-moi, comme Moïse, les fleuves suspendant leurs cours à sa voix, le jour et la nuit obéissant à sa parole, le ciel même concourant à ses desseins, et produisant à son gré la vie et la mort, la paix ou l'effroi, la lumière ou les ténèbres. Peignez-moi l'homme dieu, déposant sa propre gloire pour venir nous relever de notre bassesse. Peignez-le moi sortant du cercle des brebis fidèles, pour courir après celle qui s'était égarée, la prendre sur ses épaules et la rapporter au bercail. Vous m'avancerez par ces tableaux, parce qu'ils ont eu pour but et pour objet l'âme de l'homme ; parce que mon âme est née dans la région à qui appartient ce langage, et qu'elle est faite pour le comprendre.

∽

193. Mon esprit a reçu une consolante intelligence, il a conçu les rapports de la parole avec l'harmonie et avec le son. Ne sont-ils pas semblables dans le nombre ? Ont-ils d'autre différence que celle de leur loi ? Le son n'agit que dans les angles ; l'harmonie est le lien du centre avec les angles ; la parole agit dans le centre même. Voilà pourquoi la parole est le fruit et l'or-

gane de la vie ; voilà pourquoi l'homme est le porteur de la vie ; voilà pourquoi celui qui est venu d'en haut était la voie, la vérité et la vie : et c'est le divin quaternaire qui est l'agent universel de toutes ces merveilles : il se modifie, il prend toutes les formes pour remplir tous les vides ; mais il conserve à jamais son immortel caractère. Parole de l'homme, tu ne devais point connaître le silence. Aussi l'amour suprême a-t-il diminué sa parole jusqu'à ton nombre, pour que tu ne fusses pas perdue, et que l'harmonie ne fût pas interrompue. Chantons la vie, chantons la parole, chantons la gloire de la parole de l'homme. Elle a été digne que la parole divine vînt la remplacer. Qui connaîtra jamais le nombre sacré de cette parole divine ? Il est au-dessus de ce qui a reçu la naissance. Il s'est étendu pour la formation de l'univers ; il s'est étendu pour la résurrection de la parole de l'homme. Ce sera en remontant vers son unité, qu'il élèvera tout à lui. Et ils douteraient encore que cette parole fût Dieu même ! N'ont-ils pas pour base l'homme, les nombres et la nature ? L'homme, à cause de la proximité ? Les nombres, à cause de la transposition ? Et la nature, parce qu'il est disséminé ?

~

194. As-tu mis assez de persévérance dans ta prière pour sentir ce que c'est que la volonté de Dieu ? Tu éprouveras bientôt combien l'homme est incomparablement plus *aimé* qu'il n'est *haï*. Tu sentiras ton corps acquérir une douce chaleur, qui lui procurera à la fin et l'agilité et la santé. Tu sentiras ton intelligence se développer, et porter sa vue à des distances si prodigieuses, que tu seras saisi d'admiration pour l'auteur de tant de merveilles. Tu sentiras ton cœur s'épanouir à des joies si ravissantes, qu'il éclaterait si elles se prolongeaient plus longtemps. Les heureux fruits qui résulteront de ces divines émotions, après t'avoir ainsi vivifié, te rendront propre à vivifier tes semblables à leur tour. Mais cette prière si efficace peut-elle jamais venir de nous ? Ne faut-il pas qu'elle nous soit suggérée ? Songeons seulement à l'écouter avec attention, et à la répéter avec exactitude. Qui nous donnera d'être comme un enfant à l'égard de la voix qui nous la dicte ? Dans son bas âge, on le fait prier ; on lui souffle tous les mots, qu'il ne fait que répéter. On lui enseigne les éléments de ces prières volontaires, libres et puissantes, qu'il fera de lui-même lorsqu'il sera délivré de l'ignorance et du bégaiement de son enfance. Image vraie, image douce de ce que nous avons à faire avec le guide qui ne nous quitte pas ! Telle est la fonction qu'il remplit sans cesse auprès de nous, en nous enseignant les éléments de ces prières sublimes que nous ferons un jour,

lorsque nous serons séparés de notre enveloppe corruptible. Heureux, heureux, si nos distractions ne nous empêchaient pas si souvent de l'entendre !

∽

195. Nous sommes tombés dans un fossé profond ; un homme secourable y est descendu pour nous en retirer. Mais que font tous les jours les humains à l'égard de celui qui s'offre ainsi à les délivrer de leurs maux et de leurs dangers ? Au lieu de le saisir fortement, pour qu'en s'élevant il les élève avec lui, ils consomment leurs moments les plus précieux à s'informer d'où il vient, qui il est, s'il a des droits pour venir leur offrir des services. Péché primitif, comment te nier quand on voit que tu te perpétues sans relâche et de toutes les sortes ? Le Seigneur avait dit partout dans l'écriture sainte : *appelez-moi, appelez-moi, et je vous exaucerai*. Et cependant, quoiqu'elle soit si douce, la condition qu'on nous impose, non seulement nous n'appelons pas celui qui peut nous secourir, mais nous le dédaignons quand il vient de lui-même, et sans attendre qu'on l'appelle. Si quelque chose est capable d'absorber ta pensée, malheureux mortel, c'est l'extrême patience de ton Dieu. Elle est mille fois plus incompréhensible que sa puissance. C'est qu'elle tient essentiellement à son amour, et que si nous pouvions connaître l'immensité de cet amour, il n'y aurait plus rien dans Dieu qui nous fût caché.

∽

196. Je me suis levé avant le jour pour offrir mes vœux à l'Éternel. J'ai pris ce moment paisible où les hommes livrés au sommeil y semblent ensevelis comme dans le tombeau, pour y ressusciter leur pensée. Ce moment est le plus avantageux pour la prière et pour s'unir à la vérité. L'atmosphère n'est point agitée par les vaines paroles des hommes, ni par leurs futiles ou vicieuses occupations. Mortels, n'est-ce que dans le silence de votre pensée que peut se trouver la paix de la nature ? Dieu suprême, pourquoi laisses-tu plus longtemps dans cette terre fangeuse celui qui t'aime, qui te cherche, et dont l'âme a goûté ta vie ? Mes mains s'élèvent vers toi : il me semble que tu me tends les tiennes ; il semble que mon cœur se gonfle de ton feu ; il semble que tout ce qui est dans mon être ne fait plus qu'un avec toi-même. Je parcours dans ton esprit toutes ces régions saintes, où les œuvres de ta sagesse et de ta puissance répandent un éclat éblouissant, en même temps qu'elles remplissent l'âme de félicités. Hélas ! le soleil me

surprend, une vapeur de feu, en enflammant l'horizon, annonce au monde ce tabernacle de la lumière. Il vient ranimer la nature engourdie ; il vient éclairer les yeux de mon corps, et m'offrir le spectacle de tous les objets qui m'environnent. Arrête : tu ne m'apportes pas un bien réel, si tu ne viens pas ouvrir encore plus les yeux de mon esprit. Arrête, puisque au contraire tu viens les fermer. Tu vas ne m'offrir que des images mortelles de ces beautés immortelles que ma pensée vient de contempler. Tu vas me cacher le soleil éternel dont tu n'es qu'un reflet pâle et presque éteint. Arrête : car avec toi vont se réveiller les pensées des hommes, l'ambitieuse audace de l'impie, et les fabricateurs de l'iniquité. Avec toi vont se lever les puissances du monde, pour courber les nations sous leur joug de fer, au lieu de les rappeler à la loi douce de la vérité. Avec toi, tous les poisons vont s'exhaler et remplir d'infection l'atmosphère.

~

197. Suivons-le dans toutes les voies qu'il voudra nous tracer. Les élus qu'il a choisis, il leur marque des sentiers et des types à représenter pour l'avancement de la famille universelle. Ils sont séparés de nous par leur élection, ils le sont aussi par leurs actions. Comment les jugerions-nous ? Les hommes simples et ignorants verront un jour la profondeur et la hauteur de ces colonnes fondamentales. Pour vous, malheureux juges de ce que vous n'étiez pas dignes de contempler, vous voudrez pouvoir faire oublier vos jugements. Vous voudrez pouvoir les effacer par vos larmes, et vos larmes ne les effaceront point. Vos écrits propagent les maux, et vous ne pouvez plus y mettre ordre. Vous avez à pleurer, et les maux que vous avez faits, et ceux que vous devez faire jusqu'à la fin des siècles. Qui sera assez puissant pour faire naître une nouvelle plaie dans la terre d'Égypte, et faire que tous les écrits de l'homme non régénéré, se trouvent à l'instant rongés de vers, ou consumés par les flammes, ou transformés en poussière. Je n'en excepte pas les miens, quoiqu'ils ne soient pas contre l'esprit : mais j'aurais l'espoir que l'esprit en prendrait la place, si lui-même envoyait cette plaie ; et mon désir est que l'esprit prenne la place de toutes choses.

~

198. Le Seigneur a incliné ses regards sur la postérité de l'homme, et il a vu ceux qui le cherchent. Quel est cet homme brisé de douleur, et gémissant sur ses iniquités ? Quel est cet homme humble et dans l'indigence de la sagesse, et demandant à tous les êtres puissants de soulager sa pauvreté ?

Je l'ai vu du haut de mon trône, je l'ai vu dans sa tristesse et dans l'abattement : mon cœur s'est ému. J'ai enveloppé ma gloire, et je suis descendu vers lui. J'ai imposé mes mains sur sa tête et sur son cœur. Il est sorti de son état de mort ; la chaleur a circulé dans ses membres. Il s'est levé : sois bénie à jamais, sois bénie, sagesse bienfaisante qui vient de me rendre la vie ! Laisse-moi te saisir, laisse-moi coller mes lèvres sur tes mains, et qu'elles ne s'en séparent plus. *Où irai-je ? N'as-tu pas les paroles de la vie éternelle ?* Le Seigneur a dit : *je prendrai soin moi-même de celui qui me cherche, celui qui m'aime, celui qui désire de m'aimer.* J'allumerai dans son cœur un feu semblable à toutes les ardeurs du soleil, et tout son être deviendra resplendissant de lumière. Homme de Dieu, voilà ta sainte destinée : tant que l'homme ne sent pas bouillonner son cœur comme une fournaise ardente, il est en danger, il est mort. J'invoquerai le Seigneur ; sa parole peut transformer le cœur de l'homme en un soleil vivant : il dit, et chacune de ses paroles enfante autant de *soleils* toujours prêts à vivifier le cœur de l'homme.

199. Dieu veut qu'on le serve en esprit, mais il veut qu'on le serve aussi en vérité. Où sont-ils ceux qui le servent comme il le désire ? Est-ce par les spéculations, est-ce par la pénétration de l'intelligence, est-ce par les découvertes, que vous servirez votre Dieu ? Par là, vous pourrez vous élever au-dessus des hommes, et vous en faire admirer : mais aurez-vous atteint pour cela votre vraie mesure ? C'est le cœur de l'homme qu'il faut sanctifier, et porter en triomphe aux yeux de toutes les nations.

Le cœur de l'homme est issu de l'amour et de la vérité ; il ne peut recouvrer son rang qu'en s'étendant jusqu'à l'amour et à la vérité. Aura-t-il moins d'intelligence ? Qui pourrait le croire, puisqu'il puisera dans la source de toute intelligence, et dans le créateur de l'esprit ? Ouvrez-vous, âmes humaines ; toutes les puissances célestes ne demandent qu'à vous remplir et à se remplir de vous, pour vous apprendre à servir Dieu comme elles, en esprit et en vérité : prenez courage. Il ne fallut que quarante jours de travaux au réparateur pour vaincre l'apparence, et pour dérouler toutes les enveloppes dont la matière environne l'homme ; parce que la matière a employé le même nombre pour nous emprisonner.

200. Ma pensée va méditer sur les fins du créateur, et sur les moyens qu'il emploie pour y arriver. Les moyens sont simples ; la fin est toujours grande et merveilleuse. Voyez ce germe, voyez cette graine méprisable en apparence, et voyez l'arbre et les fruits qui en proviennent. Mortels, comparerez-vous vos œuvres à celles du créateur ? Considérez la complication de vos moyens, et le néant ou l'horreur de vos résultats. Vous agissez comme votre ennemi. Ses moyens sont nombreux, il est sans cesse actif contre Dieu ; et ses résultats sont toujours nuls, et ils le deviendront encore davantage. Quelle sera donc la fin des œuvres universelles de Dieu ? Sachez que l'immensité de ses moyens est la simplicité même. Ce vaste océan céleste, la nature entière, tous les univers des esprits et des mondes, ne sont qu'un moyen simple aux yeux du souverain auteur des êtres ; et la fin de tous ces moyens doit être encore plus grande que leur immensité, parce que dans un être qui est la sagesse, la fin est toujours plus grande que les moyens. Homme, dans ta misère, tu vois un terme à tes ténèbres ; tu aperçois de loin une immensité de jouissances qui surpassent toujours tes besoins et tes conceptions. Chante d'avance la gloire et la puissance du Seigneur. Chante la grandeur de ses merveilles, et vois quelle est la grandeur du terme qui t'attend, en voyant la grandeur du moyen qui t'est offert pour t'y conduire.

201. Je supporterai sans murmure les langueurs de ma régénération ; je laisserai errer douloureusement mes pensées et les vœux de mon cœur, dans les pénibles sentiers du temps. Que mes pas soient imprimés sur la terre de douleur, et laissent après eux de longues traces ! Ces marques sanglantes inspireront de la crainte au pécheur ; elles pourront l'arrêter dans ses crimes. Mais qu'elles ne l'arrêtent pas dans son espérance ! Dieu me préserve de croire que toutes les fois que mon âme invoquera le Seigneur, il ne soit prêt à m'entendre et à m'exaucer ! Oraisons du Seigneur, vous pénétrez mes os, vous vous emparez de tous mes membres, vous m'environnez de vos douces et vivifiantes influences, comme on enveloppe un homme infirme, pour le préserver de l'air vif. Grâces vous soient rendues ! Ne suspendez pas vos soins, jusqu'à ce que j'aie recouvré ma force. Mes yeux, vous deviendrez perçants comme ceux de l'aigle. Ma pensée sera comme la flèche, que le guerrier ajuste longtemps et sans se presser, afin qu'elle porte un coup plus sûr. À tous les moments de sa vie, l'homme a besoin de se sauver ; aussi, a-t-il vu entrer dans ses abîmes un libérateur universel, et qui ne se repose jamais. Un

libérateur qui ne peut être que Dieu même, sans quoi il n'aurait pas pu me rendre la vie ; parce que, s'il n'était pas lui-même la racine de mon être, en me réunissant à lui, il ne m'eût point encore réuni à ma racine. Âme humaine, unis-toi à celui qui a apporté sur la terre le pouvoir de purifier toutes les substances ; unis-toi à celui qui, étant Dieu, ne se fait connaître qu'aux simples et aux petits, et se laisse ignorer des savants. Qu'as-tu besoin de solliciter les secours particuliers de tous les agents de la vérité ? Ne sont-ils pas tous contenus en elle ? Ne sont-ils pas tous animés par son universelle influence ? Vérité sainte, parle à l'âme de l'homme ; il entendra toutes les langues, et il ne sera point précipité avec l'horrible poids du temps.

～

202. Si je suis une de tes pensées, donne-moi, pour la gloire de ton nom, la force de justifier mon origine. Si j'ai laissé altérer les trésors de mon essence divine, si quelques rameaux se sont, par ma faiblesse, détachés de ce grand arbre ; ordonne-leur de renaître, et ils s'élèveront avec plus de majesté encore, que lorsque tu leur donnas la première fois la naissance ? C'est toi qui empêches que les âmes ne se tuent les unes et les autres ; et c'est toi qui les guéris, lorsqu'elles se sont blessées, et qui les ressuscites, lorsqu'elles se sont tuées. C'est toi qui laisses l'impie dans ses liens, tant qu'il ne se retourne pas vers toi, et qu'il persiste à se déclarer ton ennemi. Oh, combien d'hommes sont dans la voie sans le savoir ! Combien d'autres se croient dans la voie, pendant qu'ils en sont si éloignés ! Attendez en paix et en silence. Retirez-vous dans la caverne d'Élie, jusqu'à ce que la gloire du Seigneur soit passée. Qui de vous serait digne de la contempler ? Ce n'est point à l'homme faible que la gloire du Seigneur est promise ; avant d'en jouir, il faut que la pensée de l'homme ait recouvré son élévation. Puisque c'est dans la pensée de l'homme que se trouve la gloire du Seigneur. Les cieux l'annoncent aussi, cette gloire, et David nous l'a dit dans ses cantiques ; mais ils ne font que l'annoncer, au lieu que la pensée de l'homme la justifie, la prouve et la démontre. Un jour, les cieux, la terre et l'univers cesseront d'être, et ils ne pourront plus annoncer la gloire de Dieu. Quand ce jour sera arrivé, la pensée de l'homme pourra encore la justifier, la prouver, la démontrer, et cela pendant la durée de toutes les éternités. Songez que, si vous n'abandonniez jamais une pensée pure et vraie, qu'elle n'eût été conduite à un terme vif et efficace, vous vous rétabliriez insensiblement dans votre loi, et que vous deviendriez, dès ici-bas, les représentants de votre Dieu.

∽

203. Pourquoi te livres-tu aux impressions mixtes et inférieures ? Pourquoi descends-tu sur les degrés de l'abîme ? Et ils sont tranquilles dans ces ténèbres ! Et les transports d'une joie insensée viennent encore s'emparer d'eux ! Ces lieux de ténèbres sont pires que les mers agitées. Quand le vaisseau est descendu comme dans des gouffres, ne s'élève-t-il pas sur le sommet des flots ? Mais ici point d'alternative : les gouffres sont toujours ouverts, et dans ces gouffres toujours ouverts, l'homme se sent toujours tomber et toujours descendre. Malheureux, ces demeures serraient-elles l'asile de ta pensée ? N'es-tu pas né pour l'élément supérieur ? Porte ta vue au-dessus de ces abîmes. Contemple les régions élevées qui dominent sur ta tête ; saisis tous ces points d'appui qui sont semés dans l'immensité de l'intelligence et des véritables désirs de l'homme. Ce sont autant de branches que la sagesse te présente dans ton naufrage : portes-y la main ; ne lâche point prise que tu ne sois sorti du gouffre, et que tu ne respires un air pur. Qu'êtes-vous, éléments composés ? Vous n'êtes que l'éponge du péché. Quand ton corps est imbibé de toute ta souillure, il t'abandonne. Il rentre dans la terre, qui est la grande piscine ; et ton âme purgée, s'élève vers sa région originelle, avec qu'il sera beau, ce spectacle futur, où toutes les âmes qui n'auront pas succombé à l'épreuve, s'élèveront ainsi vers la région de la lumière ! Voyez-vous l'univers entier s'enfoncer dans le néant, et perdre à la fois toutes ses formes et toute son apparence ? Voyez-vous tous ces esprits purifiés s'élever dans les airs, comme la flamme d'un grand incendie, et ne montrer qu'une clarté éblouissante à la place de toutes ces matières qu'ils ont consumées, et qui ne sont plus ?

∽

204. Si tu descends en toi-même, et si tu t'y fais conduire par un bon guide ; tu t'affligeras moins de te trouver coupable, que d'avoir été assez insensé pour aimer un instant autre chose que la vérité. Tu te diras : quand l'homme fut devenu criminel, la divine charité ouvrit les trésors de l'amour ; elle descendit dans notre séjour ténébreux, chargée d'or, pour la délivrance des captifs. Au lieu de recevoir humblement ma rançon et de retourner à la défense de ma patrie, j'ai dissipé cet or, qui devait me tirer de la servitude ; j'ai trompé mon Dieu ; j'ai dérobé ce qu'il me donnait si volontairement ; j'ai comme anéanti son amour. Dans cet homme ainsi touché, les larmes du regret absorbent celles du remords et du repentir. Dans les sages d'une moindre classe, les larmes du remords et du repentir

absorbent celles du regret. Dans les réprouvés, les larmes de la fureur ne leur permettent pas d'en répandre d'autres. Vous ne jugez les hommes que sur ce qu'ils sont, et Dieu les juge sur ce qu'ils pourraient être. Il voit en eux le germe radical qui les anime, et qui les porterait naturellement vers la vérité, si vos exemples et vos aveugles dominations ne l'en écartaient. Aussi, vous dispensez l'homme de vous payer par ses regrets ; vous ne vous en paieriez pas moins par vos rigueurs. Dieu suprême, quand j'aurai péché, et que je m'affligerai devant toi, ce ne sera point parce que tu es un être qui punit, mais ce sera parce que tu es un être qui pardonne. Quand je me suis livré au mal, et que je m'examine, celui qui s'assoit sur le tribunal et qui me condamne, me paraît si analogue à mon vrai moi, que je n'en puis presque pas discerner la différence. Quand je veux, au contraire, me livrer au bien, la bonté divine peut tellement m'y faire avancer, qu'il me semble que ce soit un autre que moi qui ait commis mes fautes passées. Et voilà, ce que l'homme gagne à s'approcher de celui qui pardonne.

∽

205. À quoi connaîtrons-nous l'homme juste dans toutes les mesures ? C'est celui pour qui la racine de la sagesse a poussé profondément dans la terre. C'est celui qui peut présenter son front aux tempêtes, et qui, après avoir poussé des rameaux pleins de sève, est en état de s'en couvrir encore la saison suivante. Les éléments peuvent se séparer, la terre entière peut se dissoudre. Cet homme ne se reste-t-il pas à lui-même ? Ne lui reste-t-il pas le témoignage de sa grandeur ? D'où viennent l'assurance et le sang-froid du guerrier, si ce n'est du sentiment secret, qu'il a en soi un autre être, après celui que les armes de l'ennemi peuvent lui enlever ? Le guerrier a transposé ce sentiment primitif de lui-même ; il ne le rapporte qu'aux regards de ses semblables : mais il ne saurait en anéantir le germe et le principe. Aussi, l'homme juste m'a-t-il appris une plus grande sagesse : il est bon de mettre Dieu à la tête de toutes tes œuvres, parce qu'il te fera surnager sur les maux de ce monde, comme ta simple raison t'apprend à surnager sur ses illusions. Tu pourras souffrir pour les hommes ; mais tu ne souffriras plus par les hommes. L'âme du juste est déjà dégagée de ses liens terrestres ; c'est pour cela qu'elle est frappée comme à nu et dans le vif : les hommes de matière ne peuvent avoir idée de ses tourments.

∽

206. Nos vêtements semblent avoir une forme, quand ils sont sur nous ; mais ce sont nos membres qui la leur donnent : que le principe qui porte la vie à la matière, soit retiré, et elle va rentrer dans le néant et dans la mort. Esprit de l'homme, apprends ici à te connaître. Tu ne peux mourir dans ton essence, parce qu'elle est coéternelle avec la source de toutes les essences. Mais tu peux mourir dans tes facultés, si tu laisses séparer d'elles l'action divine, qui doit les animer et les vivifier. Dans Dieu même, c'est l'amour qui donne la forme à la science. C'est l'amour qui a produit la science, et ce n'est point la science qui a produit l'amour. C'est pourquoi nos pensées seules ne peuvent exister sans image, tandis que notre cœur ou notre amour n'en ont pas besoin, et ne s'en forment aucune ; parce qu'ils ont pour nourriture l'unité même, et que l'unité divine est sans image. Aussi, *nul homme n'a jamais vu Dieu*. Ouvre l'intelligence de ton cœur. Si Dieu retire son amour, il n'y a plus de science pour l'homme, parce que c'est son amour qui a produit la science, et que ce n'est pas la science qui a produit l'amour. Promène tes regards dans toutes les régions pures, et sois sûr, que partout où tu trouveras de la science vraie, il y a de l'amour ; parce que c'est l'amour qui a produit la science, et que ce n'est pas la science qui a produit l'amour. Ainsi les ténèbres et l'abîme sont sans science, puisqu'ils sont sans amour ; parce que c'est l'amour qui a produit la science, et que ce n'est pas la science qui a produit l'amour. La force se joint à la force. Ne parle pas de la doctrine intérieure, si tu n'as pas pénétré dans son sanctuaire ; il est impossible d'en bien parler de mémoire, parce que c'est l'amour qui a produit la science, et que ce n'est pas la science qui a produit l'amour.

207. Dès que la vie spirituelle a commencé pour l'homme, toute son existence devient une suite d'actions vives, qui se touchent et se succèdent sans interruption. Actions vives, lorsque vous descendez en lui, vous le pénétrez de l'intelligence, de la sagesse et de la lumière, parce que vous ne pouvez venir en lui qu'accompagnées des délibérations du grand conseil, et des plans du *mobile universel*. Il agit encore dans le temps : les plans du grand conseil n'embrassent-ils pas le temps, comme toutes les régions ? Mais il vit par l'infini, et il veut vivre dans l'infini. Comment arrivera-t-il au complément de ce terme infini, sans passer par les rois alliances ? N'est-ce pas à l'alliance du feu vivant que doivent se réunir tous les principes ? Oui, c'était là l'esprit des sacrifices de la loi ancienne et de ces victimes consumées par le feu sur les autels. Sagesse sacrée, que ne ferais-tu pas

dans les hommes, s'ils mettaient à profit ta triple alliance ? Tu les rendrais semblables à *l'arbre de vie*. Ils en auraient encore assez, de cette intelligence naturelle, pour se régénérer, s'ils en faisaient usage ! Mais ils la corrompent, en la séparant de son centre, et en ensevelissant toute leur sagesse dans l'ordre inférieur. Aussi, le politique, parmi les hommes, semblerait-il moins éloigné du principe que le moral. Dans l'un, ils paraissent au moins chercher à bâtir ; au lieu que dans l'autre, ils ne semblent occupés qu'à en empêcher. Descendez, cèdres du Liban, venez servir d'appui aux faibles roseaux et aux jeunes vignes. Que leurs rameaux se marient à vos branches, afin que vous souleviez leurs fruits au-dessus de la fange croupissante de la terre. Venez leur montrer le nom qui les attend. Venez leur faire connaître leur propre nom. Prenez la règle et l'équerre, et venez retracer de nouveau dans leur cœur les plans primitifs de Jérusalem.

208. Mon âme a lu un témoignage de son immortalité dans la justice criminelle des hommes. Cette justice ne satisfait que le monde social, dont le criminel a violé l'ordre. Mais s'il a aussi violé l'ordre supérieur et la justice invisible, peut-elle être satisfaite de le voir souffrir et mourir dans son corps ? Ne demande-t-elle pas que les punitions tombent sur des substances de son ordre et de sa classe ? Si un grand a fait un crime contre l'État, est-ce assez que le prince le dépouille de ses habits pompeux et des marques de ses dignités ? Oui, les supplices humains et corporels ne font que préparer l'âme et la dépouiller, pour lui faire subir le supplice analogue à son essence. C'est ainsi que l'on fait déshabiller le coupable, qui doit recevoir sur son corps les marques infamantes et les corrections douloureuses. Cessons donc de croire que tout soit fini, quand un criminel a subi ici-bas son supplice, ou quand notre corps a payé le tribut à la nature. Ce n'est qu'à la mort corporelle de l'homme que commencent les quarante-deux campements des israélites. Sa vie terrestre se passe presque entière dans la terre d'Égypte. Souvent la nécessité de ses œuvres futures engage la Sagesse suprême à faire accélérer le terme de nos jours temporels, parce qu'elle est avide de nous voir rentrer dans nos voies. C'est ainsi qu'elle a traité les Amorrhéens, et tous les peuples prévaricateurs. Quel insensé bornera l'étendue de sa vue à ce monde étroit et ténébreux ? Il ressemblerait à l'enfant qui trouve l'univers entier dans sa poupée. Si nous rions de la méprise de cet enfant, c'est que nous sommes sûrs qu'il existe, sous nos yeux, des objets qui sont au-dessus de ses hochets. Mais sommes-

nous sûrs, qu'il n'y ait personne au-dessus de nous qui puisse en dire autant des nôtres ?

～

209. Où sera la matière, où sera la mort, quand tout sera plein de l'homme, et que l'homme sera plein de la vie et de la parole ? Voyez-vous ce sage vieillard, qui a passé ses jours dans la contemplation des œuvres de Dieu et de la vérité ? Ses yeux étincellent du feu de l'esprit, ses discours respirent la sagesse, son intelligence est perçante, comme une épée, et sa parole opère des œuvres vives. C'est qu'en lui la vie divine s'est unie à son être, et l'a aidé à traverser sa matière ; c'est que cette matière est pure en lui et comme sanctifiée ; c'est qu'il est établi sur elle, comme sur un trône, et qu'il peut déjà de dessus ce trône juger les tribus d'Israël. En vain l'esprit de l'homme ignorant ferme-t-il les yeux à cette loi finale de notre être : il se tord, comme le serpent, pour arriver à des explications qui la détruisent ou la rabaissent. Laisse là la vérité, si elle ne te convient pas, et si elle t'importune ; mais n'essaie pas de te mettre à sa place. C'est elle qui t'a donné la pensée ; elle a le pouvoir de te retirer à son gré cette pensée, comme elle a le pouvoir de te la rendre : et c'est avec une pareille dépendance à son égard, que tu veux la juger, que tu veux la soumettre, et que tu veux la détruire ! Vous-même, vous ôtez à un homme l'esprit de la crainte de la mort, et vous lui donnez l'esprit d'un guerrier. Vous ôtez à un homme l'esprit guerrier qu'il avait reçu de la nature, et vous lui donnez l'esprit de paix d'un ministre de l'église. Vous ôtez à un homme sédentaire l'esprit d'un philosophe contemplatif, et vous lui donnez l'esprit et la science du monde, et l'activité d'un courtisan. Le Seigneur ne peut-il, comme vous, transposer à son gré les esprits par lesquels il veut vous gouverner ?

～

210. L'esprit de l'homme se demande souvent, à quoi pouvaient servir les animaux dans le plan de la création ? Ne voyons-nous pas en eux quelques signes épars des vertus qui nous sont recommandées, de la prudence, du courage, de la fidélité, de l'attachement, de l'adresse et de l'industrie, pour combattre les maux qui les affligent ? Mais vous avez vu que la terre fut maudite ! Portez donc votre pensée jusqu'à ce plan primitif, qui était destiné à toute la nature, et vous verrez qu'alors les animaux pouvaient présenter de plus grands modèles de perfection qu'aujourd'hui : ne cherchez rien de plus. Ne savez-vous pas que depuis le désordre, la Sagesse a

présenté à l'homme des modèles plus utiles et plus puissants que ne pourraient être les animaux ? Fixez ces modèles divins et vivants ; instruisez-vous par leur exemple ; nourrissez-vous de leurs forces, et vous n'aurez rien à regretter dans les plans qui sont à moitié effacés. Est-ce que l'œuvre de Dieu peut manquer de s'accomplir ? Est-ce que sa puissance et sa sagesse ne doivent pas l'emporter à jamais sur tous les désordres ? Il faut louer vos intentions, écrivains ingénieux et sensibles, qui nous peignez avec tant de charmes les lois et les harmonies de la nature ; mais cette nature désavoue elle-même la plus grande partie de vos délicieux tableaux. Elle voudrait rassembler encore toutes les perfections dont vos riches pensées la parent et l'embellissent. Mais elle n'ignore pas les taches que le crime a faites à sa beauté ; et malgré le doux empire de vos séduisants pinceaux, elle se repose sur une main plus puissante, qui un jour voudra bien réparer ses désastres.

~

211. Vous demandez comment l'esprit peut agir sur l'esprit : prenez l'inverse de la matière ; elle se combine, mais elle ne se pénètre point. Les esprits se pénètrent : ils forment une vie, qui est une ; ils forment une communion intime. *Mon père, qu'ils soient uns avec moi, comme je suis un avec vous, et qu'ils soient consommés dans l'unité !* Détournez donc vos yeux de cette matière qui vous abuse. Comme elle existe par les divisions et dans les divisions, elle accoutume aussi votre vue à se diviser ; puis vous portez cette vue divisée et double sur l'unité : comment pouvez-vous donc la saisir ? Si la vérité venait sur la terre, le poète la mettait en vers, le musicien la chanterait, le peintre voudrait faire son portrait. Heureuse encore si les hommes ne l'employaient que pour le service de leurs illusions ! Dans les sciences numériques, n'ont-ils pas confondu les lois les plus incompatibles ? La loi de l'addition est la seule qui gouverne ce monde ; la loi de la multiplication appartient à un monde plus vivant. Mais dans leurs calculs, ils n'ont pas craint de les assimiler l'une à l'autre ; ils ont voulu égaler ce qui est mort à ce qui est vivant, et ce qui est vivant à ce qui est mort. Ils sont ici-bas sous la racine de l'arbre, ils ne peuvent s'élever jusqu'aux branches ; et ils veulent nous en donner les dimensions !...

~

212. Lorsque vous vous êtes négligé ; et que vous êtes descendu dans les figures et dans les ombres, vous ne connaissez plus les choses que sous des

ombres et sous des figures. Éloignez-vous des miroirs ternes, et les objets vifs et réguliers se rapprocheront de vous. Ne dites plus, docteurs imprudents, que tout est faux, *quand il y a un reflet,* et que l'homme n'est pas digne d'en recevoir ici-bas. Vous parlez de votre poste ; vous parlez de l'homme qui s'est enseveli dans les ombres, et à qui on ne peut rendre que selon les ombres qu'il laisse accumuler en lui. Vous n'avez pas la première notion du vrai, si vous croyez qu'il ne puisse y avoir des hommes préservés. Vous les trouverez rarement, ces hommes préservés, parmi ceux qui, étant avancés en âge, ont passé leur vie dans les ombres. Mais vous les trouveriez aisément dans les enfants, et dans ceux qui en ont conservé le saint caractère. Cherchons la région vive : nos principes vifs en seront encore plus vivifiés, et les reflets que nous y recevrons, seront purs ; ou si l'impur s'y mélange, il sera si aisé à discerner, qu'il n'en retirera que de la confusion. N'y a-t-il pas une place frontière dans la création ? Et l'impur pourrait-il jamais passer *quarante-neuf* ?

213. La vérité avait paru, et à sa présence les aveugles voyaient, les sourds entendaient, les boiteux marchaient droits, et les malades étaient guéris. Tu t'es montrée, doctrine humaine : et ceux qui voyaient sont devenus aveugles ; ceux qui entendaient sont devenus sourds ; ceux qui marchaient sont devenus boiteux, et ceux qui étaient sains sont devenus malades. Tristes victimes ! savez-vous comment cette vérité vous traitera ? Elle a régénéré ceux qui étaient infirmes lors de sa venue, parce qu'ils l'étaient par ignorance, et que la lumière n'avait pas encore paru pour eux. Mais, vous, qui l'aviez vue, cette lumière ; vous, qui aviez été avertis mille fois de sa présence, vous l'avez laissé évaporer ! *Puisque vous n'avez point, on vous ôtera même ce que vous avez.* Vous enseignez qu'il y a un vide dans la nature : pourquoi donc ces innombrables nuances, qui lient si bien toutes les substances qu'il n'est pas un point par où l'action puisse s'échapper ? Si tout est plein d'action, comment y aurait-il un vide de résultats ? Vous avez encore plus méconnu la nature morale, en la confondant avec la nature périssable ! Doctrine humaine, ô doctrine humaine, laisse aller mon peuple, afin qu'il me puisse offrir ses sacrifices ! L'âme humaine doit exister au-delà des siècles, parce que la vie lui a été donnée par le principe de la vie, et que le souverain des êtres ne pourrait anéantir la vie, sans abolir son propre caractère, qui est d'être le Dieu vivant. Doctrine humaine, ô doctrine humaine, laisse aller mon peuple, afin qu'il puisse offrir ses sacrifices !

214. Ce sont, dites-vous, les transitions et les liaisons qui embarrassent le plus les écrivains. Ignorez-vous que les liaisons existent dans les choses ? Les hommes de lumière et de vérité en mettent peu dans les mots. Voulez-vous ne juger que sur les mots et sur le cadre, les endroits élevés de l'écriture sainte : vous n'y verrez qu'obscurité, désordre et confusion. Voulez-vous les examiner avec plus de soin, et en solliciter l'intelligence, en vous élevant en même temps que vous demanderez qu'on vous élève : vous y trouverez des rapports vastes et imposants. Voyez quelles sont les transitions des écrivains sacrés. Elles consistent, presque toutes, dans une seule particule conjonctive, parce qu'ils ne parlent jamais qu'au nom du Seigneur, et que le nom du Seigneur sait tout lier, comme il a su tout produire. Quelquefois même, ils commencent par là leurs écrits et leurs discours ; parce que les choses qu'ils nous présentent, sont en liaison avec celles qu'ils nous cachent ; parce que ces hommes choisis ne sortaient point de la présence de la vérité, et qu'ils étaient toujours unis à celui qui n'a ni fin, ni commencement. Vous avez fait une semblable erreur, lorsque vous avez jugé Moïse matérialiste, sur ce qu'il semble parler rarement un langage spirituel à son peuple. Cette preuve vous paraîtrait bien débile, si vous lisiez les écritures, avec l'intelligence qu'elles font germer à tous les pas ; et vous vous diriez bientôt : il n'était pas plus nécessaire de parler de l'esprit aux Hébreux, qu'il ne le serait de parler d'armure et de guerriers à deux armées qui seraient en présence.

215. Qui peut nier que la nature n'ait une grande destination, et que cette destination ne soit de servir de type et d'image à l'esprit ? L'écriture ancienne et nouvelle ne prend-elle pas là tous ses emblèmes ? Ne parle-t-elle pas continuellement des astres, des saisons, des moissons, des oiseaux, des chiens, des poissons, des fourmis ? Pourquoi toutes ces choses viendraient-elles donc figurer dans le monde, si ce n'est afin que par leurs secours, les hommes puissent ouvrir les yeux à des vérités plus élevées ? Ne croyez donc pas faire une chose indifférente, lorsque par vos principes, vous défigurez la nature à nos yeux. L'homme ne prend plus de confiance en elle ; il perd celle qu'il avait pu y prendre, et vos méprises le conduisent à l'impiété. Si vous étiez loin d'une amante chérie, et que pour adoucir les rigueurs de l'absence, elle vous envoyât son image, n'auriez-vous pas au moins par là quelques consolations d'être privé de la vue du modèle ?

C'était ainsi que la vérité s'était conduite par rapport à nous ; après nous être séparés d'elle, elle avait chargé les puissances physiques de travailler à sa représentation, et de nous la mettre sous les yeux, pour que notre privation eût moins d'amertume. Et vous, docteurs imprudents, vous ne vous efforcez qu'à altérer cette représentation, de peur que nous n'y reconnaissions quelques traits de celui que nous ne voyons plus.

Arrêtez-vous : si vous n'avez point l'intelligence de l'objet des êtres, comment auriez-vous l'intelligence de leurs lois ? Étudiez d'abord pourquoi la nature existe, avant de nous dire comment elle existe ; c'est l'intelligence de l'objet des êtres, qui seule peut donner l'intelligence de leurs lois.

216. Si tu ne réalisais les vertus divines, pourquoi Dieu te les enverrait-il ? Tu te demandes, comment l'homme peut mettre en valeur ce qu'il a reçu. Est-ce que les puissances ne sont pas liées à l'amour ? Est-ce qu'elles peuvent s'unir à toi sans l'attirer ? N'est-ce pas la même unité qui produit en toi tous les biens, et qui te procure à la fois les jouissances et le préservatif ? Le même soleil qui t'éclaire, en même temps qu'il fait végéter les arbres, fait naître aussi les feuilles, dont ils t'ombragent contre son ardeur brûlante. Ranime tes forces, homme de désir, ranime ta confiance, dissous ton péché dans tes œuvres. Tu sentiras tes facultés vivantes s'étendre jusqu'aux dispensateurs de la lumière. Quand tu auras fait les œuvres du Seigneur, rentre dans ton humilité, et rend grâce au nom du Seigneur ; c'est par là que les prophètes et les élus de Dieu se maintenaient dans la sécurité, et qu'ils obtenaient de nouveaux dons. L'insensé se borne à se complaire dans les lumières qu'il reçoit par l'instruction de ses semblables ou par l'insinuation naturelle ; il est comme une terre qui garderait toujours, exposée sur sa surface, la semence qu'on y aurait jetée, et qui ne la resserrerait point dans son sein. Homme, ne sois pas semblable au bouc émissaire, qui reçoit, comme les autres animaux, les bienfaits de la nature, et qui ne répand que l'infection. Tu avais été formé pour être comme un collyre universel, qui devait rendre la vue à tous les aveugles.

217. Jusqu'à quand serez-vous en opposition avec vous-même ? Votre cœur voudrait jouir ; il voudrait se livrer aux douces impressions, que le sentiment de son être lui suggère. Mais votre raison, déjà abusée, craint de s'abuser encore davantage ; elle retient auprès d'elle les holocaustes. Écou-

tez : Vous croyez la postérité de l'homme en privation ; vous croyez Dieu trop juste, pour être l'auteur de nos souffrances. Vous savez combien l'homme était près de Dieu par son origine, puisqu'il n'y avait rien entre ces deux êtres. Vous sentez qu'excepté Dieu, il n'y avait rien près de lui pour lui apporter du soulagement. Quel effroi pouvez-vous donc prendre de cette logique simple, et dont la forme et la clarté maîtrisent votre esprit ? Mais l'idole est montée sur les hauts lieux ; elle y a attiré tout le peuple. Du sommet de cette montagne, elle domine tout le camp d'Israël, et le peuple n'a plus d'oreilles pour entendre les sons harmonieux des pasteurs qui sont dans la plaine. Il n'a plus d'yeux pour voir les ruisseaux de lait et de miel qui coulent dans cette terre promise ; il n'a plus de goût pour en savourer la douceur. Renversez cette idole qui vous retient en esclavage, et qui ne cherche qu'à vous faire languir dans la disette, afin de vous conduire au tombeau. Revenez au milieu du camp avec le peuple, et faites-le rentrer dans les tentes.

~

218. Ne vois-je pas trois degrés pour l'homme ? Il est au-dessus de sa mesure, ou au niveau, ou au-dessous. Est-il au niveau, et obtient-il en proportion : il passera des jours paisibles. Est-il au-dessus : il n'y a pour lui que triomphe et jouissance. Mais ce degré, ce n'est pas sur la terre qu'il faut le chercher. Qui sont ceux qui sont le plus souffrants ? Ceux qui ont reçu d'en haut une grande mesure, et qui sont forcés d'attendre ailleurs pour la remplir. Ce sont ceux-là qui seront consolés : car ils ne peuvent manquer de pleurer abondamment. Seigneur, ceux que tu choisis pour ton œuvre, ne sont-ils pas ordinairement victimes de l'idée profonde que tu leur donnes de toi-même ? Ils ne rencontrent sur la terre qu'opposition à cette idée profonde ; ils voient tous les jours sacrifier la chose vive, à celle qui languit et se décompose d'elle-même. Ils voient tous les jours les noms naturels devenir conventionnels, et jamais les noms conventionnels redevenir naturels. Guerriers humains, vos combats sont rares, votre défaite et votre mort incertaine, et le sentiment de l'approbation des hommes, habituel. Les guerriers de la vérité sont toujours sur le champ de bataille. Ils sont comme sûrs d'y éprouver des maux pires que la mort, et de n'avoir jamais pour eux le suffrage de l'opinion. Vérité sainte, heureusement pour ces élus que ton royaume n'est pas de ce monde ! Ta justice n'en est pas non plus, puisque ton royaume n'en est point : cela suffit pour les encourager ; ils sont sûrs de leur récompense.

∾

219. Ne naissons-nous pas tous avec un don ? Et si par notre vigilance, nous obtenons qu'il se développe en nous, qu'aurons-nous à demander de plus ? Nous devrions tous être couronnés, puisque le fidèle nous environne de son action ; il forme autour de nous comme une enceinte, et sur nous un cercle lumineux. Hommes de vérité, n'est-ce pas pour cela que l'on vous a regardés souvent comme des rois ? Sainteté, sainteté, tu rends tous les dons analogues ; tu nous apprends qu'ils appartiennent tous au même esprit.

Le son et la lumière ne sont étrangers l'un à l'autre que pour l'impie ou l'ignorant ; *l'empire* et la sanctification sont liés par des rapports essentiels. Le grand maître avait toutes les puissances, parce qu'il était saint ; et il était saint, parce qu'il s'oubliait tout entier pour ses frères. Âme puisée dans l'amour, c'est le travail de l'amour qui mène à la sanctification ; parce qu'il n'y a que lui qui nous justifie. Homme infirme et dans le besoin de l'esprit, tu ne resterais pas dans la paresse, si l'orgueil ne te retenait, et si tu ne croyais pas avoir tout. N'es-tu pas en captivité, comme les Hébreux ? Pourquoi ne penserais-tu pas, comme eux, à ta patrie ? Où est l'homme qui porte partout la douleur et le sentiment de sa misère ? Il veillera pour obtenir la concupiscence de l'esprit. Il s'agitera dans son trouble, comme un voyageur surpris par les ténèbres au milieu d'un pays qui lui est inconnu, jusqu'à ce que le Seigneur soit touché de zèle pour la terre, et qu'il ait pardonné à son peuple ; jusqu'à ce que le Seigneur lui ait dit : Je vous enverrai *du blé, du vin et de l'huile*, et vous en serez rassasiés, et je ne vous abandonnerai plus aux insultes des nations.

∾

220. Où sont les proportions ici-bas, pour pouvoir juger de l'état futur ? Irons-nous prendre l'exemple de l'enfant dans le sein de sa mère, comparé à l'état de l'homme fait ? Notre être pensant doit s'attendre à des développements immenses, quand il sera sorti de sa prison corporelle, où il prend sa forme initiatrice, comme l'enfant prend celle de son corps dans le sein maternel. Mais cette proportion nous donne-t-elle une idée nette et instructive sur cet état glorieux qui nous attend ? Ne la cherchons pas ici-bas, cette notion nette. Si nous l'avions, nous ne serions plus en privation. Mais j'aperçois une loi superbe. Plus les proportions se rapprochent de leur terme central et générateur, plus elles sont grandes et puissantes. Cette merveille que tu nous permets de sentir et de découvrir, ô vérité divine !

suffit à l'homme qui t'aime et qui te cherche. Il voit en paix dévider ses jours ; il le voit avec plaisir et ravissement. Parce qu'il fait que chaque tour de la roue du temps rapproche pour lui cette proportion sublime, qui a Dieu pour le premier de ses termes, et qu'il est déjà prévenu que c'est l'homme qui sera le second. Ressuscitons avec celui qui est déjà ressuscité. Montons à cette région, pour y apprendre promptement notre langue primitive. C'est là que l'action accompagnera toujours la parole, et que tous nos pas seront jonchés de fleurs. Il y a un temps pour recevoir des faveurs ; il y a un temps pour en avoir l'intelligence : il faut qu'il y en ait un pour présider à leur distribution.

∽

221. Ne dites-vous pas qu'il faut pratiquer les arts pour en sentir toute la finesse, et pour y acquérir du goût ? Pratiquez donc aussi les principes de la vérité, si vous voulez parvenir à en connaître le charme et la douceur. Les charmes de l'intelligence vous mèneront à ceux de l'amour. L'amour n'est-il pas l'œil de l'âme ? N'est-ce pas par l'amour qu'elle voit Dieu, puisqu'elle le voit sans image ? Mais tu fais usage de ce sentiment, pour des objets qui ne peuvent pas te le rendre, pour des objets qui te promènent chaque jour de déceptions en déceptions. Ne chasseras-tu pas loin de toi ceux qui sont intéressés à te tromper ainsi dans les objets de ton amour ? Ils savent que, si tu avais la prudence de t'adresser mieux, tu trouverais des objets dignes de toi, qui t'aimeraient à leur tour, et mille fois plus que tu ne pourras jamais les aimer toi-même. Pratiquez les principes de la vérité, si vous voulez en connaître le charme et la douceur. Ne dites-vous pas qu'il faut pratiquer les arts, pour en sentir toute la finesse, et pour y acquérir du goût ?

∽

222. Le germe du Seigneur, le germe de la parole vient de se semer de nouveau dans l'âme de l'homme. Ô vous, puissances bienfaisantes, venez le couvrir avec vos mains pures ! Que les oiseaux du ciel ne trouvent aucun passage pour venir le dévorer ! C'est toi qui es la force universelle ; c'est toi qui végètes dans tous les êtres ; c'est toi qui les as produits et qui les soutiens par le développement successif de tes puissances. Tu végéteras aussi en moi ; tu m'as donné l'être comme à eux ; tu me continueras l'existence comme à eux, par ton acte vivificateur. Célébrons l'homme : il ne peut exister un instant sans l'acte vivificateur de son Dieu ; sans que l'es-

prit ne soit en lui, comme dans une vibration continue. Nature, nature, tu as aussi le même avantage, puisque tu ne renfermes aucune substance dont l'artiste industrieux ne puisse extraire les éléments de la lumière. Mais l'homme a au-dessus de toi le pouvoir de sentir ses sublimes privilèges, et d'en célébrer le divin auteur. L'ange du Seigneur a pris l'épée en main ; il va traverser toutes les rues de la ville d'Égypte. Il va exterminer tous ceux qui, comme *Achab, se sont vendus pour faire le mal aux yeux du Seigneur*. Il va exterminer dans l'homme tout ce qui ne sera pas marqué du sang de l'agneau. Il ne laissera subsister aucune végétation empoisonnée ; mais il passera, sans frapper de l'épée, devant tout ce qui portera le caractère de la délivrance, et qui sera provenu de la semence de la parole. La sève circulera alors librement de la racine jusqu'aux rameaux les plus déliés. Les fleuves des montagnes se rendront, sans obstacle, jusqu'à la grande mer ; et la sainteté restera attachée à l'âme de l'homme, comme par un ciment indestructible.

223. Allons recueillir des aromates pour brûler sur l'autel du Seigneur ; parcourons les nations de la terre, et demandons-leur la dixme du Seigneur. Il y a des peuples qui fournissent de parfums les temples et les idoles de l'Égypte. N'est-il pas plus juste que tous les parfums soient offerts au Seigneur ? Jeunes lévites, et vous vierges innocentes, ramassez avec soin les fleurs des champs. Parcourez les montagnes de Galaad et de l'Arabie, où le baume et l'encens répandent leurs odeurs. Qui vous refusera de participer à votre œuvre ? Qui sera assez ingrat pour ne pas offrir la dixme au Seigneur ? À l'image de l'abeille infatigable, soyez occupés tout le jour à exprimer le suc des fleurs, et des arbres résineux ; transportez vos récoltes dans les lieux saints. Venez-y préparer, à loisir, la cire et le miel, pour l'utilité de toute la famille humaine. Préparez-y ce parfum sacré qui ne doit être *offert qu'au Seigneur, sur l'autel d'or*. Préparez-y aussi le parfum d'onction, qui doit servir à consacrer le grand-prêtre et ses fils, et tous les vases destinés au service du tabernacle. Le Seigneur n'a-t-il pas choisi des hommes de paix qui n'ont d'autre fonction que de panser les plaies de la fille de son peuple ? Il en a choisi qui passent leurs jours à prier pour les guerriers. Il en a choisi qui passent leurs jours à prier pour ceux qui ne sont point encore sortis de l'ignorance. Il en a choisi qui passent leurs jours à prier pour ceux qui sont descendus dans les ténèbres. Il en a choisi qui passent leurs jours à prier pour ceux qui lèvent leurs étendards contre la vérité. Parce qu'il veut que les aromates de l'Arabie répandent

leurs parfums par toute la terre. Il veut que la prière, ainsi que l'astre des cieux, embrasse l'univers comme par un cercle non interrompu, et ne soit pas un instant sans vivifier la demeure de l'homme.

224. *Je me sanctifie moi-même pour eux, afin qu'ils soient aussi sanctifiés dans la vérité.* Quel texte S. Jean présente ici à la pensée ! Le père a sanctifié le fils, le fils a sanctifié l'esprit, l'esprit a sanctifié l'homme. L'homme doit sanctifier tout son être ; son être devait sanctifier les agents de l'univers. Les agents de l'univers devaient sanctifier toute la nature ; et de là, la sanctification devait s'étendre jusqu'à l'iniquité. Voilà donc cette semence divine qui est toujours florissante dans la région supérieure, mais qui ici-bas se subdivise en différents germes, et attend différentes époques, pour manifester la vie glorieuse qu'elle renferme ! *Elle était cachée dans le réparateur,* pendant le temps de son travail et de son humilité. Aussi disait-il alors que *le père était plus grand que lui.* Il disait en même temps à ses apôtres, *de se réjouir de ce qu'il s'en allait vers son père... en ce jour-là, vous ne m'interrogerez plus de rien... quelque chose que vous demandiez à mon père en mon nom, il vous le donnera.* Parce que l'esprit, portant avec lui toutes les fructifications divines, aura complété le cercle de Dieu, sans avoir besoin d'un autre nombre. Qui peut donc t'embrasser par la pensée, homme majestueux, sanctifié par l'esprit saint, dans lequel le fils fait briller la sanctification du père ? Tu deviens un foyer d'amour et de puissance, à qui tout cède, et dans qui tous les trésors de la vérité viennent se réunir. Qui a pénétré dans toute sa profondeur le sens et l'expression du signe quadruple, agissant à la fois sur toutes les dimensions des êtres ?

225. Que sont-elles devenues, ces affections délicieuses, ces douces vertus qu'embellissaient ton existence ? Ces plantes salutaires se sont arrêtées dans leur croissance. De nombreuses épines les ont ombragées, et leur ont ôté l'aspect du soleil. L'homme est-il mort ? N'y a-t-il plus pour lui d'espérance, et faut-il le descendre dans le tombeau ? Les vers de la terre sont-ils prêts à le dévorer ? Arrêtez-vous, ministres de la mort, la vengeance est suspendue. Lève-toi, homme précieux à ton Dieu ; il t'aime tant ! Le dirai-je, il t'honore assez pour sacrifier sa propre gloire à la grandeur qu'il t'a donnée. Il aime mieux être humilié que de te voir périr. Lève-toi. Ne te rebute pas, si, après tes crimes, tout commence pour toi par des ombres.

Les régions lumineuses auront leur tour. Elles sont liées à ta vie ; c'est au milieu d'elles que tu étais né.

Toutes les forteresses du Seigneur te seront ouvertes, et tu en seras regardé comme le fidèle maître. Tu y verras ceux de tes frères qui languissent dans l'indigence, ou dans les supplices. Tu verras ceux que leur sagesse à se servir des secours qui leur étaient envoyés, a placés dans des régions plus heureuses. Tu verras tous les ressorts actifs et secrets, dont la main suprême se sert pour exercer sa justice et pour répandre ses bienfaits. Ne t'arrête pas trop longtemps à contempler cette grandeur, presque infinie, qu'il t'a donnée par ta nature. C'est par là que ses enfants sont devenus les enfants de l'orgueil, et qu'il les a séparés de lui. C'est par là que l'homme est devenu un roseau fragile, sur lequel la main de Dieu ne peut presque plus s'appuyer. Attache-toi par-dessus tout à sentir la supériorité de ce suprême principe ; son amour incommensurable à ta pensée, et ton absolu néant devant lui, s'il lui plaisait de te laisser dans les ténèbres.

∽

226. Jérémie te demandait donc, Seigneur, *de le châtier dans ta justice, et non dans ta fureur, de peur de le réduire au néant !* Ce sont donc là les deux voies que tu emploies pour punir l'homme ! Tu es obligé d'être sévère pour lui, quand il ne lui suffit pas que tu sois juste. Mais tu as aussi deux voies pour lui communiquer tes faveurs : l'une est ta miséricorde, *et l'autre est ton amour.* Si Dieu est si terrible dans sa justice, que ne doit-il pas être dans sa sévérité ou dans sa fureur ? Sa fureur est pour les impies ; sa justice est pour les désobéissants ; sa miséricorde est pour les faibles, dont il veut bien oublier les fautes. Son amour est pour ceux en qui même il les arrête et les prévient. Si Dieu est si doux dans sa miséricorde, que doit-il donc être dans son amour ? Hommes, vous exigez toujours plus que la mesure. Dieu exige toujours moins, s'il voit qu'on le recherche, et qu'on l'aime. Mais ce n'est qu'aux petits et aux simples à entendre ces vérités. La croyance n'est-elle pas notre état naturel ? Qui est-ce qui est plus disposé à la foi que l'enfant ? C'est aussi parce qu'il est le plus près de l'état de nature. Le savant et l'homme politique croient se perfectionner. Cependant, ils ont chassé de chez eux toute croyance. Comment se persuader alors qu'ils ont suivi par là le vœu de la nature ? Sont-ce là les âmes qui vous honoreront, Seigneur ? Et ne sont-elles pas semblables *aux morts qui sont sous la terre, et de qui vous n'attendez plus, ni la gloire, ni l'honneur qui sont dus à la justice du Seigneur ?* Quelle est l'âme qui vous honorera ? C'est

l'âme qui est triste à cause de l'énormité du mal, qui marche toute courbée et toute abattue, dont les yeux sont dans la langueur et la défaillance. C'est l'âme qui est pauvre et pressée de la faim, qui vous rendra la gloire et la louange de la justice.

227. Est-ce assez de s'être rempli d'acharnement contre le mal, et de s'être présenté devant l'ennemi ? Non, il faut l'avoir vaincu, il faut l'avoir couvert de chaînes. Frappez, frappez hardiment les remparts de la ville impie ; la voix du Seigneur vous anime : c'est la confiance en son nom qui est votre épée. Brisez les angles de ces murailles, et voyez par vous-mêmes les iniquités qui s'y commettent. Voyez le serpent sur l'autel ; voyez avec quelle adresse il a séduit les habitants. Il s'est glissé dans leurs conseils. Ils l'ont pris pour un ange de paix. Ils l'ont placé dans le saint des saints, et il est devenu leur prophète et leur oracle. Frappez, frappez hardiment ; ils ne peuvent éviter les maux que leurs crimes leur ont attirés. Ils apprendront à être, à l'avenir, plus en garde contre leur ennemi, et à ne pas composer leur encens avec les parfums de l'iniquité. Frappez, frappez avec encore plus de désir aux portes de la ville sainte. N'ayez point de repos, que les Lévites ne vous aient laissé lever le voile du temple de votre Dieu... Appuie-toi, âme humaine ; tu ne saurais soutenir l'éclat de sa gloire... Porte tes mains devant tes yeux, incline ta tête : c'est la majesté du Seigneur qui paraît... Hélas ! donne un libre cours à tes larmes ; car c'est près de cette gloire que tu devais faire autrefois ta demeure !

228. Tes œuvres te suivront donc, ô homme ! Toi qui ne peux rester sans agir, et dont l'action ne peut rester sans produire ! C'est à la forme de tes œuvres que tu pourras juger de ta fidélité à la justice. Pourquoi dépouillez-vous les criminels de leurs habits caractéristiques ? Pourquoi les couvrez-vous des habits de l'infamie ? Pourquoi la nature offre-t-elle tant de classes d'êtres, altérées, viciées et difformes ? Pourquoi l'ennemi se revêt-il de tout ce qui est répugnant et mal conformé ? Pourquoi les hommes les plus élevés parmi les peuples sont-ils aussi les mieux vêtus, les mieux décorés ? Pourquoi cherchent-ils à rassembler autour d'eux les animaux rares et les plus précieuses productions de la nature ? Oh ! comme ils seront beaux les nouveaux cieux et la nouvelle terre, puisque les formes y seront régulières, et qu'elles changeront leur difformité contre la perfection même ! Homme, rappelle ton discernement, pour ne pas te tromper dans tes voies : parce

que les actions sont différentes, doivent-elles te paraître opposées ? L'homme est combattu même par la diversité de ce qui est vrai, parce que la vérité s'est subdivisée, pour l'accompagner dans les différents degrés qu'il a parcourus dans sa chute. Si tu ne cueilles les fruits de l'un de ces degrés, tous ceux que tu parcourras ensuite, ne seront que te troubler et t'ôter tes forces. L'unité est dans chacun d'eux ; c'est à la lumière de son flambeau que tu peux tous te les rendre profitables. Sois fidèle à la première clarté, ta tête et ton cœur pourront devenir fertiles, sans cesser d'être toujours vierges.

~

229. Recevez le tribut de mes louanges : il est faible et imparfait ; tout est défectueux dans l'homme de misère et d'iniquité. Mais vous, Seigneur, qui êtes la sagesse et la vérité, vous ne verrez point, dans mes présents, ce qui leur manque. Vous les couvrirez de votre nom, afin qu'ils soient sanctifiés, et que vous puissiez leur donner entrée dans vos tabernacles éternels. C'est toi, Seigneur, c'est toi qui procures à l'homme tous ces biens et toutes ces faveurs. Tu le traites ainsi, pour qu'il sente combien le Seigneur est infini dans ses trésors et dans son amour. Si mon tribut est accepté, s'il est semé dans les champs de la terre promise, cette plante produira de nombreux rameaux ; et sur ces rameaux seront écrits les noms de mes amis, les noms de mes frères, les noms des hommes de désir. Ils veilleront là autour de l'arche sainte, pour empêcher l'iniquité d'en approcher. Le Seigneur aura les yeux fixés sur ces noms choisis ; ils seront vivifiés de son feu, et ils prendront la parole. C'est sur ces âmes purifiées, ainsi que sur un trône divin, que l'Éternel viendra établir son siège. Il les regardera comme les fondements et comme les colonnes de son temple, et elles seront associées à son éternité.

~

230. Toutes les régions préparent l'homme ; l'ami fidèle le soutient et le console ; des mains bienfaisantes l'embrassent et le réchauffent : c'est alors que le temple est prêt, et que l'esprit peut y descendre. L'esprit de vie n'a-t-il pas tout en lui ? N'a-t-il pas tout créé par sa parole ? Il va porter dans l'homme cette vertu créatrice, et régénérer en lui toutes les substances. Est-il étonnant que les boiteux marchent, que les aveugles voient, que les sourds entendent, et même que les morts ressuscitent ? Il est la lumière ; il est le principe de la lumière. Il va éclairer l'intelligence de l'homme, et lui

ouvrir les yeux sur les secrets de la sagesse. N'a-t-il pas la vue certaine de tout ce qui se passe dans le temps ? Il va donner cette vue à l'homme ; il va dérouler devant lui le livre des siècles. Peut-il approcher l'homme sans le dispenser du besoin d'étude et de mémoire ? N'est-il pas aussi le principe de l'amour ? Et peut-il approcher l'homme, sans produire en lui toutes les vertus ? Il va vivifier l'homme continuellement à l'image de l'éternité, qui est toujours neuve dans la vivacité de ces ineffables jouissances.

～

231. Habituons nos esprits à se prosterner de respect devant la grandeur de son nom. Habituons nos cœurs à n'être pénétrés que de sa terreur et de son amour. Habituons toutes nos forces à défendre sa gloire devant ceux qui l'attaquent jour et nuit. C'est la seule occupation qui nous fasse planer au-dessus de la confusion, où le temps et le mensonge retiennent l'homme comme un fastueux prisonnier. L'ennemi même n'osera attaquer l'homme qui se dévouera à chanter constamment les cantiques du Seigneur. C'est faire plus que de se mettre aux prises avec lui ; c'est le laisser tomber dans son néant, et célébrer la victoire, sans avoir eu seulement besoin de lui porter un seul coup. Chantons les louanges du Seigneur. C'est beaucoup si chaque jour, nous accordons quelques instants à notre pensée. N'est-ce pas toujours une suspension pour nos jouissances, puisque toutes nos jouissances consistent à prier et à chanter les louanges du Seigneur ? L'intelligence éclaire notre *vie* ; mais ce sont les louanges du Seigneur qui la réchauffent. L'intelligence ranime la voix de l'homme, et lui fait rehausser encore les chants des louanges du Seigneur. Elle est comme l'éclair qui fait éclater le feu du nuage, et qui réveille les sons ralentis du tonnerre. Mais c'est vous, ô sons imposants de ce tonnerre, qui, semblables à de majestueux cantiques, manifestez la gloire du Seigneur.

～

232. Tâche de ne pas faire ta demeure dans le péché ; et la vie ne sera pas retirée de toi pour toujours. Comment la vie serait-elle retirée de toi pour toujours ? N'es-tu pas armé des puissants défenseurs d'Israël ? Et toi, puissance douce et paisible, tu enveloppes tout de ton vêtement sacré, et tu fomentes tout par ta vive chaleur. Qui pourra t'enlever ta couronne ? Ils auront l'air de t'enlever ta couronne ; mais tu ne verras aucun d'eux la porter. J'entre en esprit dans l'assemblée des prophètes et des saints ; je les trouve toujours occupés de l'œuvre du Seigneur. Leurs entretiens, pour-

quoi sont-ils si animés, si soutenus ? Pourquoi sont-ils si intéressants pour eux ? C'est que tout est vif dans l'œuvre du Seigneur. C'est que tout est plein dans la carrière supérieure et dans l'assemblée des prophètes. Nous sommes ici-bas si occupés de nos frivoles intérêts ; nos assemblées montrent tant de zèle pour des choses puériles ou vicieuses : pourquoi les saints et les prophètes n'en montreraient-ils pas dans les leurs, pour les choses pures et vivifiantes ?

233. Dites en vous-même : *Je suis le fils du Seigneur.* Dites-le, jusqu'à ce que cette parole sorte du fond de votre être : et vous sentirez les ténèbres s'enfuir d'autour de vous. Ne demandez plus quels étaient ces immenses pouvoirs, dont toutes les traditions annoncent l'homme comme dépositaire ; il était né pour manifester le nom du Seigneur, puisqu'il était le fils du Seigneur. Pourquoi a-t-il perdu ce poste sublime ? C'est qu'il n'a pas dit dans son cœur : *Je suis le fils du Seigneur.* C'est qu'il a cessé de fixer cette source du *mouvement.* Essuie tes larmes, malheureux mortel, bannis tes craintes. Un homme est venu d'en-haut ; il est venu dire pour toi : *Je suis le fils du Seigneur.* À cette parole, ses adversaires ont été renversés, l'abîme a tremblé, et l'orient terrestre a repris sa place pour servir d'échelle et de guide à la postérité humaine. Répète cette parole avec lui, répète-la après lui ; mais répète-la sans cesse, car sans cesse, il se peut présenter pour toi de nouveaux maux à guérir et de nouveaux dangers à repousser. N'avais-tu pas trois dons primitifs : la conservation du corporel, la distribution de l'incorporel et l'exclamation ? Celui qui a dit pour toi : *Je suis le fils du Seigneur,* est venu te les apporter tous les trois, pour te conduire au quatrième, qui est *la supériorité.* Quand me sera-t-il permis de m'arrêter ? La moindre de mes négligences ne doit-elle pas m'être comptée comme un homicide ? Ce n'est point en vain qu'il m'est donné de dire aujourd'hui, encore mieux que dans l'origine : *Je suis le fils du Seigneur.* Et je ne suis point en mesure, si chaque instant de mon existence ne me trouve occupé à méditer et à prononcer cette sublime parole.

234. Que penser du sauvage qui, ne fût-ce que par une vertu terrestre, aurait supporté fièrement et sans se plaindre, les horribles tourments en usage parmi eux, selon leurs lois guerrières ? Si par son courage et sa résistance il avait empêché les actions inférieures désordonnées d'entrer en lui

et de l'atténuer, ne seraient-ce pas autant de victoires remportées, et comme autant de taches de moins qu'il aura à laver pendant son cours ? Œil de l'intelligence, saisis cet éclair. Tressaille de joie sur toutes les autres vertus qui se trouvent disséminées parmi l'espèce humaine. Par-tout où il se trouve une vertu, il faut qu'elle ait un effet selon sa classe. La vérité est un grand fleuve qui embrasse dans son cours la terre entière. Toutes les eaux dans la nature, à quelque éloignement qu'elles se trouvent, tendent par leur pente naturelle à se réunir à ce fleuve. Charité divine, voilà comment tu laisses transpirer tes secrets ! La famille humaine toute entière est toujours présente à ta pensée, et ton occupation est de faire en sorte que tout le genre humain ait une part quelconque à tes faveurs. Rompez, rompez les barrières des eaux stagnantes et corrompues ; elles vont se porter d'elles-mêmes vers le fleuve de vie, et leur corruption y sera bientôt absorbée. Ne condamnez pas même ceux qui, dans leur bonne foi et dans leur ignorance, sont induits à ne poursuivre que les couleurs apparentes de la vérité. Dès qu'ils exercent leur pensée, dès qu'ils exercent leur parole, dès qu'ils se meuvent, ne fussent-ils que de faibles copistes de la vérité, peut-être à la longue feront-ils par là filtrer en eux quelques gouttes de cette rosée bienfaisante. Le Seigneur ne cherche qu'à sauver la famille humaine, *parce que les esprits sont sortis de lui, et que c'est lui qui a créé les âmes.*

235. En vain, l'ennemi me poursuit par ses illusions. Il ne faut pas qu'ici-bas la matière ait mémoire de moi. Les délices de la matière, est-ce que c'est l'homme qui les goûte ? Lorsque ses sens ont de la peine ou du plaisir, ne lui est-il pas aisé de voir que ce n'est pas lui qui éprouve cette peine ou ce plaisir ? Héla, quand son esprit même jouirait de tous les charmes des lumières et des connaissances, il aurait encore à se dire : mon œuvre n'est pas remplie, ma tâche n'est pas faite ! Suis-je descendu dans l'abîme ? Ai-je arraché la proie au lion vorace ? Ai-je délivré de la mort celui qui était prêt à y tomber, ou ai-je obtenu un adoucissement aux maux de celui qu'elle retenait dans son ténébreux asile ? Mais quand par le salut de quelque frère, il a droit à la couronne civique, quand il peut présenter lui-même le citoyen qu'il a sauvé ; qu'il s'assoie alors parmi les conquérants, et qu'il attende avec confiance le prix de sa valeur. *Ses propres œuvres le loueront dans l'assemblée des juges.* Voilà les seules joies qu'il puisse dire goûter lui-même, et dont il se ressouviendra : toutes celles que la matière aurait pu lui donner, n'auraient jamais gardé mémoire de lui ; elles ne

tombent point sur sa substance, et elles sont étrangères à son œuvre. Qui connaît les privilèges des amitiés saintes et appuyées sur une triple base ? Ce sont les seules qui aient de la consistance, et sans le lien sacré qui les unit, elles ne mèneraient qu'à la confusion. Alliances humaines, voulez-vous éviter cette confusion : puisez dans Dieu l'amour de vos esprits ; dans vos esprits, l'union de vos âmes ; dans vos âmes, l'union de vos corps. Ce sera le moyen que la matière n'ait pas mémoire de vous, et que l'ennemi soit trompé dans ses desseins.

~

236. Je me laisserai porter sur les ailes de l'esprit, et il me fera parcourir tous les sentiers de la vérité ; j'y verrai avec quelle sagesse Dieu a disposé les plans des mondes, et avec quelle intelligence, il s'occupe du progrès des êtres. C'est lui qui réjouit nos yeux des fruits de ses œuvres, et de la magnificence de ses productions. C'est lui qui place des anges à la garde des peuples ; et quand les temps de ces anges sont accomplis, les peuples qu'ils surveillaient tombent dans la décadence. C'est lui qui laisse quelquefois les peuples aux prises avec l'ange de ténèbres, et qui par là renverse leurs conseils, pour les maintenir dans la crainte et dans la justice. Les peuples triomphent, les peuples se glorifient, les peuples succombent ; et c'est lui qui les fait mouvoir à son gré, parce que tout l'univers est dans sa main, comme un globe qu'il tourne dans le sens qu'il lui plaît. Je verrai l'église des saints *formée des fils de la sapience*. Je la verrai fixe et immuable au milieu de ses innombrables révolutions. Elle marche au milieu des peuples, elle suit le cours de leur atmosphère ; mais elle ne connaît ni leurs variations, ni leurs chutes. Elle voyage avec eux pour leur apprendre la différence du temps de l'esprit, d'avec le temps de la région mixte. Elle voyage avec eux, mais sans contraindre leur liberté : ce don sacré que Dieu avait remis à l'homme comme une puissance possible, mais non comme une puissance déterminée, puisqu'il n'y a que la puissance de Dieu qui doive l'être ! Ce don sacré, dont l'homme a tiré tous les maux, pendant qu'il pouvait lui faire produire tous les fruits de la vie et de la lumière !

~

237. La puissance qui circule aujourd'hui dans l'homme, est faible et presque nulle ; mais elle est encore assez grande pour te détruire, adversaire de toute vérité. Que serait-ce, si l'homme était transfiguré tout entier ? L'univers ne pourrait le contenir, et les astres seraient obligés de

fuir pour lui faire place. Travaille, homme de douleur ; tu n'es plus que le mercenaire de ton Dieu, tu lui dois ton temps et tes journées. Heureux encore qu'il daigne t'employer, et qu'il ne te laisse pas sur la place publique te ronger dans l'oisiveté et dans le besoin ! Supporte la chaleur du jour, tu ne dois manger ici que le pain de la fatigue. Eh ! ne crois pas pouvoir manger le pain de l'indolence, et tromper ton maître. Il te verra au milieu des champs, les mains croisées sur le timon de ta charrue. Il te rabattra les heures que tu auras passées dans la paresse ; et si tu ne deviens pas plus fidèle et plus exact, il te rayera du nombre de ses serviteurs. C'est de tes sueurs, c'est de ton sang que les plaies doivent être guéries. C'est par là que la parole viendra et qu'elle te donnera l'investiture. N'étais-tu pas loué au Seigneur par ton origine ? Ne l'as-tu pas été de nouveau par les droits de la double alliance ? Malgré cela, au lieu de faire l'ouvrage de ton maître, tu te loues journellement à d'autres, qui te retiennent ton salaire. Ils t'occupent à des travaux plus pénibles, et qui ne se peuvent pas compter au nombre des œuvres légitimes. Retourne, retourne à ton premier maître ; il est plus doux, plus juste, et moins exigeant. *Cherche le Seigneur pendant qu'on le peut trouver*, dit un homme de Dieu, *invoque-le pendant qu'il est proche.*

238. C'est l'état des êtres qui sert de détermination aux lois de l'économie divine, parce que c'est leur état qui détermine ce qu'il y a à faire pour leur plus grand bien. Ne soyez plus effrayés des mots de sacrifices, de pâtiments et d'expiation ; il ne se plaît point à la douleur. Mais ces douleurs si nécessaires pour notre guérison, aucun de nous n'eût été en état de les supporter. Quel est le tableau des choses ? D'un côté, il y a *un, quatre, sept, huit et dix*. De l'autre, il y a *deux, trois, cinq, six et neuf*. Tout est là pour le présent, malgré les faux calculs d'un peuple célèbre, qui n'a suivi que l'échelle arithmétique. Voilà pourquoi le saint est venu vaincre pour nous, celui que nous ne pouvions pas vaincre nous-mêmes. C'est sa force invincible qui a rendu la mort comme nulle pour lui, et qui la rendra comme nulle pour nous, si nous le suivons dans le combat et que nous nous couvrions de son armure. Ce n'est point pour toi, ennemi cruel, c'est contre toi que sa puissance s'est développée ; tu n'as plus rien à attendre de lui ; tu as perdu tout ce que tu avais, et lui, il a donné tout ce qu'il avait. Le cercle est révolu. L'écorce et les branches inutiles sont jetées dans la fosse. Elles sont transformées en bitumes, et ne sont plus propres qu'à être consumées par le feu. Qui ne frémira, en en contemplant la couleur ? Terre,

terre, tu veux bien dévorer les iniquités de l'homme et les fruits de son péché ; mais tu vomiras le bitume hors de ton sein : il ne peut plus entrer en production, il est condamné à errer sur les flots de la mer.

∽

239. Supposons-nous devant un grand amas de ruines, de colonnes brisées, et de diverses parties de bâtiment entassées pêle-mêle. Supposons qu'un homme se présente, et qu'il ramasse devant nous un de ces débris informes. Supposons qu'à la seule inspection, il veuille nous faire entendre quelle place ce morceau défiguré occupait dans le bâtiment ; bien plus, quel était ce bâtiment, et qu'il veuille nous en tracer le plan entier d'après ce reste méconnaissable : nous aurons une idée juste des prétentions des philosophes, qui veulent nous expliquer la nature. Le monde a été agité par des secousses violentes ; il s'est écroulé presque en entier sur ses fondements. Il a été bouleversé et retourné, comme on retourne un manteau. Malgré cela, les philosophes prennent une substance quelconque ; ils la tourmentent par leurs opérations. Les résultats qu'ils obtiennent deviennent leur boussole ; et ils nous enseignent que tout a été construit comme ce qu'ils nous montrent. Les principes élémentaires décomposés, ne se montrent-ils pas tous en *eau* ? Comment donc sans beaucoup d'attention, ne pas se tromper sur la nature des choses produites, et sur la nature des choses productrices ? Cependant, c'est cette même doctrine abusive qu'ils ont portée sur l'âme humaine, et même sur le principe des choses. Qui arrêtera ces trompeurs, qui les liera dans l'abîme de mort où ils voudraient nous précipiter ? N'entreprenons pas de convertir les philosophes ; ce serait probablement une entreprise inutile. Mais au moins ne peut-on pas les empêcher de tuer la pensée, en découvrant toutes les illusions et tous les mensonges dont ils la bercent ? C'est ainsi que les états politiques ne tendent point par leurs lois et leur police, à rendre bons sujets les malfaiteurs ; seulement, ils cherchent à protéger la société, en envoyant contre eux des hommes aguerris, qui les font fuir ou qui les enchaînent.

∽

240. Qui osera comparer le goût et les idées de sagesse, dont l'âme de l'enfant est remplie, avec l'état de néant et de corruption où les hommes ont amené les choses ? Qui l'osera, surtout, quand c'est nous-mêmes qui sommes l'objet de la comparaison ? Il y aurait de quoi verser des larmes de

sang et de fiel. Que ta prière soit confiante et hardie, jusqu'à la témérité. Il veut qu'on le prenne par violence. Tout est violence dans la région ténébreuse où nous sommes. Il veut que tu le forces pour ainsi dire à sortir de sa propre contemplation, pour jeter les yeux sur ta misère, et voler à ton secours. Ici, s'arrête l'œuvre de l'homme, parce qu'ici commence l'œuvre de Dieu. Dieu veut qu'on le prenne par violence ; mais il veut se donner par amour. Ici, s'arrête l'œuvre de l'homme ; mais ici, commence ce zéphyr doux qui souffla près d'Élie sur la montagne d'Oreb. Le Seigneur pénétrera dans ta pensée ; il répandra dans ton cœur une chaleur vive, semblable à celle que tu goûtais dans ton enfance. Les droits de ton âge viril feront sortir les œuvres de tes mains, les intelligences de ton esprit, les verbes de ta bouche, l'attendrissante charité de ton cœur. Tout s'opérera dans le calme de ton être, sans agitation, sans mouvement ; à peine t'en apercevras-tu. Tu te croiras toujours dans ton état naturel, parce qu'en effet, c'était ton état naturel que d'être perpétuellement uni avec ton Dieu. Seigneur, Seigneur, nous ne te demanderons qu'une seule chose, c'est que l'âme de l'homme ne lui soit pas donnée en vain !

241. Qui me donnera de prendre l'encensoir, et d'aller, comme Aaron, au milieu du camp, pour empêcher les serpents de dévorer les enfants d'Israël ? Que nous peignent-ils, tous ceux qui n'ont pas reçu la *vie* ? Ils ne nous peignent que des ombres ; ils ne nous peignent que des reflets imaginaires de cette lumière qu'ils n'ont pas vue. Oseraient-ils se présenter au camp, pour en éloigner l'ennemi ? Y vinssent-ils au nom du Seigneur, ils seraient repoussés ; et l'ennemi leur dirait, comme aux exorcistes juifs : *Je ne vous connais point*. Éloignez-vous des ombres ; elles sont les compagnes de la froidure. Les *symboles* même, quoiqu'ayant leur utilité, ne sont nécessaires qu'à ceux qui ne connaissent pas le principe. Avant de peindre, attendez d'avoir des modèles ; et ne prenez point le pinceau, que ce ne soit la vie qui vous échauffe : car la vie frissonne des abus qui naissent de l'indiscrétion et de l'imprudence ; elle ne se livre qu'aux sages administrateurs. As-tu calculé les degrés de l'homme ? Vois son échelle : l'homme inique, l'homme dépravé, l'homme sensuel, l'homme sensitif, l'homme sensible, l'homme moral, l'homme spirituel, l'homme sapientiel, l'homme divin. Compare les deux extrêmes, compare seulement les deux régions ; et vois si l'inférieure peut s'apercevoir de ce qui se passe dans la supérieure. Aussi, nous ne pouvons dire d'où nos œuvres viennent : mais l'essentiel n'est pas de le dire ; il est suffisant pour nous de le sentir.

∼

242. Ma tête s'est penchée sur le puits de l'abîme. Qui peut supporter un instant cette odeur infecte, sans être suffoqué ? Ces feux sombres et brûlants fatiguent et blessent la vue. Mais quels sons rauques s'élèvent du fond de ces cavernes ténébreuses ! Ce sont les cris des ennemis de la vérité. Quand le jour de la vengeance sera arrivé, ces cris deviendront bien plus effrayants. Les malheureux ! ils ne font encore que gémir, et que se lamenter. Ils paraissent ne faire encore que verser des pleurs. Mais alors, ils hurleront de rage ; ils grinceront les dents de fureur. Autrefois, ils trouvaient plus de *terre* que *d'eau* ; aujourd'hui, ils trouvent plus *d'eau* que de *feu* : et à l'avenir, ils trouveront plus de *feu* que de *verbe* ; et leur tourment sera de ne pouvoir pas même profiter des souffrances et des supplices de l'expiation. Ils peuvent encore lancer des traits sur l'homme ; et malheureusement, ils peuvent l'atteindre. Ces succès tempèrent leur désespoir, et donnent quelques délais à leur effroyable misère. Mais quand leurs ténèbres seront absolues, quand l'homme ne leur prêtera plus la lumière de son cœur ; alors, ils ne pourront faire un pas sans être percés de mille traits ; ils ne pourront être un instant sans en lancer eux-mêmes dans la colère qui les transportera, et jamais, ils ne pourront mourir. Alors, l'abîme retentira des cris de leur fureur. Ces cris seront si horribles, qu'ils en seront effrayés eux-mêmes ; et il n'y aura que la mort qui les entendra, tant ils seront loin de la région des vivants. Les larmes mêmes de la prière ne pourront descendre jusqu'à eux. Si une seule de ces larmes pouvait pénétrer dans leurs gouffres, ils seraient sur le champ purifiés. Mais, l'iniquité est en sentinelle à la porte de l'abîme, elle n'y laisse entrer que ce qui peut agrandir le royaume de la corruption. Elle en repousse le nom de la paix, comme l'ennemi le plus redoutable, et l'on ne pourrait le prononcer, sans glacer d'effroi tout l'abîme.

∼

243. Si le mal a le pouvoir de devenir vif, pourquoi ce même pouvoir serait-il refusé à la prière ? Elle, qui a pris naissance dans le foyer éternel de la vie ! Elle, qui commerce avec la sagesse et la vérité, comment serait-elle moins puissante que le mensonge ? Rendons-lui cette vivacité, qui ne tient ni à la longueur de l'oraison, ni à la multitude des paroles ; mais qui fait que tout ce que notre âme enfante, devient un feu dévorant qui dissout toutes nos souillures. Rendons-lui cette vivacité, par laquelle aucun de nos mouvements spirituels ne nous sont donnés en vain, mais atteignent sur le

champ leur but. Rendons-lui cette vivacité qui peut trancher, comme une faux, toutes les mauvaises herbes, et en même temps découvrir en nous les plantes salutaires. L'univers des esprits fut mis en activité par la même parole qui sépara la lumière des ténèbres. Rendons-lui cette vivacité, qui, après avoir opéré en nous ces œuvres préparatoires, peut aussi nous mettre dans le cas de les opérer dans nos semblables. Rendons-lui cette vivacité par laquelle nous obtenons que nos crimes soient oubliés, que le Seigneur s'empare de nous, et que nos parfums s'élèvent jusqu'à son trône. Alors, nous pourrons dire avec la mère de Samuel : *Mon cœur a tressailli d'allégresse dans le Seigneur, et mon Dieu m'a comblé de gloire.*

∼

244. Suspends tes jugements, homme présomptueux ; attends que le règne de Dieu arrive, pour prononcer s'il est ou non conforme à la justice. Tu te plains des désordres de la terre ; tu te plains des malheurs du juste, et des prospérités de l'homme coupable ! Est-ce que ta raison t'aurait laissé ignorer que la justice divine avait livré ce monde à ses propres lois corrompues ? Ne prononce point sur les mouvements et la marche de l'homme dans ce monde. L'embryon est encore dans le sein de sa mère ; il est dans le choc de ses éléments débiles et enchaînés, qui peuvent bien tendre à leur équilibre, mais qui ne l'ont point encore atteint. Comment jugerais-tu donc des forces corporelles, et de la structure qu'il aura dans son âge viril ? Veux-tu tranquilliser ta pensée sur ces grands objets ? Veux-tu l'initier dans le conseil ? Plonge-toi dans le gouffre de la régénération. Elle a deux bases : la première est un élément qui fermente ; la seconde est un élément qui corrode et qui putréfie. Par le secours de ces deux éléments, tu extrairas ta propre *vie* de la *mort* qui l'enveloppe et qui la retient dans ses ténèbres. Alors le poids, le nombre et la mesure de la justice seront en action devant tes yeux ; alors, tu n'auras plus à te plaindre des malheurs du juste, et des prospérités du coupable ; parce que tu apprendras que, quand l'un et l'autre seront rendus à la région qui leur est naturelle, ils seront soumis aux lois vives et actives d'une justice qui ne faiblit en rien, et que l'apparence ne voile jamais. Quel immense départ ! Il faut qu'il se fasse dans la pensée de l'homme ! Il faut qu'il efface de son souvenir tout ce qu'il voit ! Il faut qu'il regarde comme nul tout ce qui se passe sous ses yeux, et qu'il ne regarde comme vrai que ce qu'il ne voit pas !

∼

245. Que ton cœur se dilate ! Tu cherches Dieu ; il te cherche encore davantage, et il t'a toujours cherché le premier. Tu le prie ! Sois confiant dans le succès de ta prière. Quand même tu serais assez faible pour mal prier, n'y aurait-il pas l'amour qui prierait pour toi ? Ils se feront connaître à toi, tous ses bienfaits de l'amour. L'homme ingrat les oublie : l'homme déçu les dédaigne ; il passe à côté, et les laisse derrière lui. Tu as reçu un rayon de ce feu ; il va s'étendre, et il te rapportera de nouveaux traits de cet amour, et une nouvelle chaleur quatre et dix fois plus active. Homme, relève-toi. Il t'appelle ; il te donne rang parmi ses prêtres ; il te déclare de la race sacerdotale. Revêts l'éphod et la tiare. Parais devant l'assemblée, comme étant rempli de la majesté du Seigneur. Ils apprendront tous que tu es le ministre de sa sainteté, et que la volonté du Seigneur est que sa sainteté reprenne la plénitude de son domaine. Touche tous les instruments de musique ; ils sont prêts à rendre leurs sons. Tout ce que tu approcheras dans la nature s'animera sous ta main, et manifestera la gloire du Seigneur. Ce sont tes larmes qui leur rendront la parole. Tu as usurpé leur puissance, et tu l'as cachée en toi comme un bien dérobé. Il faut qu'elle sorte de toi par la voie de la douleur, puisqu'elle y est entrée par la voie de l'injustice. L'univers entier réclame devant toi sa créance ; ne tarde pas plus longtemps à lui faire sa restitution. Noie tous les prévaricateurs dans le déluge de tes larmes ; ce n'est que sur cette mer que peut aujourd'hui voguer l'arche sainte. Ce n'est que par là que se conservera la famille du juste, et que la loi de la vérité viendra ranimer toute la terre.

246. Vous êtes étonnés qu'après nous avoir tirés du précipice, le libérateur nous paraisse encore nécessaire et que nous ne puissions pas aller seuls. Vous êtes étonnés que l'œuvre soit si lente et si retardée en apparence, et vous ne l'êtes point des travaux innombrables dont cette œuvre est sans cesse surchargée par la main des hommes. Parcourez le cercle de vos rapports. Vous en aviez d'originaires avec le *principe,* puisque vous existiez dans son sein. Vous avez eu ensuite avec lui les rapports de votre destination. Après le crime, vous avez eu ceux de sa tendresse pour vous. De ces rapports, vous entrez dans les rapports d'activité subdivise et continuelle ; et de là, si vous les observez fidèlement, vous pouvez vous réintégrer dans vos rapports éternels. Oh, le beau nombre que celui qui préside à la fois à l'origine, au progrès et au terme ! Ne savez-vous pas qu'il soutient tout par la puissance de sa parole, et qu'il porte sans cesse le compas sur tous les mondes ? En quel temps

pouvez-vous vous passer de lui, et comment voulez-vous avancer, si vous ne marchez avec lui ? Heureux le cœur qui n'a pas connu d'autre besoin que de s'unir, sans réserve, à celui qui soutient tout par la puissance de sa parole ! Mais, heureuse l'intelligence, qui, en s'élevant à cette région sublime, n'aura point négligé de ramasser les fleurs des régions précédentes ! Elle pourra faire la séparation des substances qui se sont mêlées jusqu'à devenir méconnaissables, parce que le feu purificateur sera toujours allumé. Et quand elle sera admise dans le sanctuaire, elle ne se retournera plus pour voir ce qui se passe dans le porche, parce qu'elle en aura la connaissance.

247. Quel est le lieu, quel est l'objet dont l'homme retirera des satisfactions, s'il n'en apporte pas lui-même le germe et le principe ? Et s'il en apporte le germe et le principe avec lui, quel est le lieu, quel est l'objet, dont il ne retirera pas des satisfactions ? Comment le prêtre vivra-t-il de l'autel de la vie, s'il n'y porte un rayon qui attire l'esprit de vie ? Et s'il porte en lui de quoi attirer l'esprit de vie, ne pourra-t-il pas revivifier jusqu'à l'autel de la mort ? Connais donc, homme abusé, quel caractère tu devais porter dans l'univers. C'est toi, qui, comme dépositaire de la vie, transmettais la sanction aux êtres. Ils n'étaient rien pour toi, si tu ne commençais par les animer du feu sacré, que tu avais droit d'aller prendre sur l'autel de la vie. Aujourd'hui, répands-tu la vie autour de toi ? La portes-tu dans les objets qui t'approchent ? Ne sembles-tu pas attendre d'eux les satisfactions et la vie, que tu devais leur donner ? Et cependant, tu cherches à éteindre en eux le rayon de feu qui leur est accordé par ta nature. Tu transposes toutes les substances ; tu trouves que rien n'est à sa place. Tu défigures tout, et tu mutiles jusqu'à ton espèce ; cherchant toujours des plaisirs et des jouissances, que tu ne sois point obligé de faire naître de toi. Aussi, que retires-tu de tes efforts si mal dirigés ? Tu n'en retires que des déceptions. Ne sens-tu pas à quelle condition tu devais autrefois jouir du bonheur ? Il fallait, que ton esprit ne fût pas un instant sans une pensée vraie, ton cœur sans un sentiment neuf et pur, et ton action sans une œuvre vive et salutaire.

Apprends au moins, dans tes erreurs même, à te convaincre de ta grandeur et de ta sublime destination. C'est une vie fausse que tu cherches à répandre sur tous les objets qui t'environnent. Mais dans sa fausseté, elle est encore l'image de la vie réelle dont tu devais être le dispensateur. Tu agis mal, tu agis dans le faux ; mais tu agis, et ton action seule prouve qu'elle n'avait pu t'être donnée que pour le bien et pour la vérité, puisqu'elle t'avait été donnée par l'auteur du bien et de la vérité.

∽

248. Quand l'homme se fut rendu coupable, il fut dès l'instant soumis à trois épreuves ou à trois tentations, et ces trois épreuves embrassent toute l'immensité du temps. Homme, tu n'aurais pas pu supporter une seule de ces épreuves, sans être renversé et sans être vaincu. Une main puissante s'est mise entre l'ennemi et toi, au moment de ta chute ; elle s'y est mise lors de la seconde épreuve ; elle a arrêté par là le coup que le prince des ténèbres allait te porter. Elle se mettra encore entre l'ennemi et toi à la fin des temps, ou lors de la dernière épreuve, parce qu'elle t'aime, et qu'elle ne veut pas que tu périsses. Ces époques ont été avancées pour le salut de l'homme. L'ennemi s'en aperçut, lorsqu'il demanda au réparateur, pourquoi il le tourmentait avant le temps.

Il fera encore la même demande à la fin du *troisième* temps ; et pour réponse, il sera précipité dans ses abîmes. C'est pour opérer cette œuvre triple, que le divin huitenaire s'est séparé autrefois du dénaire, et qu'il n'y est pas encore réintégré. C'est pour cela qu'il laisse encore subsister le nombre intermédiaire qui leur sert aujourd'hui d'intervalle. C'est pour cela que le feu est encore au-dessous, tandis que par sa loi ascendante, il devrait être au-dessus ; et c'est là ce qui tient en pâtiment toute la nature, ainsi que tous les êtres qui y sont assujettis. Porte ta vue vers la région de la paix, où les êtres purs seront dans une réaction perpétuelle de vérité et de lumière. Tel sera le sort de ceux qui auront vaincu ; de tous ceux qui auront fait leur œuvre avant le temps, et qui auront travaillé constamment à la communion universelle. Faire son œuvre avant le temps, n'est-ce pas au moins gagner beaucoup du côté de *l'apparence*, puisque son illusion est toujours à notre préjudice ?

∽

249. Comment l'Éternel oublierait-il son alliance avec les hommes ? Leurs écarts même la lui rendent encore plus présente. Leurs désordres arrêtent la circulation de la vie sur eux ; ils font refluer les rayons divins vers leur source, et c'est ainsi que Dieu connaît nos maux et nos besoins. Soyons juste et en mesure ; et les rayons divins se propageront paisiblement et sans obstacle, jusqu'aux dernières tiges de l'arbre. Soyons dociles à la voix du Seigneur, et quand on viendra, par son ordre, préparer le festin chez

nous, ne nous refusons pas à lui prêter notre maison. S'il n'y avait pas d'amour entre Dieu et l'homme, chercherait-il ainsi à se rapprocher de nous ? Homme terrestre, homme ténébreux, n'est-ce pas par tes rapports sensibles que tu te laisses entraîner aux séductions matérielles ? Pourquoi, en suivant tes rapports avec les objets qui sont au-dessus de toi, ne parviendrais-tu pas à te lier avec eux dans la fixité de l'esprit et de la vérité ? Si l'homme n'oubliait jamais qu'il est la voie du Seigneur, le Seigneur deviendrait bientôt la voie de l'homme.

~

250. Laissons les prophètes de Dieu administrer les choses de Dieu. C'est sur eux que l'esprit de vérité développe sa puissance ; c'est par eux qu'il fait exécuter les plans et les volontés du Seigneur. Ils sont une sorte d'argent vif et de liqueur spiritueuse, destinés à indiquer les *températures* de l'atmosphère divine. Opérants particuliers, qu'êtes-vous auprès de ces grandes colonnes de l'édifice ? Vos efforts multipliés, vos jeûnes, vos cérémonies vous soumettent quelques régions ou quelques individus de ses régions : mais cet empire vous est-il envoyé de Dieu ? N'est-il pas fragile ? N'a-t-il pas besoin de soutiens continuels pour ne pas vous échapper ? Et puis, à quels mélanges effrayants n'êtes-vous pas exposés ! Quand la violence de vos opérations vous a soumis quelques résultats, vous dites : *J'ai fait telle œuvre* ; et votre amour-propre est celui qui en recueille tous les fruits. Daniel conçoit dans les livres de Jérémie le nombre des années de la désolation de Jérusalem. Cette lumière, il ne l'avait point cherchée par le travail de sa propre volonté. Aussi, loin de s'en glorifier, il se prosterne ; il ne connaît que le jeûne, la prière, le sac et la cendre ; et dans l'aveu de ses fautes et de celles de son peuple, il apprend que sa prière a été entendue dès le commencement : parce qu'il était *homme de désir*, parce qu'il était humble et qu'il marchait par l'élection du Seigneur. La seconde prière de Daniel fut aussi entendue dès le commencement ; ce n'est cependant que vingt et un jours après qu'il en reçoit les fruits : parce que le prince des perses avait résisté vingt et un jours à l'esprit, et parce que le prince des grecs venait pour augmenter la résistance ; cependant l'esprit était aidé dans ce combat par l'ange des juifs. Qu'est-ce que l'esprit demande aux hommes de désir ? C'est qu'ils concourent avec lui dans son œuvre. C'est qu'ils lui aident par leur prière à soumettre les *princes* des nations qui ne sont pas choisies.

~

251. Je m'unirai à Dieu par la prière, comme la racine des arbres s'unit à la terre. J'anastomoserai mes veines aux veines de cette terre vivante, et je vivrai désormais de la même vie qu'elle. Nage continuellement dans la prière comme dans un vaste océan, dont tu ne trouves ni le fond, ni les bords, et où l'immensité des eaux te procure à chaque instant une marche libre et sans inquiétudes. Bientôt, le Seigneur s'emparera de l'âme humaine. Il y entrera comme un maître puissant dans ses possessions. Bientôt, elle sortira de ce pays d'esclavage et de cette maison de servitude, où elle n'est pas une heure sans violer les lois du Seigneur ; de cette terre de servitude, où elle n'entend parler que des langues étrangères, et où elle oublie sa langue maternelle ; de cette terre, où les venins même lui deviennent quelquefois nécessaires pour l'arracher à ses douleurs ; de cette terre, où elle vit tellement avec le désordre, qu'il n'y a plus que le désordre où elle puisse trouver son rapport et son analogue.

252. Quand est-ce que l'action sera pleine ? Quand est-ce que les masses des rochers seront réduites en poudre ? N'est-ce pas le repos de l'action qui a tout pétrifié ? N'est-ce pas la renaissance de l'action qui doit rendre la vie et la mobilité ? Le repos de l'action donne la couleur des ténèbres. La renaissance de l'action ramène la couleur de la lumière. Combien elle est vive, cette couleur de la lumière ! Vous n'êtes rien auprès d'elle, blancheur des lys ! Vous êtes bien moindre encore, ô vous, blancheur de la neige, qui n'avez rien d'assez vif pour réfléchir la couleur vraie de la lumière. Aussi, vous ne réfléchissez que son image. Vous êtes la couleur de l'homme lavé de ses péchés. Mais vous ne peignez pas l'homme régénéré dans l'activité de la vie. C'est l'airain bouillant dans la fournaise qui peint l'homme régénéré dans l'activité de la vie. Cet homme est entraîné par le torrent de la vie. Il en est agité, il en est rempli ; le feu divin ne fait plus qu'un avec lui. Il ne se souvient plus de ses propres souillures ; il ne sait plus même s'il y a du mal. Le mal est pour lui un mystère effroyable, dont il n'oserait approcher qu'avec terreur. Voilà ce que peut devenir l'homme qui a tellement ouvert son âme à la sagesse, qu'il n'est plus libre de sentir autre chose que la douceur de sa présence et de son amour. Allez vous laver dans la piscine, allez vous renouveler dans l'esprit. Votre corps lui-même ne peut-il pas être guéri de quelque plaie, au point de ne plus ressentir la moindre affection de sa douleur ? Il y a eu un temps où un seul homme à la fois pouvait entrer dans cette piscine ; aujourd'hui tous peuvent s'y précipiter

ensemble : et l'ange a ordre d'en agiter l'eau continuellement, pour tous ceux de la famille humaine qui voudront s'y présenter.

∼

253. Dès que la loi binaire eut pris naissance, comment la sagesse pouvait-elle y remédier, si ce n'est par une loi qui lui fût analogue ? L'homme fut envoyé sous une loi seconde ; il sortit de l'unité pour arrêter la loi binaire. Il fut dans une loi seconde, par rapport à son émanation ; par rapport à son existence spirituelle et corporelle ; par rapport à sa double existence, divisée entre Ève et lui ; par rapport à son opposition au mal ; par rapport à la loi d'action et de réaction, qui gouverne l'univers entier. Mais quelle différence entre la loi binaire et la loi seconde ! L'une est une loi de mort, une loi de séparation et de destruction ; l'autre est une loi de réunion, de réhabilitation et de production, parce que toutes les œuvres de la sagesse tendent à la vie. La femme devait former *trois*, par la puissance de l'homme rectifiant le mal. Elle a formé un nouveau binaire en s'unissant au mal ; et l'homme, après elle, a formé le troisième binaire. Parce qu'en s'approchant du mal, on en répète la loi et le nombre, sans pouvoir faire une union réelle avec lui ; car son essence est de diviser. Une autre loi seconde est descendue aussitôt le crime ; mais il fallait qu'une troisième loi seconde descendît aussi : et c'est la femme qui devait préparer toutes ces lois secondes, comme elle avait servi de sujet, d'organe et de moyen, aux trois lois binaires. Elle a donné naissance à la postérité du premier homme. Elle a écrasé du talon la tête du serpent. Elle a formé l'enveloppe humaine du réparateur. Elle a rétabli cette loi ternaire qu'elle devait former dans l'origine ; mais elle ne l'a formée que relativement à l'homme, et le premier plan reste encore à remplir. Mortels, vous étudiez plus vos paroles que vos idées. Aussi, l'on a beau vous écouter, on ne s'instruit de rien auprès de vous. Dans la carrière de la vérité, on étudie plus les idées que les paroles ; aussi, l'on peut s'y instruire même sans parler. Est-ce à l'éloquence humaine à s'introduire dans ce sanctuaire ? L'homme léger est entraîné par le charme de faire écouter ses paroles ; l'homme prudent est entraîné par les charmes du silence.

∼

254. Les montagnes ont tressailli quand le peuple hébreux est sorti de l'Égypte, et la terre a été agitée à la vue de la face du Seigneur ; mais les cieux même ont été émus à la vue de la grande victoire qui a délivré

l'homme entier de la terre de perdition. Supérieure aux victoires de Moïse, la grande victoire n'a précipité aucune nation humaine, parce que c'était toute la famille humaine qu'elle venait tirer de la terre de servitude. Elle a précipité le prince de l'iniquité dans ses abîmes ; elle a ouvert la porte de la gloire et de la puissance à tous ceux qui voudront approcher du libérateur en esprit et en vérité. Qui ne se sent pas rempli de force et de courage à la seule présence d'un guerrier brave, puissant et célèbre ? David n'a-t-il pas dit qu'avec l'élu, on sera élu ? Pourquoi parler de cette grande victoire, et de la gloire du libérateur, à ceux qui n'ont pas commencé par soumettre les égyptiens et soutenir les fatigues du désert ? Hommes difficiles, hommes nourris dans la sécheresse de l'intelligence humaine, vous ne voulez vous servir que de la règle et du compas : ne faut-il pas encore la truelle pour bâtir ? Si vous ne vous en servez avec constance, et sans craindre la chaleur du jour, vous n'élèverez point votre édifice. Vous ne vous approcherez point du conquérant ; et vous ne connaîtrez rien à la grande victoire. Vous voulez comprendre sans agir ; mais celui dont vous êtes séparés, a droit d'exiger que vous agissiez avant de comprendre. Est-ce que vos maux ne vous donnent pas assez d'intelligence ?

255. N'y a-t-il que des prophètes d'élection ? Ne peut-il y en avoir qui soient les fils de leur travail et de leurs combats ? Les grands génies ont souvent reçu involontairement des idées sublimes ; mais souvent il les ont conquises, en les dépouillant des nuages dont elles étaient environnées. Les savants dans les connaissances humaines, ont quelquefois reçu de grands traits de lumière, au moment où ils s'y attendaient le moins. Mais ils sont parvenus quelquefois aussi à en découvrir par leurs observations attentives : et vous, hommes qui chérissez la vertu, vous l'avez souvent sentie, réchauffant vos cœurs comme à l'improviste et sans vous y attendre. Mais souvent aussi, vous avez repoussé l'ennemi, qui voulait la tenir loin de vous, et après de glorieux efforts, vous avez pu vous unir avec elle dans une douce alliance.

Ranimez-vous, puissance humaine, dites aux montagnes qui vous retardent dans votre marche, de se transporter loin de vous, et elles se jetteront dans la mer. Alors, comme un roi formidable, vous marcherez à la conquête de la ville sainte. Ô terre plus amère que la mort, quel fardeau tu laisses peser sur l'homme, tandis qu'il voudrait porter sa tête dans les cieux ! Et, ce n'est que par ce poids accablant que tu peux le ramener à sa simplicité primitive. Tu entraînes par là toutes les souillures dont il s'était rempli, et dont il se remplit tous les jours. Tu entraînes les métaux vils, pour ne laisser briller que l'or pur ; cet or pur, avec lequel seul la langue des prophètes extrait le miel de la pierre, et paie la rançon des captifs.

256. Parce que les hommes vous ont trompé, et se sont trompés encore plus souvent, vous êtes tenté d'étendre votre défiance jusque sur Dieu même. Quand est-ce qu'ils s'abandonneront à la main qui les soutient et qui les guide ? Quand est-ce qu'ils oublieront leur propre sagesse, et qu'ils se reposeront sur la seule base d'où s'élève la colonne éternelle de la vérité ? Venez former des danses d'allégresse autour de cette colonne vivante. Elle-même rendra des sons harmonieux, qui régleront tous vos pas, et qui en dirigeront la mesure. Il sortira d'elle une lumière douce et brillante, qui éclairera toute l'enceinte. Des festons et des guirlandes s'étendront depuis son sommet jusqu'à l'extrémité de cette enceinte, et formeront des berceaux ravissants, qui ne se borneront point à vous préserver des injures de l'air. Ils réjouiront vos yeux par le spectacle le plus attrayant ; ils répandront des parfums dont tout votre être sera embaumé ; et vous trouverez ces demeures si délicieuses, que vous ne voudrez plus les quitter.

257. N'est-ce pas pour laisser une portion de son esprit sur la terre, que l'homme y est envoyé en épreuve ? À quoi servirait son action, si ce n'est pour que les vertus vives et puissantes tracent par lui leurs caractères, et les laissent à demeure après lui ? Malheur à vous, mortels, qui aurez passé en vain sur la terre, et qui n'y aurez semé aucune vertu ! Malheur à vous qui aurez laissé votre pensée errante, et qui n'aurez pas trouvé que le soin de votre être fût assez pressant pour la fixer ! On ne dira point de vous : il a senti la dignité de son existence, il a rempli son poste avec gloire. Des âmes de paix ne diront point : il m'a aidé dans mon infortune, il m'a garanti de la perversité, il m'a soutenu par son exemple, et il a fait naître en moi le goût de la sagesse ; c'est à lui que je dois de l'avoir recherchée, et de l'avoir préférée aux joies du monde. Vous serez nuls pour vos semblables comme vous l'aurez été pour vous. Vous serez oublié comme ces vents légers qui se perdent dans la masse des airs. Malheur à vous si vous avez laissé des signes malfaisants et mensongers ! Malheur à vous si les nations à venir ont à vous reprocher de les avoir égarées ! Malheur à vous, si elles peuvent dire : il est la cause de nos déceptions et du

mensonge où nous sommes livrées ; il est la cause du trouble qui nous poursuit ; et son nom ne peut être proféré par nous, qu'avec le langage de la malédiction ! Ces effrayantes paroles vous poursuivront jusque dans le tombeau, et elles vous tourmenteront encore plus que l'infection de vos sépulcres.

~

258. De l'orgueil avec de l'instruction ! Comment ces deux choses seraient-elles compatibles ? Écoute : il te faut ta vie entière pour étudier seulement les noms d'une petite partie des ressorts qui composent un corps ; et encore ces noms sont conventionnels, et ne t'apprennent rien : et il n'a fallu qu'un seul acte de la parole pour former l'immensité des êtres, avec tous leurs principes, tous leurs noms positifs, et l'universalité de leurs *lois* ! Comment l'humilité fait-elle ta force ? C'est qu'alors, tu laisses régner le principe et que toute la force vient de lui. Si tu te glorifies, tu deviens faible, parce que tu te sépares du principe, en voulant te mettre à sa place. Lorsque, pour essuyer tes larmes et tes sueurs, la sagesse vivante veut bien te rendre *sonore* dans tout ton être, comme le métal le plus argentin ; est-ce à toi que tu peux attribuer ce bienfait ? Et par toi-même n'es-tu pas confondu avec les substances les plus opaques et les plus sourdes ?

259. Il ne me suffit pas d'ouvrir, il faut que sa lumière m'aide à démêler ce que je rencontre. Il faut que je soulève péniblement ma tombe, pour pouvoir recouvrer la liberté de respirer l'air. Ma tombe est composée des débris de l'univers entier, et l'ennemi pèse encore dessus, de peur que le poids n'en soit pas assez accablant. Ce n'est pas assez que l'homme soulève le monde, et qu'il le porte, comme un autre Hercule, sur ses épaules ; il faut qu'il se place lui-même sur la sphère de l'univers, et que de dessus ce trône il se fasse porter par les vents dans l'immensité de l'espace. Sa langue s'est aiguisée ; elle est devenue tranchante comme l'épée du Seigneur ; elle a cerné tous les globes, elle en a mis à découvert les fruits et toutes les substances qui les composent. Elle a précipité ces nuages enflammés et pleins de fumée, qui sortent de ces retraites intérieures. Elle a tout réduit à des desseins réguliers, et le vague et l'incertitude ont disparu. Ne te lasse point, homme ; les lenteurs sont les fruits de ta négligence. Élève-toi, tâche de parvenir à une hauteur dont tu puisses ne plus descendre. Le Seigneur t'aidera dans ton œuvre ; il ne t'a point délaissé dans tes crimes et dans tes faiblesses. Les fleuves ne sont-ils pas encore nourris des eaux de leur propre source, lors même qu'ils se précipitent dans l'abîme des mers ? Aussi, il attendait avec la patience de son amour ;

que les jours de sa consolation fussent arrivés ; et les jours de sa consolation sont ceux où tu te seras dévoué pour jamais à son service, à la méditation de ses lois, et au désir constant et soutenu de devenir un homme selon son cœur.

260. Il s'unira à moi, et nous ferons une alliance qui ne se dissoudra jamais, *et nous serons deux dans une seule chair.* Tous nos biens seront en commun, et nous travaillerons de concert à accroître sans cesse notre fortune. L'intérêt de l'un sera toujours l'intérêt de l'autre. La charité vit toujours pour deux ; elle est encore plus cupide que l'avarice, qui ne vit que pour soi. Nous maintiendrons le bon ordre et la sûreté dans nos domaines. Nous nous occuperons des moyens de rendre nos richesses durables. Nous méditerons le matin, au moment de notre réveil, les plans qu'il nous faudra suivre, pour que le travail du jour nous rende des profits considérables. Le soir, nous récapitulerons, assis dans nos foyers, les opérations de la journée. Bientôt, nous verrons *l'or* abonder autour de nous. Bientôt, notre *commerce* s'étendra jusqu'aux extrémités de la *terre*. Nos richesses établiront notre *crédit*, et il suffira que nous nous présentions, ou même il suffira de notre nom, pour que les maisons les plus puissantes ouvrent tous leurs *trésors*. Rien ne sera refusé à nos désirs, toutes les jouissances nous seront prodiguées, et nous aurons l'estime et la considération de nos *concitoyens*, parce que nos profits seront légitimes, et qu'ils seront le prix de notre travail. Qui sait même si, après avoir ainsi fondé notre demeure et l'avoir ornée des plus précieuses productions, les *grands de la terre* ne nous feraient pas la faveur de nous visiter ?

261. Pourquoi les hommes se portent-ils si peu à l'avancement de l'œuvre ? Pourquoi y sont-ils si opposés ? Elle s'accomplirait doucement, et par les voies de la jubilation et de la paix. Ils n'auraient qu'à étendre leurs mains sur l'abîme, et sur les issues par où les feux et la fumée de cet abîme s'élèvent dans les airs. Sans autre fatigue, sans combat, l'iniquité resterait dans la profondeur de ses retraites sombres. La terre n'en aurait pas seulement connaissance ; l'homme de justice promènerait ses pas tranquilles sur cette terre ; le calme le suivrait partout. Mains de l'homme, étendez-vous au nom de la justice ; formez comme une voûte immense, qui dérobe pour jamais à nos yeux jusqu'aux traces et au souvenir du désordre. Venez,

hommes, venez travailler à ce vaste édifice, élevez ce monument de votre gloire. Il ne craindra point le pouvoir du temps, et les générations à venir le verront dans toute sa beauté, comme celles qui l'auront fondé. Chaque homme qui naîtra sera une pierre vive ajoutée à cet édifice ; et chaque homme qui se réunira à ses pères, lui portera un appui encore plus puissant que pendant sa vie terrestre. Ils ne l'ont pas voulu. Ils n'ont point étendu leurs mains sur l'abîme. Ils en ont, au contraire, élargi les ouvertures. Les feux et la fumée les ont presque suffoqués. Voici, voici comment ils pourront se préserver, voici à quel prix la lumière se séparera des ténèbres. Ils seront obligés de combattre de toutes leurs forces, non plus pour précipiter l'iniquité dans l'abîme, mais pour qu'elle ne les y précipite pas avec elle. Tandis qu'ils se défendront d'un côté, elle les attaquera de l'autre. Ni jour ni nuit, ils ne goûteront le repos. Il leur faudra voler à tous les postes à la fois, pour les avoir si mal conservés. Il n'y aura qu'un choc épouvantable entre toutes les puissances de l'homme et toutes les puissances de l'abîme qui puisse opérer décisivement ; et quel est l'homme qui puisse savoir s'il sera du nombre des vainqueurs ?

262. À quoi comparerai-je l'âme et la pensée de l'homme ? Je les comparerai à une grande ville assise au milieu de plusieurs fleuves, qui amènent jusque dans son sein toutes les productions de la terre. Ces fleuves coulent de toutes parts dans les écritures sacrées, et parcourent dans tous les sens ces fertiles régions. C'est ainsi qu'ils se chargent continuellement de richesses abondantes, et qu'ils apportent à l'esprit de l'homme des aliments de toute espèce. Malheur à celui qui ne fera pas de ces écritures sacrées sa nourriture journalière ! Son sang et ses nerfs se dessécheront, comme l'homme qui a souffert longtemps la faim et la soif, et n'a point pris de subsistance. Pourquoi est-il si avantageux de pouvoir citer les Écritures saintes dans les discours instructifs ? C'est que quand on a le bonheur d'en citer un passage à propos, on n'a plus rien à faire. Car c'est alors l'esprit même qui l'a dicté, qui se met en notre place, et qui dévoile les vérités à l'entendement de ceux qui nous ont écoutés. Ne voyez-vous pas que dans ces occasions chacun des auditeurs se tait et médite un moment en silence ? Nous venons ici-bas dénués de toute espèce de connaissances. Il n'en faut pour preuve que la conduite et les actions de l'enfance, qui se font toutes sans ordre et sans raison. Mais nous apportons le germe et la disposition à toutes ces connaissances ; il n'en faut pour preuve que l'aptitude et la justesse de cette même enfance, qui

souvent l'emporte en ce genre sur les hommes mûrs. Suivons constamment les lois de ces tendres plantes, jusqu'à ce que nous ayons atteint la hauteur des cèdres du Liban ; et nous y parviendrons, si nous laissons chaque jour baigner nos *racines* par les fleuves des Écritures saintes.

~

263. *Vous avez livré ce monde à la dispute des hommes.* C'est un bonheur pour eux de n'avoir qu'à se disputer ! Si vous leur aviez découvert les ressorts cachés qui le font mouvoir, et surtout les catastrophes qu'il a subies, ils ne seraient peut-être pas en état d'en supporter le spectacle. Bien moins encore soutiendraient-ils le spectacle des annales de l'homme, parce qu'elles sont encore plus déplorables ; mais aussi, elles leur sont encore plus cachées. De là viennent leurs méprises. Ils n'ont fait que se disputer sur la nature ; mais ils ont nié l'homme. Homme, tu es un si grand être, qu'il n'y a que ton action seule qui puisse te démontrer ta grandeur. Tu ne peux trouver aucune place entre le doute et les miracles. Si tu n'opères toi-même des mondes, tu cesses de croire que tu sois né de l'auteur des mondes. Qui pourra compter les miracles de l'homme ? Quel univers pourra les contenir ? Occupe-toi des vertus, avant de t'occuper des puissances. Garde-toi bien de vouloir agir, avant *qu'ils* aient mis leur sceau sur toi. *Ils* ne mettront point leur sceau sur toi, que tu ne leur aies facilité l'accès ; et ce sont les vertus qui doivent le leur procurer. Combien la sagesse est indulgente et bienfaisante !

De toutes les vertus qu'elle a semées dans l'homme, comme autant de moyens d'arriver jusqu'à lui, elle ne lui en demande qu'une. Elle ne lui demande que de lui ouvrir un seul canal, et elle va s'insinuer à demeure jusque dans son âme et dans son esprit. Ne prétends donc pas à la puissance avant de t'être naturalisé avec au moins une vertu ; mais aussi espère tout, si tu sais t'unir à une vertu, parce qu'elles se tiennent toutes par les liens de la consanguinité. Oh ! si l'homme mettait à profit un seul des heureux moments qui lui sont envoyés pendant sa vie ! Oui, un seul de ces moments mis à profit, lui aurait suffi pour assurer sa route, et se procurer un heureux terme à la fin du voyage. Que le laboureur fasse un seul filon droit, ne sera-ce pas assez pour qu'il puisse ensuite aligner tous les autres ?

~

264. Rien n'est doux comme la génération éternelle. Tous les êtres s'y succèdent en paix et d'une manière insensible. Voyez comment naissent vos heureuses pensées. Leur formation est aisée, naturelle, et ne vous coûte aucun effort. La génération de l'esprit pour l'ordre temporel est plus pénible, parce qu'elle a pour objet d'agir contre la violence. Vous éprouvez toujours alors une affection douloureuse, même quand vous ne déploieriez que la génération de la charité. Le Seigneur a dit : *je t'ai engendré aujourd'hui* ; et il a dit : *je t'ai engendré avant tous les siècles*. Qui ne sent pas la différence de ces deux générations ? Mais la loi primitive peut descendre avec l'homme dans la région temporelle ; elle le suivrait jusque dans les abîmes, s'il pouvait y avoir une génération dans la demeure de la mort. Elle le suivrait donc dans sa génération matérielle, s'il ne perdait pas de vue son origine, et le saint zèle de l'accroissement de l'armée des justes. Heureuse la postérité qui prendra naissance par une pareille génération ! Elle sera dirigée par les lois divines et éternelles, qui auront présidé à son origine. Elle traversera les régions matérielles, sans en connaître les iniquités et les souillures ; elle traversera les régions obstruées de la pensée, sans en connaître les chocs et les douleurs. Parce qu'elle vivra constamment et continuellement dans les douces lois de la génération divine ; c'est pourquoi l'ennemi tremblera devant elle, et les captifs lui devront leur délivrance.

~

265. Tu sollicites l'entrée dans le cœur de l'homme, comme si c'était toi qui eusses besoin de lui ! N'est-ce pas à moi de te solliciter le jour et la nuit, pour que l'amour renaisse en moi des germes de la pénitence ? Tu me rendras un guerrier redoutable pour tes ennemis ; un médecin puissant contre les maladies ; un maître pour les éléments ; un ami pour tous les élus ; un protégé pour mes *bienfaiteurs* qui ne m'abandonnent point ; un fils chéri pour mon père ; un élève docile pour mes saints instituteurs ; un véritable adorateur de mon Dieu, qui veut qu'on l'adore en esprit et en vérité. Qu'une sève pleine et continue s'étende longuement et abondamment dans tous les canaux de mon être, comme dans les fibres des cèdres éternels ! Que les rejetons de ces arbres immortels soient plantés jusqu'au centre de l'âme de l'homme. Que le feu pénètre jusqu'à la terre vierge ! C'est alors que la sève du Seigneur animera ces plantes salutaires ; sa parole liquéfiera tout : il est le mouvement. Serons-nous surpris qu'il ait fait fondre les montagnes et qu'il ait rendu tout mobile ? Quelles délices peuvent se comparer aux délices du Seigneur ? Tous les objets font tres-

saillir de joie l'homme enfant, parce que tous lui rendent le reflet de sa pureté, de sa vie et de son innocence. Comment les joies de Dieu et celles des saints, ne seraient-elles pas universelles et sans la moindre interruption ? Elles sont le reflet continu des éternelles perfections de notre Dieu.

∼

266. Les voix se raniment ; le mouvement se rétablit ; tout se réveille. L'oreille de l'homme est frappée des bruits que produit cette universelle résurrection. La mort s'enfuit lentement, et murmure de ce que l'on trouble son repos. Elle pousse des hurlements ; elle grince les dents de rage. Mais la paix est proclamée dans le camp d'Israël. Les sentinelles n'auront plus à s'appeler réciproquement à toutes les veilles de la nuit, pour se tenir sur leur garde. Il n'y aura plus pour eux de cris de guerre ; il n'y aura que des cris d'allégresse. Toutes les substances qui composent la nature, rendront des sons perçants et qui pénétreront d'admiration. Voilà les nouveaux cieux et la nouvelle terre. Les voix des substances de la *nature*, les voix des hommes, et la voix du grand prêtre et de ses lévites, s'uniront ensemble pour former le concert de l'éternité au milieu de la nouvelle Jérusalem. Homme de paix, prépare ton oreille et ton cœur : les délices qui t'attendent ne connaîtront aucune interruption.

∼

267. Rends-toi serviteur de la sagesse ; apprends longtemps sous ses ordres à être humble et actif. Suis-la modestement ; tiens-toi toujours à une juste distance, d'où, en lui marquant ton respect, tu sois prêt en même temps à entendre ses ordres au moindre coup d'œil. Quand tu entres dans la maison, ne songe qu'à deviner ses désirs et qu'à les satisfaire. Préviens-la dans tout ce qui peut lui plaire ; ne lui laisse supporter aucun besoin, aucune incommodité. Quand la *journée* sera finie, pense à lui continuer les mêmes services pour le lendemain. Sois sur pied avant le lever du soleil, fais en sorte que quand *elle se montrera le matin* à ses serviteurs, elle trouve tout en état dans sa maison. Ce n'est que par ces attentions soutenues et multipliées, qu'elle te distinguera parmi ses serviteurs, et qu'elle t'assurera des récompenses qui puissent te suffire dans tes *vieux jours*. N'oublie point que l'homme est fait pour être le mercenaire de la sagesse, et que c'est le plus beau titre qu'il puisse porter.

∼

268. Hommes du siècle, hommes si industrieux, pourquoi semez-vous vos grains ? N'est-ce pas dans l'espoir qu'ils vous rendent une récolte abondante ? Pourquoi épuisez-vous votre corps de sueurs et de fatigues ? N'est-ce pas parce que vous vous flattez de retirer de tous ces efforts, quelques fruits qui vous en dédommagent au centuple ? Pourquoi donc ne calculez-vous pas ainsi dans l'emploi de toutes vos facultés ?

Pourquoi consommez-vous en vain, et si constamment, vos paroles, et êtes-vous si insouciants sur les fruits que vous en retirez ? Est-ce que cette parole ne vous avait pas été donnée comme les autres semences, pour vous produire une récolte ? Heureux celui qui chaque jour a soin de calculer les récoltes de sa parole, et qui peut se dire à la fin de la journée : ce n'est point en vain que j'ai *semé* ; ce n'est point en vain que j'ai *cultivé* ; et la terre m'a rendu plus que je ne lui avais donné ! Est-ce dans des livres que vous devez semer la parole ? Les livres ne sont-ils pas une terre morte, où la parole ne peut presque rien acquérir, ni rien rendre ? L'âme de l'homme est la terre naturelle de la parole. C'est dans notre âme, c'est dans l'âme de nos semblables, qu'il faut semer la parole, afin qu'elle nous produise des récoltes de tout genre : et c'est à l'auteur de la parole qu'il faut offrir tous les hommages de la parole et de ses fruits ; parce que l'auteur de la parole est la terre vierge qui engendre et produit d'elle-même, et sans avoir besoin d'être ensemencée.

~

269. Quand est-ce que ma prière acquerra de la force ? Quand sera-t-elle comme le feu de la fournaise, qui fond les métaux ? Cruel emploi ! Dure nécessité ! sois plutôt, ô ma prière, comme le baume bienfaisant que l'on fait distiller dans les plaies ! Que chaque goutte qui y pénètre, y porte la santé et la vie ! C'est surement pour rendre la santé et la vie, que l'homme a été formé par toi, Dieu suprême. Il en peut juger par les douceurs que son âme éprouve, quand il remplit cette divine fonction. Mais il en peut juger aussi par ses douleurs quand il voit les plaies du peuple, et qu'il voudrait avoir à sa disposition tout le baume de Galaad pour les guérir. Emploies-y tes larmes, si tu ne peux y employer le baume de Galaad. Si elles sont persévérantes, elles auront même le pouvoir de le produire et de le faire couler avec elles. S'il est permis de se livrer à la jalouse envie, c'est pour l'âme qui sent les douleurs de la charité. Oh mes yeux, remplissez-vous de larmes ; il me faudra pleurer pendant toute la durée des siècles, avant de recouvrer ce baume vivant. Pourquoi ce long terme ? C'est que j'ai mis tous les siècles pour intervalle entre lui et moi. Mais aussi, si j'ai le

courage de pleurer pendant la durée des siècles, ne le retrouverai-je pas, et ne le posséderai-je pas pendant une durée sans siècles et sans temps ?

∼

270. *Lorsque vous serez entrés dans la terre que le Seigneur votre Dieu doit vous donner, prenez garde d'imiter les abominations de ces peuples. Qu'il ne se trouve personne parmi vous qui fasse passer son fils ou sa fille par le feu, pour les purifier, ou qui sollicite les devins, qui observe les songes, les augures, et qui se livre aux maléfices et aux enchantements, et qui consulte les magiciens, les pythons et les sorciers, et qui cherche la vérité dans les morts.* Le Seigneur a fondé son temple dans le cœur de l'homme ; il en a tracé là tout le plan : c'est à l'homme à en élever les murailles et à achever tout l'édifice. *Formons l'homme à notre image et à notre ressemblance.* C'est ici que sera établi mon sanctuaire, j'ai réservé cette place plus intérieure pour le saint des saints. Homme, voilà où l'oracle a choisi sa demeure : environne-la d'arbres touffus et majestueux ; que leurs cimes se réunissent et se courbent en berceaux pour en dérober la vue à l'œil du profane. Ménages-y pour toi seul une entrée : homme affligé, homme de désir, vas-y seul comme le grand prêtre ; et laisse dehors tous les désirs faux, toutes les cupidités mensongères, tous ces vêtements souillés. Vas-y seul, c'est-à-dire, avec une seule pensée ; et que cette pensée soit celle de ton Dieu. Qu'ainsi, séparé du reste de l'univers entier, il n'y ait que Dieu et toi pour témoins de ta prière et de tes supplications. Approche-toi de l'oracle respectueusement, attends en silence, et comme en suspendant toutes tes facultés intérieures. Tu ne tarderas pas à entendre sa réponse, quand même tu n'entendrais point proférer de paroles.

Tu sortiras, rayonnant de gloire, de cette demeure sacrée. Tu seras obligé de voiler ta face en te présentant au peuple, de peur qu'il n'en soit ébloui. Tu lui feras part des décrets de ton Dieu, et tu seras préservé des embûches et des faux décrets des princes du mensonge. Que tes pensées se portent perpétuellement sur cet oracle ; c'est le seul que le Seigneur désire que tu écoutes, et il t'engage à fuir tous les autres. Il a placé son temple et son oracle dans ton cœur, afin que dans tous les temps et dans tous les lieux, soit en marchant, soit en étant en repos, tu fusses en état d'y entrer et de le consulter.

∼

271. Est-ce du sein de la paresse et de l'indolence, qu'il faut aller chercher l'œil et la main de Dieu ? N'oublie jamais que c'est un Dieu jaloux, et qui aime qu'on le prie ; parce qu'il sait que la prière ouvre les canaux de sa vie divine. Prie, âme humaine, prie, mon âme : tu ne peux prier, sans que ton Dieu même ne prie avec toi. Qu'est-ce qui te sera refusé, si celui qui accorde est le même que celui qui demande ? Tu t'es laissé si fort matérialiser, que tu perdais toute idée des choses d'en haut ; et tu en venais au point de te dire : *Est-ce qu'il y a une région spirituelle ?* Tu te spiritualiseras au point d'être quelquefois en état de te demander : *Est-ce qu'il y a de la matière ?* Le quiétisme et le néant sont le triomphe de la matière, mais ils sont l'enfer de l'esprit. Ignores-tu qu'il ne faut faire qu'un pas dans le faux pour avoir des passions, et qu'il ne faut faire qu'un pas dans les passions pour en être dégoûté ? Si tu en fais deux, il sera difficile que tu en reviennes ; parce que ce ne sera plus l'illusion de la nature qui te séduira, mais l'aiguillon de la mort même, qui, par son nombre et son sceptre empoisonné, te liera sous son empire. Pourquoi ne suivrais-tu pas cette progression dans un ordre inverse ? Ne te conduirait-elle pas également à un joug ? Mais ce serait au joug de la délivrance, de la liberté et du bonheur.

272. Mon ami, mène-moi aux sources de vie. Commençons par prendre de la nourriture et des forces. Il nous faudra marcher quarante jours pour arriver à la montagne d'Horeb. Mon ami, mène-moi aux sources de vie. Après avoir invoqué l'Éternel, allons nous faire reconnaître aux régions de la terre. Allons nous humilier et nous préparer dans le silence ; ne faut-il pas que le nom du Seigneur s'enveloppe, pour ne pas tout dissoudre ? Allons au Nord, nous revêtir de force et de confiance ; et le Midi sera bientôt soumis. Mon ami, nous reviendrons ensuite aux sources de vie, pour leur rendre hommage. Pourquoi ont-ils fait une loi et une ordonnance de ce qui ne doit se présenter que comme un conseil de bienfaisance ? La sagesse suprême est si douce ! Elle nous invite et ne nous commande point. Nous pouvons amener un homme à la croyance, parce qu'elle ne tient qu'à nos opinions ; nous ne le pouvons amener à la foi, parce qu'elle est un sentiment et une jonction. Nous pouvons l'amener à une doctrine et à une lumière par nos enseignements journaliers ; nous ne pouvons l'amener à la sagesse et à la vie de l'esprit, parce que l'esprit se donne lui-même, et qu'il donne seul la science d'instruire et de parler à propos, et non d'après les mouvements de la volonté humaine.

∼

273. Pour quelle raison donnez-vous aux poèmes épiques un rang si marqué ? Ne serait-ce pas parce qu'ils se présentent à nous comme étant le fruit de l'esprit, et comme découvrant à nos yeux les ressorts cachés des grands événements qu'ils racontent ? Homme, tu t'attaches, sans t'en douter, à la connaissance de tous ces moyens secrets et spirituels, parce qu'ils tiennent à ton essence et à ton élément naturel. Aussi ces poèmes épiques, quoique mensongers et factices, ont encore plus d'empire sur l'univers que les ouvrages qui ne sont que savants. Dans leurs illusions même, ils ont toujours quelques nuances qui sont les reflets de la vérité, et ces reflets nous charment par leur analogie avec cette idole éternelle de nos besoins et de nos désirs. Poésie prophétique, tu peux te passer de la poésie épique, qui n'est que le récit pompeux d'un fait intéressant. Mais la poésie épique ne peut se passer de la poésie prophétique, la seule vraiment puissante, et capable de suffire à tous les besoins légitimes de notre esprit. C'est dans l'Europe que la poésie épique a brillé. La poésie prophétique appartient à la seule Asie. L'Asie n'est-elle pas le berceau de l'homme, et de tous les grands événements qui concernent son histoire intellectuelle ? N'est-ce pas là où sont nées toutes les religions célèbres qui ont eu une grande influence sur l'univers ? C'est là où nous voyons dans le style les images les plus hardies, et les allégories les plus pittoresques, par la raison que c'est là où se sont trouvées les plus grandes réalités. Pour toi, Europe, tu n'as fait que recueillir les fruits de ces arbres fertiles ; et n'ayant point eu l'avantage de l'inspiration, tu t'es occupée à réciter. Tu n'es que le reflet des rayons qui ont brillé dans l'Asie. Les anciens poètes asiatiques agissaient ; les poètes européens se sont contentés de peindre. C'est après que la poésie prophétique s'est perdue pour eux, qu'ils ont eu recours à la poésie fictive et fabulaire, aimant mieux puiser le merveilleux dans un ordre imaginaire, que de se résoudre à s'en passer ; parce que le caractère supérieur et sacré que l'auteur des choses a gravé dans l'homme, est indélébile. Homme ingrat, étudie donc tes propres ouvrages, si tu n'as pas la force d'étudier ceux du créateur, et tu y trouveras toujours des preuves contre toi.

∼

274. À tous les instants de notre existence, nous devons nous ressusciter des morts. Notre pensée, notre action, notre volonté, nos affections vraies et pures, tout est dans le tombeau. Des gardes sont posés tout autour *par*

les princes de la synagogue, de peur des disciples et des amis de la vérité. Il nous faut lever *la pierre du tableau* ; il nous faut tromper la vigilance de nos gardes, ou les renverser par notre puissance. Il nous faut déposer les linceuls qui nous enveloppaient, et rompre les bandes qui liaient tous nos membres. Il nous faut reprendre notre première agilité, notre première pureté, notre première activité, et nous enlever dans les airs comme l'esprit rendu à sa propre substance. Avant d'atteindre à cette universelle et entière résurrection, il nous faut passer par des résurrections particulières ; et ce sont ces résurrections particulières qui composent les éléments de notre vie temporelle. Comment obtenir par nous-même ces résurrections particulières, si celui qui les a toutes accomplies par ses combats et par sa victoire, ne nous met pas à même de participer à sa force et à son courage ? C'est pourquoi il a dit : *J'ai souhaité avec ardeur de manger cette pâque avec vous, avant que de souffrir... prenez et mangez. Ma vie passera en vous ; parce que mes paroles sont esprit et vie.*

275. Combien l'âme est saine et vive, lorsqu'elle s'est baptisée et comme baignée dans la prière ! Laissez aux mots pittoresques leur énergie, la sagesse les emploie pour frapper les oreilles dures et grossières. Elle descend par ce moyen jusqu'à l'homme rustique, qui sans cela n'entendrait pas son langage. La sagesse veut parler à tous les hommes ; c'est pour cela qu'elle est tantôt sublime, tantôt rampante et basse, tantôt simple et déliée comme un trait, tantôt grossière et pesante comme l'homme des champs ? N'a-t-il pas juré par lui-même qu'il voulait que toute la terre fût remplie de la gloire du Seigneur ? As-tu du temps ? Dépêche-toi de le placer dans le négoce de la prière, et ne le dépense point tant en méditations. Ô vous, spéculateurs, ô vous qui vous placez dans les chaires, prenez grand soin d'être en garde contre vos paroles ! Plus elles sont étudiées, plus elles seront dangereuses. La pensée de l'homme peut lui engendrer des fruits. Souvent même, il n'attend pas que le fruit soit venu, et il le croit mûr avant qu'il ait commencé à germer ; et ces fruits deviennent pour lui des armes sacrées, avec lesquelles il égorge ses disciples quand ils lui demandent du pain. Quel est l'homme qui n'a pas laissé former en lui comme un moule, où tout vient prendre la même empreinte ? Tout ce qui n'a pas pris la forme de ce moule, est hors de sa portée ; il ne peut que le blâmer. Respecte les chefs. Si c'est Dieu qui les envoie, et qu'ils soient ignorants, c'est une épreuve pour l'Église. S'ils viennent d'eux-mêmes, il faut prier pour eux, afin que la main suprême les

guérisse de leur folie. Mais pour nous, dépouillons-nous, si nous voulons être superbement vêtus, et si nous voulons être sans inquiétude sur les fruits de nos pensées.

276. La matière avait été donnée à l'homme comme un lieu de repos au milieu de ses grandes fatigues. C'était l'ombre d'un grand arbre sous lequel le moissonneur pouvait venir dormir quelques heures pendant la forte chaleur du jour. Mais il a cru que c'était dans cette matière même que résidait toute son œuvre ; et il en a exercé le culte avec le soin, la continuité, le zèle exclusif qui règnent dans la région de l'éternité pour le culte de l'auteur des êtres. Les malheureux, voulaient-ils donc transporter le ciel dans l'abîme ! C'est assez qu'ils y aient transporté leur pensée ; c'est assez pour leur montrer quelle était leur destination primitive, et quelle sera leur condamnation. Ô homme, si tu connaissais quels gouffres enflammés sont creusés dans toi et par toi ! Des feux souterrains s'élèvent au travers des ruines du monde, et en éclairent la fragilité. Ces feux montent dans l'air par la loi de leur propre nature. Mais combien de temps doivent-ils errer dans l'espace, avant de s'unir à des éléments purs, et de devenir des substances vivantes, salutaires et génératrices ? Les choses temporelles ne vivent qu'à l'extérieur ; aussi, montrent-elles partout un extérieur vif, et un centre mort. Quel édifice veux-tu donc élever avec de pareils matériaux ? Les choses vraies et fixes au contraire, ensevelies dans les ténèbres de notre région, doivent offrir un extérieur mort et un centre vif. Joie des sages, c'est pour cela que tu es inconnue au vulgaire, et que tu ne peux te faire réellement sentir que de Dieu à l'homme.

277. Quand la clef a été élevée au haut de la voûte, les échafaudages sont devenus inutiles. C'est d'elle que toutes les autres pierres tirent leur force. Elle a sauvé l'homme, en tuant la mort ; mais elle ne l'a pas empêché de pouvoir se perdre. Si nous n'avions pas le pouvoir de créer la mort, la puissance divine eût-elle eu besoin de venir la détruire ? C'est parce qu'il était en tout semblable à l'homme, qu'il a pu approcher la mort ; c'est parce qu'il n'avait point de péché, qu'il a pu la détruire. Qui pourra peindre la joie des cieux, quand ils ont vu détruire la mort ? Homme, vous donnez la vie matérielle à vos enfants. Vous célébrez le jour de leur naissance comme un jour de fête, par les lumières les plus éclatantes, en

mémoire de ces clartés célestes qui accompagnèrent la naissance primitive de l'homme. Quand l'homme temporel a rempli le cours de sa vie terrestre, et qu'il entre dans la région de l'esprit, tous les habitants de cette région se livrent, comme vous, à la joie de voir accroître la famille de l'esprit. Quelle a donc dû être la félicité de la région divine, quand elle a vu l'homme renaître pour Dieu ! Quel autre qu'un dieu pouvait nous rendre cette vie divine et régénérer la famille de Dieu ? Tous ces ordres de génération ont leurs délices. L'âme de l'homme est susceptible de les connaître toutes, parce qu'elle tient à tous les ordres. Les imprudents ! et ils ont dit que l'homme n'était rien ! Les imprudents ! Oh, combien ils rougiront un jour d'avoir laissé sortir d'eux ce blasphème !

278. La racine ne peut rien que par sa puissance. Voilà pourquoi Dieu ne fait rien que par ses prophètes. Toi-même, divin réparateur, tu as pris ta voie dans l'âme de tes apôtres ; tu ne pouvais agir que par eux. Voilà pourquoi l'œuvre est si lente et si cachée ; parce qu'elle est obligée de passer par la voie de l'homme, et que l'homme n'est plus dans sa pureté et dans sa loi primitive. Tu ne dois rien à l'homme, puisque c'est lui qui a reçu tout de toi ; et cependant tu le cherches dans ses ténèbres et dans ses crimes. Tu ne peux l'oublier, parce qu'il y a une tendance vive, sainte et souverainement douce de la racine à la puissance. Un seul rayon divin ne peut-il pas enfanter tous les miracles ? Et, serait-il surprenant que le monde entier fût soumis à l'homme, si l'homme laissait Dieu gouverner et animer son âme ? Quelle paix régnerait sur la terre, si dans l'âme neuve et ingénue des enfants, on ne semait que des paroles et des idées vraies ? Tous les rapports primitifs de Dieu à l'homme se montreraient à chaque époque dans leur état naturel, et la chaîne des siècles ne serait pour l'homme qu'un long développement des lumières, des vertus et des délices, qui tiennent à l'autel de son être. Quelle doit donc être la douleur de l'homme de désir quand il lit : *Que le Seigneur a regardé du ciel en terre, pour savoir s'il y avait un homme qui fît le bien, et qu'il ne s'en est pas trouvé un seul ?*

279. Faut-il vous donner une preuve de la grandeur de l'homme ? Il est le seul être de la nature qui puisse faire agir d'autres êtres par les droits de sa volonté. Ils sont tous, excepté lui, bornés aux seuls droits de leurs forces physiques. Ils ne peuvent rien exiger des autres êtres. L'homme a le

pouvoir de leur donner jusqu'à la parole ; et l'on s'étonnerait que dans l'origine, il leur eût donné des noms ! Ne leur en donne-t-il pas tous les jours, et sur toute la terre ? Pourquoi méconnais-tu tes glorieux titres ? Tu ne peux pas périr, tu le sais, puisque tu es une puissance essentielle de la divinité. Mais si tu voulais, tu ne pourrais pas même être malheureux, puisque tu pourrais n'être pas un instant sans ton Dieu. À l'image du soleil, tu n'avais été émancipé que pour faire fructifier tous les germes invisibles dont ton atmosphère est remplie. Tu as cessé d'être l'instrument de la grâce ; mais en cessant d'en être l'instrument, tu en es devenu l'objet, et tu lui sers toujours de témoignage. Les lois et les décrets bienfaisants de la sagesse ne sont-ils pas indélébiles ?

~

280. Où conduisent les premiers pas de la sagesse ? À être effrayé des vices et des abominations qui inondent la terre. Quel est donc le poids énorme qu'ont à supporter les colonnes fondamentales de l'œuvre ? Ce sont les véritables hercules qui soutiennent le monde ; ils ne pourraient lâcher prise un seul instant, sans que cet univers moral ne fût exposé à s'écrouler et à tomber en ruine. Hommes faibles et corrompus, ils intercèdent la sagesse pour vos égarements ; souverains négligents, ils veillent pour vous et pour vos empires, que vous ne savez ni diriger ni défendre. Iniquités d'un autre ordre, ils s'épuisent jusqu'à la mort pour vous combattre. Toujours sur la brèche contre un ennemi qui assiège toujours la forteresse ; des larmes, des prières, de la charité, des efforts perpétuels de toutes les facultés de leur être ; voilà l'état où le crime et le mensonge de l'homme les ont réduits. Cependant, ils sont en sûreté au milieu de tous ces tourments, parce que ces tourments tiennent l'homme dans une région supérieure. Les prophètes et les vrais sages ont beaucoup souffert. Ils ont souvent désiré la mort, aucun ne se l'est donnée ; étaient-ils des Architopel et des Judas ? Samson lui-même, en s'immolant, n'était point pressé par le remords du crime, mais par le désir de sauver son peuple. Il n'y a que les peines fausses et nées du crime qui nous dépravent au point de nous faire ramper sous le joug, et nous pressent de nous en délivrer. Elles nous cachent aussi, que par ce violent remède, au lieu de nous guérir, nous ne faisons que nous rendre plus malades, parce que nous faussons une loi de plus.

~

281. Voyez la langue de l'homme former des traits brûlants sur toutes les substances. Voyez-la couvrir l'univers de ses caractères lumineux. Partout, elle vient dissoudre les matières épaisses et coagulées ; partout, elle vient fondre les *métaux*. Elle ne touche rien qu'il n'en jaillisse des étincelles, parce qu'elle est émanée de la lumière, et qu'elle est chargée de propager le règne de la lumière. Vous frissonnez comme l'airain brûlant lorsqu'elle vous frappe, ô ennemi de la vérité, vous essayez d'obscurcir sa clarté par vos feux impurs, et vous employez tous vos efforts pour résister à son action. Mais vous ne prévaudrez jamais contre elle. La langue divine n'a-t-elle pas écrit sur l'homme ? N'a-t-elle pas tracé sur lui les caractères éternels de la sainteté ? *Qui pourra raconter son origine ?* Qui pourra nous le peindre, quand la sainteté gravait son nom divin sur lui ? Les cieux se prosternèrent de respect et d'admiration pour la majesté et la puissance du Seigneur. L'ennemi trembla, et le cœur des anges fut absorbé dans la vie. Homme, aujourd'hui même encore ta langue peut se transformer en une plume de feu, en une plume sonore et lumineuse. Car pour quel objet as-tu reçu l'existence, si ce n'est pour extraire la parole universelle, qui est disséminée dans l'immensité des déserts ?

282. Pourquoi te croirais-tu abandonné lorsque ton âme souffre ? Aurais-tu oublié qu'on veut ici-bas ta purification, et non pas ta perte ? Si la sagesse divine s'intéresse à toi dans tes égarements, crois-tu que la pitié suprême ne s'y peut pas intéresser dans tes douleurs ? Ce n'est pas connaître Dieu que de croire que la mesure de son bras se raccourcisse, quand celle de son cœur est sans borne. Apprends ici la source de ces méprises désespérantes. Nous devrions ici-bas nous alléger et nous dépouiller, et nous ne faisons que nous encombrer sous les enveloppes accumulées de la souillure et de l'illusion. Nous devrions ici-bas subir une épreuve salutaire, et nous la remettons à une autre région. Alors, nous en aurons deux à subir à la fois, sans savoir si nous serons en état de les supporter. Comment naissons-nous ? Dépouillés de tout ! Les biens et les jouissances qui nous viennent, sont un don gratuit qui nous est accordé, et que l'on veut bien ensuite recevoir de nous comme une offrande. Nos enfants même, pourquoi ne pas les regarder en quelque sorte comme des espèces de pensionnaires que Dieu nous donne à élever pour lui ? Et nous murmurons, quand le moment des sacrifices arrive, nous qui n'avions en propre aucune matière de sacrifice ! Enfants d'Israël, ne nous plaignons plus des adversités, ne nous plaignons plus même des injustices ; ce sont autant d'échelons qui nous sont offerts,

pour nous aider à monter sur le bûcher et sur l'autel du sacrifice, jusqu'à ce que le feu pur descende sur nous, comme au temps des holocaustes, et nous enlève avec lui dans la région de la vie. Enfants d'Israël, louons le Seigneur ; nous n'avons besoin que de nous, pour avoir de quoi lui offrir des sacrifices. Si nous cessons un instant de lui adresser nos offrandes et nos cantiques, nous sommes plus coupables que les voleurs. Nous retenons ce qui lui appartient et ce qu'il avait destiné pour le saint usage des sacrifices, et pour l'holocauste d'expiation. Enfants d'Israël, quand toutes les autres matières de sacrifices n'existeraient pas pour nous, nous trouverions en nous-mêmes le sacrifice qui est pour lui de la plus agréable odeur. Seulement *ne lui offrons pas des victimes aveugles et boiteuses, mais des victimes saines et régulières.*

∼

283. Combien les écrivains ont répété de fois les prévarications primitives, en se substituant au principe de toutes choses ! Leurs livres nous soumettent à la pensée d'un autre homme, tandis que nous ne devrions l'être qu'à la pensée de l'esprit. Aussi, après les avoir lus, il est arrivé souvent qu'on a loué l'écrivain et qu'on l'a encensé. Mais la chose divine en a-t-elle fait plus de progrès, et leur œuvre sera-t-elle comptée au jour du dénombrement ? Que penser donc de ceux qui auront combattu la vérité, et qui auront rejeté ses démonstrations les plus authentiques ? Sans attendre jusqu'à l'époque du monde futur, ne sont-ils pas jugés dès ce monde actuel ? Quelle est leur marche ? C'est avec le mensonge qu'ils attaquent la vérité, c'est avec le néant qu'ils veulent détruire ce qui est réel. Si Satan lui-même ne s'arme point encore contre Satan, comment la vérité s'armerait-elle contre la vérité ? Le livre de la nature, c'est l'homme ; le livre de l'homme, c'est Dieu. Si nous n'eussions pas cessé de lire avec soin dans notre modèle, la nature n'aurait pas cessé de lire en nous ; et le Dieu suprême n'aurait pas cessé de faire parvenir sa gloire et sa lumière jusqu'aux derniers rameaux de ses productions. Car l'âme de l'homme est le lieu de repos du Seigneur, et la nature devait être le lieu de repos de l'âme de l'homme. Mais le désordre s'est étendu partout. Le Seigneur ne trouve plus de repos dans l'âme de l'homme ; et l'âme de l'homme n'en trouve plus dans la nature.

∼

284. Comment notre œuvre se fera-t-elle, si tout notre corps ne devient une plaie, si notre âme entière ne devient souffrance et douleur ? Mais si par le péché notre ennemi a semé ses fruits en nous, par la prière et la pénitence, nous faisons redescendre notre ennemi dans les abîmes, et nous faisons redescendre son œuvre avec lui. Ce n'est qu'alors que la paix renaît. Jusque-là, nous sommes tourmentés par les poursuites de cet inique créancier, qui vient revendiquer auprès de nous sa créance. Fidèle défenseur, il ne suffit pas que *tu aies compassion de nous, que tu détruises nos iniquités, et que tu jettes tous nos péchés au fond de la mer* ; fidèle défenseur, il ne suffit pas que tu précipites dans l'abîme nos persécuteurs et leurs œuvres : il faut encore que tu scelles fortement cet abîme, sans quoi ils rompront bientôt la porte de leur prison, pour venir faire de nouveaux ravages.

~

285. Il a prié jusque dans son agonie ; les pâtiments de sa matière n'avaient point affaibli sa piété : et nous, misérables mortels, notre piété disparaît entièrement devant les joies de notre matière ! Comment en conserverons-nous donc dans nos souffrances ? Et cependant, est-ce pour lui qu'il souffrait ? Est-ce pour lui qu'il portait le poids du péché ? Aussi, c'est cette constance et cette piété héroïque qui lui fit obtenir d'être fortifié par un consolateur. prophètes divins, vous avez pressenti, vous avez connu ses triomphes plusieurs siècles avant sa venue. Sont-ils nombreux, les triomphateurs, dont on puisse célébrer les victoires, avant qu'ils aient reçu la naissance ? Comment ne célébrerait-on donc pas ses victoires après qu'elles ont été remportées ? Rois de Grèce et d'Assyrie, il est vrai qu'on a annoncé vos conquêtes avant votre naissance ; mais vos conquêtes n'étaient que terrestres, et devaient coûter la vie à vos semblables. Celles du triomphateur devaient donner la vie à tous les hommes, même à ceux qui étaient morts ; parce qu'il est le seul auteur de la vie. C'est pourquoi ses *os n'ont point été rompus* ; car l'on ne rompait point les os de l'agneau que l'on mangeait à la pâque.

~

286. D'où vient l'harmonie des empires, sinon de l'exactitude de chacun à y remplir ses fonctions ? Quelle harmonie ne verrions-nous donc pas exister autour de nous, si nous remplissions nos fonctions primitives ? La force et la prudence sont la même chose ; et l'harmonie est la fille de la force et de la prudence. L'être qui vit de l'esprit, les connaît toutes les trois,

et trouve en elles le remède à tous ses maux. L'esprit ne rectifie-t-il pas tout ? Et s'il consume à mesure qu'il se nourrit, n'est-ce pas à cause de la pureté de son feu ? Mais le désordre de notre région nous force constamment à des actes incomplets, qui nous nourrissent de la mort et du néant. Nous ressemblons ici-bas à l'être souverainement criminel, qui est toujours dans l'inanition, malgré qu'il ne cesse de dévorer. Aussi, quelle est l'harmonie qui règne parmi nous ? Disons comme Job : *Cette terre où il ne règne nul ordre, mais une horreur éternelle.* Homme, malheureux homme, prends donc courage, et mets en œuvre ces principes d'ordre qui sont ensevelis dans ton être. Soufflons, soufflons sans cesse le feu spirituel, jusqu'à ce que nous puissions y allumer notre flambeau. Si nous parvenons une fois à le faire briller, il ne pourra plus s'éteindre. Il nous fera découvrir sur la terre cet autel immortel, où nous devions sans cesse offrir notre sacrifice, et manifester dans l'univers visible ce qui se passe dans l'univers invisible. Toutes les facultés de l'homme ne sont-elles pas comme ces lumières immortelles qui devaient reposer sur le chandelier d'or ?

287. Une flèche aiguë a percé mon âme. Elle a rompu tous les liens qui me tenaient enveloppé comme dans les langes de mon enfance. Notre Dieu ne communique ses secrets qu'à ceux qui se dévouent à son service. *Ce sont ceux-là qu'il rend participants de son esprit, de sa science et de son amour.* L'homme est un univers entier où tous les agents de tous les mondes travaillent à l'accomplissement de leur loi. Actionnez tous ses principes, emparez-vous de tous ses organes. Voyez pour lui, entendez pour lui, agissez pour lui, parlez pour lui, existez pour lui ; car son existence est comme nulle, quand il est réduit à lui-même. Surtout, saints amis de l'homme, secondez-le dans sa prière ; car sa prière est comme morte, tant qu'il n'est pas régénéré. Elle ressemble à ces souffles débiles qui à peine peuvent agiter les feuilles des arbres et le laissent comme accablé par le poids d'une chaleur étouffante. Jude, pourquoi n'as-tu pas écrit davantage ? Ta pensée est comme un vent violent, qui met en mouvement toute l'atmosphère, et qui nous fait sentir le rafraîchissement de l'esprit, après l'ardeur dévorante de notre accablante température.

288. Il faut que l'esprit descende et entre dans l'homme comme un torrent, il faut qu'il lui fasse violence, pour le purifier de tout ce qui l'obstrue. *Il*

vient apporter la guerre et non la paix, et il ne demande pas mieux que la guerre s'allume. Il veut que nous soyons en paix avec nos semblables, et que nous soyons en guerre avec nous-mêmes. Il n'y a que celui qui est en guerre avec lui-même, qui est en paix avec ses semblables. Quel est cet homme que je vois marcher au milieu des nations ? Il semble briller de la lumière des justes. Son air majestueux annonce sa sagesse, ses dons et sa puissance. Il s'avance comme l'astre dans les vastes plaines du firmament. Sortez de votre repos léthargique, sortez de vos tombeaux, âmes humaines, et venez contempler cet homme qui brille au milieu des nations. Il se présente aux quatre vents du ciel, et leur ordonne de suspendre les tempêtes. Il se présente aux gouffres de la terre, et il ordonne à l'iniquité de se précipiter dans ses abîmes. Renaissez pour l'homme, ô jours de paix ! La terre ne craindra plus la force des poisons ; ils se sont convertis en un baume salutaire. Le cruel ennemi de l'homme sera séparé de lui pour jamais. Cet ennemi avait reçu le baume salutaire, et il l'a converti en venin : il ne peut plus guérir les plaies, il ne peut plus que se blesser et que s'empoisonner lui-même.

289. J'enverrai à toutes les régions une portion de mon péché, afin qu'elles le précipitent et le mettent en poudre. Craindrai-je que l'univers connaisse mon péché, quand je n'ai pas craint que le Seigneur le connût. Je vous ai avoué ma faiblesse, et vous m'avez fait sentir votre force et votre puissance. Unissons-nous dans une sainte alliance ; que le péché soit pour moi comme une chose inconnue, une chose impossible à commettre, une chose impossible à croire. Frappez sans relâche, lancez chacun vos traits sur les murs de cette tour de confusion qui s'est élevée au milieu de Jérusalem. Renversez-en chaque jour quelque partie ; et que ces débris, en tombant, couvrent les ouvertures que le feu de l'iniquité a faites à la terre. Les murs s'écroulent, la brèche est praticable, le vainqueur entre en triomphe dans la forteresse, et va la démolir jusqu'aux fondements. Sans cela, le feu de l'iniquité aurait encore des issues ; pour les combler entièrement, il faut tous les débris de la tour de Babel. Les habitants ont été tous passés au fil de l'épée. On n'a épargné, ni les vieillards, ni les femmes, ni les enfants. Le sang ruisselle par toute la ville : il va s'ensevelir dans le gouffre, et y porter tout ce qui leur restait de principe de vie ; afin que cette race perverse soit détruite, et que son nom soit effacé de dessous le ciel. Le vainqueur va poser des fondements nouveaux sur cette terre purifiée. Il y élèvera une ville de paix et de lumière. Un peuple saint viendra l'habiter. Ses portes

s'ouvriront au soleil levant, et ne se fermeront plus pendant toutes les éternités. Les nations y viendront au son des instruments, et en chantant des cantiques, louer et adorer le Seigneur, qui leur aura procuré tous ces bienfaits.

∼

290. J'ai ouvert les yeux de ma pensée. J'ai vu des hommes affligés dans leur âme. Ami fidèle, sépare-toi de moi, pour aller porter du secours au leur. Ma prière deviendra un plus grand travail, parce que je me trouverai comme seul. Je veillerai pendant ma solitude et mon veuvage ; ma pensée suivra mon ami dans son œuvre de charité. Notre œuvre ne doit-elle pas se faire en commun entre notre ami et nous ? Et lorsque notre ami est occupé ailleurs par la charité, ne faut-il pas que nous redoublions de travail, pour que notre œuvre ne souffre point de retard ? C'est ce que notre ami fait si souvent lui-même, dans nos peines, dans nos dangers, dans nos maladies, qu'il est bien juste que nous le lui rendions dans l'occasion. Oh, mes frères, envoyez-vous mutuellement vos amis, et il n'y aura plus d'affligés parmi vous. Envoyez-vous mutuellement vos amis, vous soignerez par là vos véritables intérêts, et il n'y aura plus de pauvres parmi vous. Ils veulent nier la dégradation de l'homme et sa chute d'un état primitif ; et cependant, il y a parmi eux des hommes affligés et qui désirent ! Ils veulent nier les corruptions secondaires et postérieures à cette première prévarication ; et cependant, il y a parmi eux des pauvres et des indigents ! Au moins, ne niez pas vos maux, si vous ne savez pas les guérir. Comment le médecin viendra-t-il, si on ne l'appelle ? Et comment votre ami l'appellera-t-il, si vous ne lui en laissez pas la liberté, et si vous ne lui avouez pas toute l'étendue de vos maux ?

∼

291. Le nom du Seigneur est toujours nouveau. C'est pourquoi il est toujours prêt à régénérer l'homme. C'est le Seigneur qui donne la force et l'activité au feu. C'est le Seigneur qui a voulu que nous ne puissions saisir ce feu que par l'organe de votre vue. C'est le Seigneur qui a formé des éléments supérieurs à l'air ; c'est le Seigneur qui a formé l'air au-dessus des éléments grossiers, et qui le rend imperceptible à nos regards. C'est le Seigneur qui remplit les astres d'un air actif, virtuel et dépositaire de sa propre direction ; voilà pourquoi ils arrivent chacun à leur terme. Ranime-toi, faible mortel, à ce spectacle actif de la nature. Ne passe pas un jour,

sans t'être appliqué à l'œuvre, jusqu'à sentir l'action de l'esprit. Voilà le pain qui chaque jour peut te donner la vie, parce que le nom du Seigneur est toujours nouveau. Est-ce à des discours et à des paroles qu'un puissant élu de Dieu se consacrera ? Il est comme un homme qui entre dans la ville d'un grand roi. À chaque homme qu'il rencontre, à chaque porte où il frappe, on lui répond : Oui, je suis habitant de cette ville, je suis sujet et serviteur du grand roi. Frappez à toutes les portes de l'univers, adressez-vous à la terre, aux fleuves, aux volcans, aux poissons de la mer, aux bêtes des champs, aux oiseaux du ciel ; ils vous répondront tous : Oui, nous sommes sujets et serviteurs du Seigneur. Montez dans l'assemblée des saints, adressez-vous à ces millions d'anges qui ont leur demeure dans la sphère des cieux. Ils répondront tous : oui, nous sommes sujets et serviteurs du Seigneur. Béni soit l'homme qui demande à l'univers un aveu aussi doux que légitime ! Qu'il ne se repose point sans avoir engagé tous les êtres à professer la gloire du Seigneur, et à célébrer la puissance de son nom ; et sans que tout ce qui existe se dise le sujet et le serviteur du Seigneur.

292. J'ai vu la marche de l'homme novice dans la sagesse. Ses premiers pas ont été la gloire de savoir et de comprendre. Prends garde aux dangers de ces premiers pas. Ils te montrent bien que les hommes se trompent, et qu'ils sont ignorants ; mais te prouvent-ils que tu sois sage ? Peux-tu l'être, si tu n'agis ? Et, une sagesse sans l'action, aurait-elle même l'apparence de la sagesse ? Homme novice, ta sagesse n'est donc encore que le reflet de ton orgueil. C'est un miroir, dont tu ne te sers que pour y faire réfléchir les défauts des autres hommes. Tu t'élèves, et tu entres dans l'action ! L'orgueil peut te suivre encore un instant ; mais le fanatisme de l'action va le rendre moins impérieux. Quel charme pour l'homme dont les droits se développent, et qui a des témoignages démonstratifs de ses titres originels ! Tiens-toi sur tes gardes, tu vas t'habituer à cette action, et l'orgueil qui n'avait fait que suspendre sa marche, va bientôt te rejoindre. Apprends ici le pas qu'il te reste à faire : c'est de déposer ton action entre les mains de Dieu ; c'est de tout suspendre ; c'est d'être aussi subordonné à l'action divine, que les sons de l'orgue le sont à l'air qui s'y insinue. Heureux qui peut devenir ainsi l'instrument de la voix du Seigneur ! Il sera à l'abri de l'orgueil. Où pourrait-il en prendre ? Il a de la science ; il a de l'action. Mais il sait que lui-même est sans science et sans action ; puisque quand il est rendu à lui-même, et quand le souffle cesse d'agir sur lui, il n'a plus ni

science ni action. Tout est plein de l'action du Seigneur. Homme, comment parviendrais-tu à mettre la tienne à la place ?

~

293. Il me comblait de biens, et moi je ne le connaissais pas, et je me laissais aller à la faiblesse de chérir ma vie, tandis que, si je ne la haïssais pas, je ne pouvais pas être digne de lui ! La pénitence est plus douce que le péché. Sagesse humaine, tu t'épuises en sciences et en efforts ; tu consommes toute ton intelligence pour des œuvres frivoles et fausses ! Comment trouverais-tu la paix et la sagesse ? Étudie ta *terre* ; c'est par elle que doivent te parvenir les *végétations* et les secours de tous les genres. Quel est celui qui fait la sûreté des camps et des armées ? Quel est celui qui pose les sentinelles et les gardes avancées, et qui vous défend de tous les pièges et de toutes les ruses de l'ennemi ? S'il exauce l'homme pécheur qui se réclame à lui, que ne fera-t-il pas pour l'homme pur, et qui s'est préservé des souillures ? L'homme pur et qui s'est préservé des souillures, est brillant comme la lumière. Il est une arme tranchante, comme le diamant ; il dissipe et consume tout devant lui, comme le feu. Ne t'arrête point aux apparences, ni aux similitudes ; ne te donne point de repos, que tu n'aies atteint jusqu'aux réalités dans tous les genres. N'est-ce pas là où tous les hommes tendent, sans le savoir ? Ne cherchent-ils pas tous un lieu de repos ? Et se peut-il trouver ailleurs que dans l'union avec l'action de notre principe et de notre Dieu ? Dans cette union, où ils sont entraînés par une force toujours vive, et qui croît toujours comme l'infini ?

~

294. Ne doutez plus du pouvoir de la parole ; vous ne vous formez dans aucune science, dans aucune langue, que par le fréquent usage de la parole. Combien de gens ont passé leur vie à lire, à étudier seuls, et sont restés au-dessous de l'objet qu'ils étudiaient, faute de s'en entretenir ! Que n'obtiendrions-nous donc pas, si nous nous exercions à la parole de l'amour saint et sacré, qui est le complément et l'ensemble de toutes les perfections et de toutes les joies ! Avec cet amour, rien n'est plus nécessaire pour nous sur la terre, parce qu'il contient tout, qu'il est tout, et qu'il apprend tout. Voilà pourquoi nous sommes toujours en rapport avec Dieu, parce qu'il est l'amour universel. Si nous nous élevons, nous trouvons cet amour suprême, qui est l'élément de l'infini. Si nous n'avons pas la force de nous tenir à cette région, et que nous descendions, nous trouvons

encore de l'amour, parce qu'il descend avec nous. Nous trouvons cet amour jusque dans nos égarements, et dans les maux qui en sont les suites, parce qu'il remplit tout, et qu'il ne peut nous abandonner. Nous sommes donc toujours en relation avec Dieu, selon nos degrés et selon nos mesures. Hélas ! nous ne sommes jamais en mesure avec les hommes, parce qu'ils ne se communiquent que par l'esprit, et non par l'amour. Aussi sont-ils entre eux comme ces femmes dont Paul parlait à Timothée, et dont il disait : qu'elles apprennent toujours, sans jamais parvenir à la connaissance de la vérité. Ils prennent un point de lumière pour le soleil, et ils veulent chacun le donner à leur semblable pour une lumière exclusive et universelle. Malheureux que nous sommes ! N'oublions jamais que nous vivions ici-bas dans une région composée, et non dans la région de l'unité. Nous commencerons alors à nous entendre.

295. Le pinceau du mal s'est étendu sur la terre d'une manière vaste et large. Heureux, quand ici-bas nous ne sommes que dans les ombres et dans les ténèbres ! Si nous faisons un pas de plus, c'est presque toujours pour marcher dans l'iniquité. Notre esprit ne peut-il pas occuper cinq degrés, par rapport à la matière ? Dans le premier et le plus élevé de tous, il ne s'aperçoit pas qu'elle existe. Dans le second il s'en aperçoit ; mais il gémit de voir combien elle est difforme, et combien le règne des sens est préjudiciable au règne de l'esprit. Dans le troisième, il se trouve de niveau avec elle ; il s'y attache, il y trouve son plaisir. Mais c'est un plaisir qui l'abuse, parce que sa nature l'appelle à des plaisirs d'un autre genre. Dans le quatrième, il devient esclave de la matière et de ses sens, et il y rencontre plus de chaînes que de plaisirs ; parce qu'elle est un maître impérieux qui ne relâche rien de ses droits. Dans le cinquième, il ne trouve que remords, pâtiments, supplices et désespoir ; parce que c'est là le fruit ultérieur et le dernier terme où la matière conduit celui qui s'est assimilé à elle. Ce ne sont plus les plaisirs ; ce n'est plus la servitude : c'est le rassemblement de toutes les horreurs des privations et de toute l'aspérité des douleurs. Suis la marche inverse, et tu verras que l'ordre éternel plus il avance, plus il manifeste sa vérité et sa justesse.

La sagesse a lié toutes les affinités par des similitudes contiguës, afin que notre chemin se fît par une voie douce et comme insensible. Voilà pourquoi la mort serait si consolante, si nous avions d'avance regardé ce monde-ci comme une similitude préparatoire à une autre similitude plus élevée et plus instructive. Car les similitudes doivent toujours croître en importance et en intérêt, attendu que chaque similitude est modèle par rapport à celle qui la précède, quoiqu'elle ne soit qu'image par rapport à celle qui la suit. Tout n'est-il pas symbole dans la région physique que nous habitons ? Et, le caractère naturel des corps n'est-il pas l'indice hiéroglyphique de leurs propriétés et de leurs principes ?

~

296. Comment soutiendrons-nous l'infection qui se fera sentir à la consommation des choses ? Nous aurons mangé la mort pendant la durée des siècles. Notre pensée ne se sera nourrie que des illusions de cette terre de servitude et de mensonge. Il faudra qu'elle se purifie et se défasse de tous ces aliments corrompus, avant d'entrer dans la terre de vérité. Ce n'est rien que les cris de toutes les âmes humaines, et les efforts qu'elles feront pour opérer en elles cette terrible purification. Toutes leurs demeures vont regorger de fange et d'ordures. Toutes les régions vont se trouver remplies d'odeurs infectes et pestilentielles. Voyez la corruption des cadavres, et l'abominable odeur qu'ils exhalent. C'est qu'ils ont aussi mangé la mort pendant leur vie ; c'est qu'eux-mêmes étaient des êtres de mort, et qu'ils ne pouvaient pas se nourrir d'autre chose. Âmes humaines, où fuirez-vous ? Comment pourrez-vous vous soustraire à cette infection que vous répandrez, et que vous traînerez vous-mêmes après vous ? Heureuses encore si elles n'ont pas répandu cette infection pendant la vie, et si elles n'ont pas produit des végétations vénéneuses, qui aient pris racine dans la terre de la mort ! Car on ne pourrait plus leur dire : *Venez dans le champ d'Ézéchiel. Tous les os qui seront assez conservés pour que la chair et les nerfs s'y réunissent, vont revivre. Le prophète va commander aux quatre vents du ciel : et les os vont se relever ; et l'homme qui avait été soumis à la mort et à l'infection, va reparaître dans sa splendeur.* On ne pourrait plus leur dire : *Prenez votre part des dons de celui qui est venu racheter le temps que nous avions vendu.* On ne pourrait plus leur dire : *Venez nous aider à racheter le temps de ceux de nos frères, qui ont eu la faiblesse de le laisser dissiper en vain.*

~

297. L'homme général et particulier se sont avancés en proportion ; à mesure que le chef des mortels est monté, sa postérité est montée aussi et a reçu de plus grandes lumières. Ce chef des mortels, en s'élevant sur les ailes de l'esprit, a été porté successivement à des degrés toujours supérieurs. L'esprit, à chacun de ces degrés, lui a fait ouvrir de nouvelles

portes, d'où sont découlées sur l'homme particulier des grâces nouvelles. Ces grâces ont été sensibles et terrestres sous la loi de la nature ; elles ont été spirituelles sous la loi écrite ; elles ont été divines sous la loi du réparateur : parce qu'au grand nom du Dieu des juifs, il a joint la lettre du salut, qui a triplé nos richesses et nous a fait nager dans l'abondance. Que fait ce chef vigilant, et le plus valeureux des guerriers ? Il va sans cesse à tous les points de son armée, pour sauver sa troupe des mains de l'ennemi qui la poursuit. Il n'avait point été envoyé spécialement aux gentils, lors des premiers actes de sa mission. Il n'avait été envoyé qu'aux brebis perdues du troupeau chéri d'Israël. Il avait recommandé à ses apôtres de courir après elles de préférence. Parce qu'Israël devait être le flambeau des nations, et représenter par là le chef des mortels. Parce que le mot de juif, auquel nous attachons tant de mépris, mériterait le plus notre vénération, si nous l'entendions, et que nous fussions dignes de le porter. Mais quand ces juifs eux-mêmes n'eurent pas voulu reconnaître celui qui leur était envoyé ; quand ils l'eurent sacrifié à leur ignorance et à leur aveuglement, alors la porte s'ouvrit pour les nations. Alors, l'Esprit saint descendit sur les apôtres, pour leur infuser le don des langues ; alors ils eurent ordre d'aller prêcher par toute la terre. Alors, Paul fut choisi pour être l'apôtre des gentils ; alors le fleuve décrit par les prophètes se déborda, et toutes les nations de la terre furent abreuvées. C'est ainsi que la sagesse fait tourner les fautes même des hommes à l'accomplissement de ses desseins, et que les ténèbres de quelques-uns ont fait éclater universellement la lumière.

298. J'arracherai ma parole du fond de l'abîme ; je ne souffrirai pas qu'elle soit plus longtemps dans la servitude et dans le néant. Elle ne peut contempler le spectacle des cieux, elle ne peut tourner ses regards vers le trône élevé de son Dieu. Faudra-t-il encore séparer de l'assemblée celui de nos frères qui sera prévaricateur ? Le péché ne l'en sépare-t-il pas assez ? Le péché ne le retient-il pas comme dans un cachot ? Redouble de courage, malheureux homme tombé dans la servitude. Choisis ce temps qui n'est pas un temps, parce qu'il est l'intervalle des temps, et qu'il vient toujours se résoudre dans un nombre vrai. Porte ta pensée vers le grand jubilé, et vois combien est bref et rapide l'intervalle qui se trouve entre le complément des sept puissances de l'esprit et la destruction du nombre de l'iniquité. Le feu de l'espérance est sorti du sein de cette œuvre merveilleuse : il a embrasé l'homme de courage ; il est venu embraser l'âme au milieu de ses fers. La prison, où elle était détenue, a été agitée par une violente

secousse ; ses gardes en ont été effrayés. Ses fers sont tombés d'eux-mêmes, les portes de sa prison se sont ouvertes ; elle a marché en liberté, et elle est allée rejoindre ses frères. Voilà le sort qui attend la parole, quand elle aura fait tous ses efforts pour sortir de l'abîme ; et ceux qui l'y avaient précipitée, et qui voulaient l'y retenir, seront envoyés au supplice.

~

299. Où est le principe de la science de l'homme ? Ne se trouve-t-il pas dans lui-même et tout auprès de lui ? Son malheur est de l'aller chercher hors de lui, et dans des objets qui ne peuvent réactionner son véritable germe. Et puis, quelle méprise ne fait-il pas sur les classes ? Au lieu de travailler assidûment à les connaître, il ne fait que transposer les gradations. Il pourrait consacrer ses premiers pas à employer les choses naturelles avec précision, avec l'œil de l'esprit, avec une attention continuelle, au lieu, au temps et à la qualité des êtres. Mais qu'êtes-vous, merveilleux effets de la nature ? Vous n'êtes que la suite des lois établies au commencement. Vous ne devez vous découvrir à l'homme, que pour l'élever à un ordre supérieur, dont vous êtes l'image. Aussi, votre force et vos lois invariables ont un pouvoir admirable, pour nous faire arriver à ce haut terme. Car si les monstres engendraient, est-ce que la convention éternelle ne serait pas renversée ? Convention sainte, heureux celui qui vous approchera avec une intention pure, et une intelligence simple, pour que l'étude de vos lois ne le mène point à la confusion ! Nature, nature, tu n'as pas d'autre œuvre à remplir que d'amener les êtres à l'ordre sublime dont ils sont déchus. C'est en se séparant de la gloire suprême que les choses temporelles ont pris naissance. Quand les choses temporelles auront achevé leur cours, il n'en faudra pas davantage pour que la gloire suprême reparaisse.

~

300. Au moment du crime, tous les univers sont devenus opaques et soumis à la pesanteur : le crime a comme coagulé les paroles de la vie ; il a rendu muette toute la nature. Postérité humaine, tu as abusé du silence de la parole, pour te dépraver encore davantage, croyant qu'il n'y avait plus de parole auprès de toi, ni au-dessus de toi !

Mais la parole du Seigneur n'est-elle pas une épée double, n'est-elle pas une épée vivante ? Le silence et un être muet comme la nature, sont pour elle des violences et une situation passagère. Le Seigneur a parlé, sa voix triomphe et l'emporte sur les pouvoirs du crime. Le silence est aboli. Tous les points de l'univers sont transformés en langues vivantes. Oh nuit, tu te précipites avec le silence ; les ténèbres peuvent-elles exister auprès de la parole de l'Éternel ? La nature est devenue brillante comme le soleil, parce qu'elle est devenue comme lui le tabernacle de la parole. Mais la parole en se réveillant partagera tous les mondes en deux classes, comme autrefois les hébreux furent partagés sur Hébal et sur Garizim ; et les voix d'Hébal prononceront sans cesse la malédiction contre les ennemis de la loi du Seigneur. Homme impie, homme insouciant, place-toi dans ce moment terrible ; il n'y a plus d'espace ni de temps pour toi. Tu n'as plus, comme ici-bas, la ressource des ténèbres et du silence pour te préserver de l'effroi que te causerait la lumière et la parole du Seigneur. Tu vas être poursuivi par la lumière et par la parole. Tel que l'homme coupable ici-bas, livré à des maux funestes, ou au glaive de la justice, tu entendras ton sang et toutes tes substances prendre la parole pour te maudire, et pour maudire tous tes actes d'iniquité. Homme de désir, efforce-toi d'arriver sur la montagne de bénédiction ; fais renaître en toi la parole vraie.

Toutes ces voix importunes seront loin de toi, et tu entendras continuellement la voix sainte de tes œuvres, et la voix des œuvres de tous les justes. Toutes les régions régénérées dans la parole et dans la lumière, élèveront comme toi leur voix jusqu'aux cieux ; il n'existera plus qu'un seul son qui se fera entendre à jamais, et ce son, le voici : l'Éternel, l'Éternel, l'Éternel, l'Éternel, l'Éternel, l'Éternel, l'Éternel !

301. Légers observateurs, mes tableaux ne vous paraîtront pas dignes de vos regards. Je n'ai point séparé comme vous de mes méditations, l'être puissant par qui tout existe. C'est en l'excluant que vous avez prétendu nous faire connaître la vérité. Il l'est lui-même, cette vérité. Que dis-je, il l'est lui seul. Qu'auriez-vous pu trouver sans lui ? Que les âmes à qui vous vous efforcez d'enseigner une langue étrangère, viennent rapprendre la leur ici sans fatigue, et qu'elles oublient la vôtre à jamais ! Vous procurez quelques plaisirs à leur esprit, en leur offrant de ces lueurs que la sagesse bienfaisante et féconde laisse briller jusque dans les derniers rameaux de la nature. Mais ce sont comme les lueurs pâles d'une lampe expirante, comme ces flammes livides qu'on en voit se détacher par intervalle, et s'évanouir dans l'air, parce qu'elles sont séparées de leur foyer. J'ai préféré de fixer les yeux de mes frères sur le foyer même, et sur l'huile de joie qui a servi d'onction aux élus de mon Dieu. C'est le seul moyen qui soit en mon

pouvoir, de leur apporter un secours profitable, d'autres avanceront plus que moi le règne de mon Dieu, par leurs œuvres et par leur puissance. Je n'ai reçu en partage que le désir de chanter sa gloire, de dévoiler les iniques mensonges de ses adversaires, et d'engager mes semblables à porter leurs pas vers cet asile des vraies et ineffables délices. Si je n'ai que le denier de la veuve à leur offrir pour leur aider à faire le voyage de la vie, je les conjure de ne pas le rejeter sans en avoir éprouvé la valeur. C'est avec une douce consolation que je les verrai cueillir ces faibles fruits des désirs d'un homme simple qui les a aimés. Puisse la vertu de leur cœur, puisse la piété des siècles, être le cantique funéraire qui sera à jamais chanté sur ma tombe ! Je l'entendrai dans le sommeil de paix et j'en rendrai à mon Dieu tout l'hommage.

∼

Copyright © 2024 by Alicia ÉDITIONS

Credits : www.canva.com ; Alicia Éditions

Tous droits réservés.

Aucune partie de ce livre ne peut être reproduite sous quelque forme ou par quelque moyen électronique ou mécanique que ce soit, y compris les systèmes de stockage et de récupération de l'information, sans l'autorisation écrite de l'auteur, à l'exception de l'utilisation de brèves citations dans une critique de livre.

www.ingramcontent.com/pod-product-compliance
Lightning Source LLC
LaVergne TN
LVHW032203070526
838202LV00008B/296